W0038947

Bildnachweis:
Die Bilder des Textteils: Jürgen Dommer
Coverfotos: Jürgen Dommer
Karte: © Jürgen Dommer

Bibliografische Information der Deutschen Bibliothek:
Die Deutsche Bibliothek verzeichnet diese Publikation in der deut-
schen Nationalbibliografie. Detaillierte bibliografische Daten sind im
Internet über http://dnb.ddb.de abrufbar.

5. Auflage 2014
© 2012 traveldiary.de Reiseliteratur-Verlag, Hamburg
www.reiseliteratur-verlag.de
www.traveldiary.de

Der Inhalt wurde sorgfältig recherchiert, ist jedoch teilweise der
Subjektivität unterworfen und bleibt ohne Gewähr für Richtigkeit,
Vollständigkeit und Aktualität. Nachdruck, auch auszugsweise, nur
mit schriftlicher Genehmigung des Verlages. Bei Interesse an Zusatz-
informationen, Lesungen o.ä. nehmen Sie gerne Kontakt zu uns auf.

Umschlagentwurf & Layout: Jürgen Bold, Jens Freyler, Jürgen Dommer
Satz: Jens Freyler
Druck: Standartu Spaustuve

ISBN 978-3-941796-95-9

Helga Negele

Augenblicke einer Weltreise

56.000km - 3 Kontinente - 20 Monate im Orangetrotter-Bulli

Vorwort

Dies ist unsere Geschichte, unsere ganz persönliche. Die von Jürgen, mir und unserem Orangetrotter, dem wichtigsten Part in unserem Trio. Ja, unser geliebter, orangefarbener VW-Bus, der zwar das Nesthäkchen in unserem Team ist, aber mit seinen 30 Jahren eben auch nicht mehr der Jüngste. Ohne ihn wäre dieses Abenteuer nie das gewesen, was es letztes Endes war. Eine so unglaublich wertvolle und unbezahlbare „Er-Fahrung".

Es stimmt schon, wir haben viel dafür aufgegeben. Beide hatten wir relativ sichere Jobs, eine schnuckelige Wohnung mit einem schönen Garten und keine wirklichen Geldsorgen. Außer natürlich denen, die jeder von uns immer zu haben glaubt, weil man meint, dass es zu wenig ist, um die Dinge zu tun, die man wirklich tun will. Doch wir haben das alles aufgegeben, Jobs und Wohnung gekündigt und uns entschieden, das bisschen Geld, das wir hatten, für etwas auszugeben, von dem wir nicht wussten, was es letztendlich wohl sein würde. Oder wo es uns hinführen würde…

Wie schreibt man ein Buch über eine Reise, die 20 Monate gedauert hat? 20 Monate durch 19 verschiedene Länder und drei Kontinente. So viele ungewöhnliche Begegnungen mit außergewöhnlichen Menschen. Gespräche, die gar keine waren, weil man die Sprache nicht gesprochen oder verstanden hat, und bei denen man trotzdem so überrascht wurde, was dabei alles gesagt und auch verstanden wurde. Situationen, die man sich in seinen kühnsten Träumen nicht hätte vorstellen können. Hätte mir jemand erzählt, dass ich mich in Pakistan im Gefängnis wieder finden oder über einen Viertausender Schotterpass fahren würde und dort noch Steine schleppen müsste, damit wir ihn überhaupt passieren können, ich hätte es nicht geglaubt.

Wie soll ich es schaffen, darüber ein Buch zu schreiben? Wie kann ich euch einen Einblick geben in unser Leben auf dieser Reise? Wie wir es geschafft haben, zu zweit auf ca. 2,5 qm zu leben. Ja, zu leben: schlafen, kochen, sich waschen und was die Nahrungsaufnahme noch so mit sich bringt. Wie sind wir mit Launen und Macken umgegangen, mit unseren eigenen und denen der vielen Leute, mit denen man sich hin und wieder auf so einer Reise auseinandersetzten muss: wie Grenz- und Zollbeamte, Polizisten oder auch Reisekollegen bei der Durchquerung von Tibet/China. Ich weiß einfach nicht, wie ich das anstellen soll, ohne zu weit auszuholen oder aber auch euch Einzelheiten vorzuenthalten.

Wie soll ich zum Beispiel erzählen, wie es zu der Schnapsidee Weltreise überhaupt kam? Ich könnte dort anfangen, wo es meiner Meinung nach begonnen hat, nämlich am 26. Dezember 2004, als Jürgen und ich in Thailand/Phuket den Tsunami unbeschadet überlebt haben. Alleine darüber könnte ich ein Buch schreiben. Dieses einschneidende Erlebnis hat sicher nicht unmittelbar den Wunsch nach einer Weltreise geweckt, aber etwas bewusster als zuvor haben wir danach auf jeden Fall gelebt. Danach habe ich mich endlich getraut, mein langjähriges Beschäftigungsverhältnis aufzugeben und einen Neustart zu wagen. Durch die Art und Weise, wie wir den Tsunami erlebt haben, habe ich mein Vertrauen ins Leben wieder gefunden und das tiefe Gefühl in mir, dass da noch etwas anderes sein muss, sehr intensiv wahrgenommen. Dass das Leben gelebt, ja erlebt werden will, es zu kurz und zu wertvoll ist, um tagtäglich Dinge zu tun, die ich nicht tun will. Dass mein Herz etwas anderes will. Das herauszufinden habe ich mir zur Aufgabe gemacht. Es würde zu weit führen, all die mehr oder weniger zaghaften Versuche, aus dem normalen, eingefahrenen Leben auszubrechen, bis ins Detail zu beschreiben. Obwohl genau diese Versuche die Wegbereiter waren, ohne dass wir das wussten. So kamen wir an den Punkt, alle Sicherheiten, die wir uns mühsam erarbeitet hatten, einfach aufzugeben. Ja, ich meine tatsächlich „einfach". An dem Tag als Jürgen zu mir sagte: „Jetzt weiß ich, was wir zwei machen: Lass uns in unseren Bus steigen und losfahren! Warum nicht bis Australien?" Und ich zu seinem Entsetzen gesagt habe: „Ja, gut. Wann fahren wir los?" Hat er gespürt, dass ich es ernst meine. Genau in diesem Augenblick war unsere Entscheidung getroffen. Wir waren uns einig. Viele sagen, wir seien mutig, weil wir diesen Schritt gewagt haben, doch Tatsache ist: Für uns wäre es zu diesem Zeitpunkt mutiger gewesen, so weiter zu machen wie bisher. Es war einfach!

Natürlich könnte ich auch bis ins Detail beschreiben, wie die Planung ausgesehen hat. Dass wir unser Auto und das andere Hab und Gut weitestgehend verkauft haben, uns um eine Unterstellmöglichkeit für den Rest kümmern mussten, Kündigungsfristen für Job, Wohnung, Versicherungen usw. einzuhalten waren und so weiter und so fort. Aber das ist langweilig und außerdem an anderer Stelle viel besser nachzulesen. Wollt ihr vielleicht erfahren, wie wir die Route festgelegt haben? Da könnte ich gar nicht viel schreiben, selbst wenn ich wollte, denn wir haben nicht groß geplant. Der Start war Memmingen, das Ziel war Australien, es war klar, dass wir durch Iran und Pakistan fahren wollen, und alles andere würde sich ergeben. Was soll ich da weiter ausholen als nötig? Klar: Visa mussten teilweise im Voraus beschafft werden, doch mit diesem ganzen Bürokratiekram würde ich bestimmt dafür sorgen, dass ihr das Buch gleich wieder bei Seite legt, oder nicht?

Aus der Traum?

Es gäbe da auch noch die Vorgeschichte, dass wir unseren Bulli auf der Probefahrt in der Schweiz den Abhang hinunter geschmissen haben und er einen Totalschaden hatte. Wir dachten, das war´s. Aus der Traum vom großen Trip. Rückblickend ein Glücksfall, weil wir so nochmal ein Jahr Zeit hatten zu sparen. Eine wertvolle Erfahrung. Wenn ich einkaufen ging, hab ich mich bei allem gefragt: „Brauch ich das wirklich, kann ich es mitnehmen?" Und so blieb viel im Laden und Geld auf dem Konto. Heute wissen wir, dass wir mit dem ursprünglichen Budget nicht einmal ein Jahr geschafft hätten.

Ich könnte das Ganze auch von hinten aufrollen. Wie wir uns gefühlt haben, als die Reise zu Ende ging und wir keine Ahnung hatten, wie die Zukunft in Deutschland aussehen soll oder kann. Ob wir uns dort überhaupt noch wohl fühlen würden. Wie es ist, wenn man nicht weiß, ob man wieder einen Job bekommt. Wie es ist, wenn man wirklich am Ende des Geldes angekommen ist und das einzige, was sicher ist, die Gewissheit ist, jetzt wieder bei Null anfangen zu müssen. Und was das Krasseste ist, dass es sich sehr, sehr gut anfühlt.

Ich habe einfach keine Idee, wie ich dieses Buch beginnen soll. Darum kommen mir ein paar Zeilen, die Jürgen (dessen Beiträge wir immer *kursiv* darstellen) in einem sentimentalen Moment in der Türkei geschrieben hat, sehr gelegen...

Inhalt

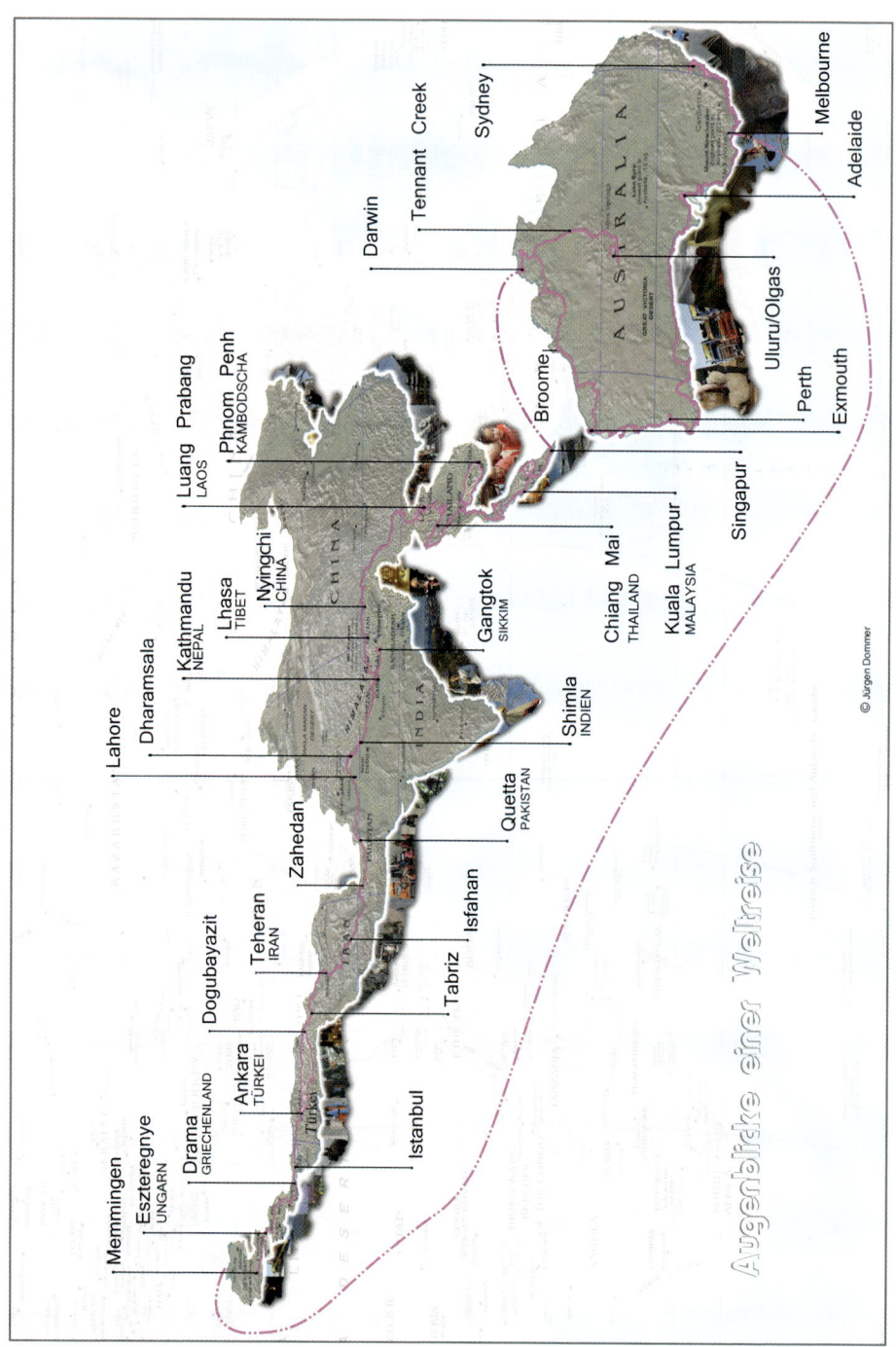

Augenblicke einer Weltreise

© Jürgen Dommer

Memmingen

Eszteregnye
UNGARN

Drama
GRIECHENLAND

Ankara
TÜRKEI

Istanbul

Dogubayazit

Teheran
IRAN

Tabriz

Isfahan

Lahore

Dharamsala

Zahedan

Quetta
PAKISTAN

Kathmandu
NEPAL

Lhasa
TIBET

Nyingchi
CHINA

Luang Prabang
LAOS

Phnom Penh
KAMBODSCHA

Gangtok
SIKKIM

Shimla
INDIEN

Chiang Mai
THAILAND

Kuala Lumpur
MALAYSIA

Singapur

CHINA

INDIA

Darwin

Tennant Creek

Sydney

Melbourne

Adelaide

Broome

Uluru/Olgas

Perth

Exmouth

AUSTRALIA

EUROPA

Das Leben ist genial - Weltreisen erst recht

Ich sitze hier mit meinem Laptop direkt am Bosporus mitten in Istanbul unter Einheimischen und schreibe an unserem Blog. Die Sonne strahlt, ein kühlender Wind. Die meisten Männer angeln, türkische Familien sitzen auf ihren Decken im Rasen, kochen Tee, erzählen sich Neuigkeiten, schlafen. Irgendjemand dudelt auf einer türkischen Flöte. Gleich ist wieder Gebetszeit, der Muezzin legt los. Direkt hinter mir steht mein Bus an einer Hauptstraße. Immer wieder kommt unaufdringlich die Frage: „Wo kommt ihr her?" Auf Deutsch natürlich… Denn irgendwie hat jeder schon einmal in Deutschland, Österreich oder in der Schweiz gearbeitet. Ein kurzes nettes Gespräch, und jeder kümmert sich wieder um sich. Mir ist es sauwohl in dieser Metropole, es ist unbeschreiblich. Irgendwie fühle ich mich daheim. Auch auf unserem Stadtbummel haben wir diese Freundlichkeit und Offenheit genossen - gerade auch Abseits der Touristenpfade. Diese Metropole verdient ihren Namen und ihr Besuch ist ein Muss. I love Istanbul! Wieder denke ich: Die Weltreise war bisher die beste Entscheidung meines Lebens!

Von Königsbrunn nach Griechenland

Wir sind tatsächlich unterwegs, wir haben Deutschland, Memmingen, unsere Familien und Freunde für unbestimmte Zeit, aber mindestens für ein Jahr, wenn nichts Unvorhergesehenes passiert, hinter uns gelassen. Was soll schon passieren? Da wäre schon einiges, Jürgen und ich könnten uns total zerstreiten, wir beide oder einer von uns könnte feststellen, dass das Leben im Bus gar nicht sein Ding ist. Vielleicht will ja auch der Orangetrotter nicht mehr. Was, wenn wir ernsthaft krank oder überfallen werden oder einer von uns sogar ums Leben kommt. Was wenn zu Hause mit der Familie etwas ist. Viel kann, aber nichts muss passieren. Das Leben ist voller Überraschungen und Herausforderungen und wir wollen uns ihnen stellen, wenn es soweit ist. Doch aktuell sind wir überglücklich, endlich losgefahren und unterwegs zu sein.

Am Montag, dem 3. August, haben wir endlich den „Absprung" geschafft. „Auf geht's – Australien, wir kommen!" Über Graz, Österreich nach Nagykanizsa, Ungarn oder genauer nach Eszteregnye, wo uns Adam und Frida mit ihren Eltern Erika und János sehr herzlich willkommen heißen. Die beiden sind Ex-Arbeitskollegen von Jürgen und wir haben versprochen, sie in ihrer Heimat zu besuchen. Sofort zeigt uns die Familie ihren Weinberg mit allerlei Obstbäumen, die wir nach einer rasanten Offroad-Jeepfahrt durch die kleinen ungarischen Dörfer erreichen. Es folgt eine köstliche Wein- und Schnaps-Probe aus eigener Herstellung im kleinen, sehr urigen Weinkeller. Zum Abendessen gibt es ungarisches Gulasch und noch viele andere Köstlichkeiten. Nach diesem sehr lustigen, feuchtfröhlichen Tag fallen wir erschöpft und dankbar in unser bereitgestelltes Bett im Haus der Familie. Eigentlich würden wir lieber im Bus schlafen, wollen aber nicht unhöflich sein. Zu diesem Zeitpunkt wissen wir noch nicht, dass wir uns in dieser Situationen noch häufiger finden werden.

Ein fürstliches Frühstück mit Salami, Schinken, Käse, Brot, Torte, Obst, Gemüse, Tee und Kaffee, viel mehr als wir essen können, erwartet uns am Morgen. Danach ein Stadtbummel in Nagykanizsa. Zum Abschied geht es dann noch einmal in den Weinberg zum Grillen. Noch nie haben wir Hirschsteak gegessen, wir sind gespannt und anschließend begeistert. So ein zartes, lecker eingelegtes Fleisch, es zergeht auf der Zunge. Dazu Gemüse vom eigenen Garten und natürlich Wein. Wie im Paradies ist es dort. Pfirsich-, Aprikosen-, Apfel- und Birnbäume, Tomaten, Paprika, Erbsen, Bohnen, Zucchini, Gurken, Kohlrabi, Mangold, Möhren, Kartoffeln usw.; alles, was man zum Leben braucht. Das heißt aber auch viel, viel Arbeit. Und wenn das Wetter nicht mitspielt, dann ist diese auch schnell mal umsonst gewesen. In diesem Jahr hat es gehagelt und die Weinstöcke sind schwer geschädigt worden. Auch das Obst hat darunter zu leiden.

Gut gestärkt und reich beschenkt mit frischem Gemüse geht unsere Fahrt weiter Richtung Kroatien. Am Donnerstag weiter durch Serbien und Mazedonien, um am Freitag gegen 10:30 Uhr die Grenze Griechenlands zu passieren.

Probleme an der Buselektrik führen uns zum griechischen Bosch-Service. Dort lernen wir Dimitri kennen: 26 Jahre alt, in Deutschland aufgewachsen und seit ca. 2 Jahren wieder hier. Als wir ihn fragen, warum es ihn wieder nach Griechenland verschlagen hat, meint er: „Das Leben hier ist entspannter und außerdem sind mir in Deutschland zu viele Ausländer." Über diese

Aussage bin ich dann doch etwas verblüfft. Da lebte und arbeitet ein Grieche in Deutschland und beklagt sich massiv über andere Ausländer, erzählt uns von täglichen „Kleinkriegen". Insbesondere zwischen Griechen und Türken. Die Gründe hierfür liegen scheinbar, wie so oft, in verlorenen Kriegen und territorialem Gerangel längst vergangener Zeiten. Mit diesem Gedankengut in solch jungen Köpfen wird das nichts mit dem Weltfrieden!

Was soll´s, ich freue mich auf die Türkei und was wir dort alles erleben werden. Doch jetzt sind wir erst mal in Griechenland.

Griechenland - zu Gast bei Freunden

Wir treffen uns in Drama, im Norden Griechenlands, mit Stavros, auch ein ehemaliger Arbeitskollege. Gemeinsam fahren wir zu seiner Frau Liza, seinem Sohn Atta und seinen Schwiegereltern in ein einfaches Dorf in den Hügeln um Drama. Wir können auf dem gemütlichen Dorfplatz campen, direkt am Brunnen, mit dem besten Wasser der Gegend. Prompt werden wir von Liza und Stavros auf das alljährliche Dorffest seiner Geburtsstadt eingeladen. Dafür muss man natürlich fein sein, also gehen Liza und Helga erst mal zum Frisör. Es wird gelacht, gewitzelt und was weiß ich noch... alles darf ich nicht erfahren.

Dann am Abend, nach ca. 50 Minuten Fahrt durch spektakuläre Berge nahe der bulgarischen Grenze, erreichen wir den Festplatz. Inzwischen wird klar, dass es sich eher um ein Stadtfest handelt. Aus allen Richtungen strömen unendliche Fahrzeugkolonnen auf das kleine Dorf ein. Wie Stavros erklärt, treffen sich hier die meisten griechischen Auswanderer aus aller Welt, die in dieser Zeit Heimaturlaub machen. Dazu wird dann ein Folklorestar aus Athen angeheuert, mit großer Bühne und richtig Aufwand. Hier wird geklotzt und nicht gekleckert. Natürlich: Eintritt frei. Jetzt wird erst mal gegessen und nicht zu wenig. Wir sind wieder mal eingeladen. Langsam wird's peinlich.

Und anschließend kommt, was die Griechen am liebsten tun, nämlich tanzen. Ob jung, ob alt, ob Frau oder Mann, hier tanzt wirklich jeder und meist direkt da, wo er steht, und zwar traditionell Sirtaki. Ein Riesenspaß, allein schon beim Zuschauen. Echte Lebensfreude, authentisch, und kein Touri-Zauber. Weil ja keine da sind, außer natürlich Helga und ich. So gegen 4.00 Uhr früh geht es dann wieder 60 km Richtung Drama und auch alle anderen fahren wieder davon. Trotz Retsina scheint es hier selbstverständlich zu sein, über weite Strecken mit „einem in der Mütze" zu fahren. Außer Stavros natürlich. Er hat ja kostbare Fracht an Bord. Es dauerte nicht lange, bis der Erste von der Straße abkommt und im Graben landet. Ohne größere Folgen, Gott sei Dank. Mit Stavros Hilfe ist er bald wieder auf der Strecke, und man glaubt es oder nicht, er ist schneller verschwunden, als wir fahren wollen. Der Absacker in Drama wird dann wegen Übermüdung weiblicherseits abgeblasen.

Dementsprechend später beginnt das üppige Frühstück, gefolgt von einer kleinen Bergtour zu einer wunderschönen Grotte und einem Spaziergang durch Drama. Schönes Städtchen, wenn man weiß, wo man hin muss. Ach ja, und immer wieder gibt´s einen Abstecher zu Stavros' Bruder, der u.a. einen Kiosk in Drama hat. Auch so ein gesellschaftlicher Treffpunkt. Hier erfahre ich von Stavros' weiteren Brüdern und seine Mama kommt auch noch um die Ecke. Innerhalb von eineinhalb Tagen sind wir stadtbekannt und wie immer herzlich willkommen. Zu guter Letzt nimmt sich Lizas Mama noch unserer Schmutzwäsche an, während ich eine Testfahrt mit Attas Moped abspule. Heißes Teil! Ja, und dann ist da noch Lizas Vater, eine Seele von Mensch. Bereits in Rente, ist er trotz gesundheitlicher Probleme jeden Tag stundenlang mit seinen Ziegen unterwegs.

Türkei - Istanbul - Metropole mit Herz

Am Montagabend, dem 10. August, haben wir den Bosporus überquert und sind in Asien angekommen. Einen wunderschönen Stellplatz direkt am Fluss mit Blick zurück auf den europäischen Kontinent. Ein kleiner Park vor unserer Tür, die Einheimischen grillen, spielen, angeln und unterhalten sich. Mensch und Tier leben friedlich vereint. Hin und wieder gibt einer der vielen Parkbesucher den wilden Hunden Wasser oder etwas zu fressen. Wir gehören sofort dazu und fühlen uns pudelwohl. Nach einem kleinen Spaziergang in der Metropole legen wir uns schlafen. Auf der viel befahrenen Straße ist inzwischen etwas Ruhe eingekehrt. Wo vor ein paar Stunden noch Menschen den Rasen belagerten, hat nun ein ganzes Rudel Hunde das Regiment übernommen. Friedlich laufen sie umher, um nach essbaren Überresten des menschlichen Rudels zu suchen.

Am nächsten Morgen überqueren wir noch einmal den Bosporus, diesmal mit dem Schiff, um den Kapali Carsi, einen der größten überdachten Basare der Welt, zu besuchen. Sechzig Straßen und sechzehn separate Eingänge, fast 4.000 Geschäfte, davon allein 2.000 Juwelierläden. In einem davon kaufen

Jürgen und ich auch gleich unsere „Eheringe" für den Iran. Wir haben gelesen, dass es einem viele unangenehme Fragen ersparen kann, wenn man dort so tut, als sei man verheiratet. Die Farbenpracht und Vielfalt dieses Marktes ist überwältigend. Der Misir Carsisi, der ägyptische Basar, steht dem in nichts nach. Hier umfängt uns eine wahrhaft orientalische Atmosphäre, es locken verführerische Süßigkeiten und der Duft der Gewürze.

Am Mittwoch geht es noch zur Hagia Sophia, einem Riesenbau der Kirche aus dem 6. Jahrhundert. Mehmet II., der Eroberer von Istanbul, hatte 1453 dieses einst heiligste Gotteshaus der Christenheit in eine Moschee verwandelt, heute ist es ein Museum. Und was bei keinem Istanbulbesuch fehlen darf, ist natürlich die Besichtigung des Topkapi-Sarayi-Museums. Der Herrschersitz der osmanischen Sultane ist eine Welt aus 1001 Nacht, voll von märchenhaft reichen Sammlungen. Ein verwirrendes Spiel aus Innenhöfen, Treppchen und Durchgängen. Die Tage in Istanbul werden wir nicht vergessen, vor allem auch die schönen Begegnungen mit den Menschen dieser Stadt. Da ist eine verhüllte Frau, die am Bus vorbei kommt, während ich meinen Bericht schreibe, und mich bittet, sich zu mir in den Bus setzen zu dürfen. Wir unterhalten uns kurz und sie geht wieder ihrer Wege. Zwei andere Frauen, die sich wie selbstverständlich mit ihren Klappstühlen direkt vor unseren Bulli setzen, als ob es ihrer wäre. Kinder, die neugierig unser „Heim" betrachten und Fragen stellen.

Weiter geht es nach Göreme.

Kappadokien einmal anders

Ja, wir sind gerade etwas touristisch unterwegs, aber die mystischen Höhlen in den bizarren Tuffstein-Bergen von Göreme wollen wir uns auf jeden Fall geben. Sofort finden wir einen riesigen Platz direkt in den Bergen, ideal zum Campen. Dort hätten leicht 200 Wohnmobile Platz, doch wir sind die einzigen. 05:15 Uhr, stockfinstere Nacht, mehrere Fahrzeuge halten direkt vor unserm Orangetrotter. Lautstarkes türkisches Stimmengewirr. Dann klopft es überall am Bus. Wir befürchten Schlimmstes. Besoffene? Überfall? Polizei? Endlich auf Englisch: „Hello, open the door!" Ja, wahrscheinlich, oder sollen wir unser Geld gleich in euer Auto tragen? Der Aufruf wird massiver: „Open the door now, you can´t stand here!" Ich nehme allen Mut zusammen, öffne die Tür einen Spalt. Mehrere Männer, alle in gelben Jacken, stehen in gleißendem Scheinwerferlicht. „You

Spektakuläres Erwachen, Göreme/Kappadokien

can´t stand here, please go away. We use this place for ballooning." Was? Ein Platz, so groß wie 4 Fußballfelder, und der will genau auf unseren 5 Quadratmetern seinen Ballon starten. Klingt mir eher nach Schikane. O.k. Wir fahren ein paar Meter weiter in einen Feldweg. Inzwischen hellwach.

Kaum habe ich den Motor abgestellt, liegen schon zwei Heißluftballons zum Befüllen bereit. Dann drei, dann vier. Zehn, zwanzig, dreißig... Wir hören auf zu zählen. Kaum eine halbe Stunde später erheben sich die Ersten majestätisch knapp über unseren Köpfen. Die haben riesige Körbe mit mindestens zehn Leuten darin. Zusammen mit der aufgehenden Sonne entwickelt sich das Ganze zu einem farbenfrohen Spektakel und wir sind mittendrin. Wir hetzen mit unseren Kameras ein Stück in die Berge und nehmen den Finger nicht mehr vom Auslöser. Das ist eine Show!

Nachmittags geht es noch ins Internetcafé, wir hängen mit unserem Blog, und unsere eigene Seite ist auch noch nicht fertig eingerichtet. Unser Backoffice in Königsbrunn hat noch einige bürokratische Dinge für uns zu lösen. Bis wir alles durch haben, sind dann doch mal fünf Stunden vorbei. Wofür sich die Internetcafé-Besitzer, ein nettes Pärchen, mit einem genussvollen türkischen Tee und einem gemütlichen Plausch in der Kuschelecke bedanken.

Erst ein paar Wochen sind wir unterwegs, und haben schon soviel Schönes erlebt. Meine Gedanken sind bei diesen Erlebnissen und dem Ungewissen, das noch vor uns liegt, als wir den Nemrut Dagi, einen Berg im Südosten der Türkei, besteigen, dessen Gipfel eine Kombination aus Heiligtum und Grabstätte ist.

Mein Weg auf den Nemrut Dagi - wie im richtigen Leben

2:00 Uhr morgens, Jürgen und ich stehen auf, um zu Fuß auf den 2.150 Meter hohen „Berg der Götter" zu gehen. Was kaum jemand macht, denn bis kurz vor den Gipfel führt eine Straße. Früh morgens und abends, jeweils zum Sonnenauf- bzw. -untergang fahren zig Autos dort hoch. Doch wir möchten unseren Orangetrotter etwas schonen und uns körperlich etwas fordern. Mitten in der Nacht packen wir unsere Sachen zusammen und starten unsere Tour gleich mit einem heftigen Steilstück. Diese Wanderung bedeutet für mich eine große Herausforderung. Nachts bin ich nicht gerade die Mutigste und extrem schreckhaft, hinter jedem Schatten, hinter jedem Geräusch befürchte ich immer gleich das Schlimmste. Gute Voraussetzungen für eine Weltreise, oder? Aber auch das war und ist eine Motivation für mich, diese Reise zu machen. Ängste überwinden, mich neuen Herausforderungen stellen und meine Grenzen kennen lernen. Spannende Gedanken habe ich auf diesem Weg: Im Dunkeln zu tappen, zu stehen, den Weg nicht zu kennen und auch nicht das Ziel. Vielleicht nur eine Ahnung davon, was mich erwartet oder auch nicht. Die Sterne erhellen einen Teil des Unbekannten. Schatten, die ich erkenne, beflügeln meine Phantasie, ich fürchte mich. Immer nur auf den nächsten Schritt versuche ich mich zu konzentrieren, mich nicht umzusehen und nicht allzu weit nach vorn. Den Sternenhimmel über mir möchte ich genießen und die kühle Luft, die über meine Haut streift. In eineinhalb Stunden ist Sonnenaufgang, es müsste doch schon bald dämmern. Mittlerweile kommen immer wieder Autos an uns vorbei, halten an, bieten an, uns mit zu nehmen. Wie verlockend, doch den Weg, meinen Weg, will ich, muss ich selber gehen. Es dämmert, langsam ist die Straße klar zu sehen, Hochgefühle stellen sich ein, das Laufen kann ich jetzt uneingeschränkt genießen, könnte ewig weiter gehen. Das Ziel ist zu sehen, doch kurz vor dem Gipfel verlässt mich beinahe die Kraft, ich gehe weiter, ruhe mich jetzt noch nicht aus. Den inneren Schweinehund noch einmal überwinden, mich noch einmal anstrengen, über den Punkt, an dem ich denke, ich kann nicht mehr, hinaus. Ein wunderschöner Sonnenaufgang auf 2.152 Meter ist die Belohnung für diese Anstrengung. Der Weg war das Ziel - und ich bin ihn gegangen.

Begegnungen - alle verrückt?

Sind denn eigentlich die auf Achse alle verrückt?
Da wäre z.B. … der Berliner Eduart mit seinem Sohn. Ein Traumpaar! Sie leben eigentlich in Kalifornien, nutzen aber jede Gelegenheit zum Reisen. Und zwar auf die einfache Tour: Gepennt wird in ihrem kleinen Jeep. Die beiden haben tolle Geschichten zu erzählen. Kurz hinter Istanbul haben wir schon mal neben ihnen gecampt. Zu einem Treffen kam es nicht, weil wir eben keine Frühaufsteher sind. Jetzt, 10 Tage später, begegnen wir ihnen mitten in der Baustelle, auf unserem Weg zum Van-See. Oder… Lutz, der uns auf unserem bisher ersten Campingplatz (vielleicht wird's mal einer) in Dogubayazit willkommen heißt. Richtig reiseerfahren bereitet er uns gut auf den Iran vor. Wie lange er unterwegs sein wird und wohin es ihn noch verschlagen wird, weiß er nicht wirklich. Er hat sich ein Open-End Ticket ausgestellt und reist mit seinem Landy. Lutz ist echt beeindruckend sympathisch und man könnte ihm stundenlang zuhören. Wir sind sehr dankbar für seine unaufdringlichen Tipps! … Dann sind da noch die Schweizer Vreni & Ueli. Sie nennen ihren Trip: Radeln in den Ruhestand. Mit über 60 Jahren sind sie seit 3 Monaten von der Schweiz aus unterwegs. Sie geben sich 3 Jahre auf dem Velo. Und man muss sich mal klar machen, was es bedeutet, nur mit einem Fahrrad und dem Allernötigsten die Welt zu erkunden! Großen Respekt! Heute sind sie in den Iran geradelt, und wir werden uns sicher noch mal begegnen… Und dann ist da noch die Memminger Familie mit ihren zwei süßen Kindern auf Ihrem Türkei-Trip in Passat und Zelt. The world is not so big as it seems… Und die Österreicher mit ihrem Tow-bars. Wo wollten die noch überall hin? … der nette Italiener, auch im VW-Bus, mit seinen abenteuerlustigen Söhnen.

Interessant, was für unterschiedliche Menschen wir auf diesem „Campingplatz" am Ende der Türkei getroffen haben. Das erste Mal seit dem Start unserer Reise, dass uns Menschen begegnet sind, die Ähnliches tun wie wir. Speziell mit Lutz, Vreni und Ueli haben wir eine schöne Zeit. Als wir unsere zwei Schweizer Radler verabschiedet haben, gibt es noch einiges zu erledigen, bevor es auch für uns über die iranische Grenze gehen kann. Jürgen will noch einen Ölwechsel machen und ich muss mich seelisch und moralisch auf das bevorstehende unbekannte Land vorbereiten.

Ein bisschen Angst macht mir die fremde Welt Iran schon. Wenn ich ganz ehrlich bin, habe ich nicht wirklich eine Vorstellung davon, was mich erwartet. Bisher weiß ich nur, dass ich ein Kopftuch tragen muss, lange Hosen und ein langärmliges Shirt, das möglichst weit über meinen Hintern reicht, optimaler Weise bis zu den Knien. Vor unsere Abfahrt hab ich mir für diesen Zweck zwei XXL-Blusen gekauft, eine in grau und die andere in grün. Nur blöderweise genau in dem grün, das die Opposition bei den jüngsten Wahlen getragen hat, die ja nicht so ganz friedlich abgelaufen sind. Und die iranische Männerwelt ist mir auch nicht ganz geheuer. Alle reden davon, dass sie keinen Respekt vor den Frauen haben und sie diskriminieren, ihnen nicht die Hand geben, sie keines Blickes würdigen usw. Na ja, ich wollte ja neue Erfahrungen sammeln.

Jürgen hat den Orangetrotter inzwischen fit gemacht. Nachdem alles zusammen geräumt ist und wir Richtung Grenze losfahren, sehen wir im Rückspiegel auf einmal viel Qualm. Jürgen stoppt den Bus sofort und wir müssen feststellen, dass wir richtig viel Diesel verlieren. Schöne Scheiße, was nun? Jürgen schaut sich die Sache an und stellt fest, dass es an der Dichtung der Dieselpumpe liegt. „Keine große Sache, wir müssen nur den Dichtring wechseln." Na, dann ist ja alles easy, oder? Wir drehen also noch mal um, zurück nach Dogubayazit, um einen Dichtring zu besorgen. Doch wir finden in der ganzen Stadt keine Werkstatt, die uns helfen kann. Die Lösung des Problems dauert. Der türkische ADAC schickt uns 86 km zurück in die Stadt Agri, dort soll es einen Bosch-Service geben, der uns helfen kann. Die Straße ist sehr schlecht und übersät mit Schlaglöchern, es ist eine Tortur, noch dazu, wenn es sich als „Metzgerfahrt" herausstellt. Kein Bosch-Dienst hier, nein, der ist doch in Dogubayazit, da wo wir her kommen. Also wir zurück geholpert. Dort finden wir ihn dann tatsächlich und machen einen Termin aus. Wir verbringen die Nacht im Hotel, der ADAC bezahlt. Da hat die Zwangsmitgliedschaft doch noch seinen Sinn. Ach so, das hab ich noch gar nicht erwähnt: Wenn man mit dem eigenen Fahrzeug außerhalb Europas unterwegs ist, braucht man ein Carnet de Passage, sonst kann man in einigen Ländern nicht einreisen. Dieses Papier erlaubt einem, sein Fahrzeug zollfrei ein- und auszuführen. Um dieses Papier zu erhalten, muss man Mitglied im ADAC werden, wenn man es noch nicht ist.

Als wir das Auto am nächsten Tag in die Werkstatt fahren wollen, bricht uns der Ganghebel ab. Na prima, das läuft ja super. Die Reparatur in der Boschwerkstatt erweist sich als Flop, wir versuchen, unser Geld zurückzubekommen, heiße Diskussion über Telefon mit ADAC Türkei. Ein bisschen was bekommen wir zurück, aber nicht alles. Wenigstens ist der Ganghebel geschweißt. Das eigentliche Problem ist noch nicht behoben, die Dieselpumpe sifft immer noch. Wir haben auch noch festgestellt, dass unser Getriebe ein sehr seltsames singendes Geräusch von sich gibt. Ein Bekannter empfiehlt uns, auf keinen Fall mit dem singenden Getriebe in den Iran zu fahren. Was nun?

Ein jähes Ende? ... und andere Ärgernisse

Bisher hatten wir einen tollen Lauf und wunderschöne Erlebnisse. Vielen Dank dafür! Doch jetzt stecken wir mitten und sehr tief in den anderen Seiten, die so eine Weltreise mit sich bringen kann. Wir haben einen massiven Getriebeschaden. Wir haben schnell erkannt, dass sich dieses Problem nicht im Iran und auch nicht auf türkischer Seite an der iranischen Grenze lösen lässt. Nebenbei hat unsere Dieselpumpe geleckt und wir haben uns ein Ersatzteil zum nächstmöglichen Flughafen geordert. Und der liegt nun einmal in Ankara, ca. 1200 km zurück Richtung Westen. Aber damit nicht genug. Auch in Ankara sehen sich die wirklich netten und bemühten Mechaniker vor demselben Problem: keine Ersatzteile. Und das Know-how? Wir sind selbst sehr überrascht, dass in der Türkei scheinbar nicht mehr ein Exemplar unseres Models läuft. Eigentlich dachten wir, die Türken brauchen noch unsere alten, ausgedienten Fahrzeuge auf. Doch die Einschätzung war total daneben, man sieht hier kaum einen Bus, der älter als fünf Jahre ist. Also sind die türkischen Mechaniker inzwischen auch schon lange zu bloßen Ersatzteiltauschern geworden. VW ist eher ein Fremdwort. Kein Problem, dann bestellen wir uns das Getriebe eben in Deutschland. Wow! Gesamtkosten mit Einbau, Zoll, Versand usw. rund 5.000 €. Plus 1.000 € für die Dieselpumpe, selbes Problem. Das hält die stärkste Reisekasse nicht aus. Was nun?

Es wird sich eine Lösung finden, so schnell werfen wir die Flinte nicht ins Korn. Ohne Musti, Isi und dessen Frau - unsere Dolmetscher in Deutschland - wären wir total aufgeschmissen. English no way! Viel zu groß ist der Traum, diese Reise in Australien zu beenden. Nichts gegen die Türkei, soviel gelacht wie bei den letzten zehn Werkstattbesuchen haben wir selten - und langsam werden wir süchtig nach türkischem Tee. So machen Probleme fast schon Spaß.

Über das Internet haben wir letztlich viele Zuschriften mit Hilfsangeboten bekommen. Von mehreren gebrauchten Getrieben bis über Rundmails an Freunde auf der Suche nach Ersatzteilen für uns, ja sogar ein Angebot eines zinslosen Darlehens mit unbegrenzter Laufzeit. Nein, nicht von einer Bank, von einer Privatperson, die sich mehrmals als unglaublich großzügig erwiesen hat. So positiv die Begleiterscheinungen sind, so wurmt uns das Ganze auch. Lange wissen wir nicht genau, wie wir die Sache geregelt bekommen. Gerade mal einen Monat sind wir unterwegs und dann so etwas. Und zu allem Überfluss kommt auch noch dazu, dass mein Bruder, als er von unserem Vorhaben erfahren hat, meinte: „Weiter als in die Türkei schafft ihr es mit der alten Kiste eh nicht." Diese Genugtuung wollen wir ihm einfach nicht geben!

Nichts, wie es scheint!?

Langsam beginne ich zu verstehen, warum Langzeitreisende oft ein anderer Menschenschlag sind. Von einer Sekunde zur anderen ändern sich auf so einer Reise die Umstände. Im einen Moment steckst du noch im nervenaufreibenden Verkehrschaos der Großstadt, während sich im anderen auf einer abgelegenen Schotterstraße Freiheits- und Glücksgefühle einstellen und dein Auto im nächsten Augenblick beschließt, dass es jetzt stehen bleibt, und nichts geht mehr. Aus eigener Kraft kommst du dort nicht mehr weg, bist auf fremde Hilfe angewiesen. Landest bei der Werkstatt, deren gesamte Belegschaft dich mittlerweile kennt, und du fühlst dich fast wie zu Hause. Obwohl du niemanden verstehst. Aber nicht nur das, auch die Nachbarn sind ganz offen und herzlich. Da gibt es auch noch die, die dir zu sehr auf die Pelle rücken und Grenzen überschreiten. Da ist dann wieder ein ganz anderes Verhalten gefragt. Wenn du dich auf so ein Abenteuer einlässt, musst du wirklich mit allem rechnen, auch mit dem, woran du nie denken würdest. Und besonders ich denke wirklich schon viel zu viel! Jürgen macht ganz schön was mit. Ich stelle fest, dass ich viel zu misstrauisch bin, was oft unbegründet ist. Aber manchmal eben auch nötig. Den Mittelweg finden, daran arbeite ich, denn wenn ich erlebe, wie sich die Menschen uns gegenüber verhalten, welche Freundlichkeit uns entgegenströmt, beschämt mich mein Misstrauen. Es bleibt spannend und ich kann nur sagen: Trotz aller Probleme, die uns im Moment noch begleiten, freue ich mich auf jede einzelne Erfahrung, die wir noch machen werden. Ich liebe Überraschungen! Wächst man doch an jeder Situation, die es zu lösen gibt, und ich denke, ich bin noch lange nicht ausgewachsen. Noch eine angenehme Nebenerscheinung, es übt unglaublich die Geduld und Gelassenheit. Das ist unbezahlbar!

Während ich gerade über diesen Zeilen sitze, kommt Jürgen mit unserem Bulli und unserem Stamm-Mechaniker auf den Hof gefahren. Und schon wieder ist alles anders, vielleicht haben sich diverse Probleme schon erledigt... Aber leider ist die Sache noch nicht ausgestanden. Was uns in dieser Zeit des Wartens und Bangens alles widerfährt, hat Jürgen zusammengefasst.

Welche Geschichte soll´s denn sein?

Unglaublich, was wir die letzten paar Tage erlebt haben. Dieser Stoff allein würde für ein Buch reichen. Also, welche Details sollen es sein?

Die von dem Mechaniker einer Werkstatt, der sagte: „Kein Problem, das Getriebe hält bis Australien und zurück". Dabei hatte der einfach keine Lust, von seinem Schreibtisch aufzustehen und zu arbeiten, genauso wie seine drei Angestellten, die in Reih und Glied an der Werkbank standen, der eine hat mit seinem Handy gespielt, der andere hat mit verschränkten Armen Löcher in die Luft geschaut und der dritte in der Nase gebohrt.

... oder die von der Polizeikontrolle, vor der Residenz in Ankara. Sie ziehen uns nur deshalb raus, um, sieben Mann hoch, unseren Orangetrotter zu besichtigen und sich über mein Passbild lustig zu machen.

... oder dass der Abschleppdienst uns nicht gefunden hat, nachdem unser Getriebe völlig zusammengebrochen ist. Da unser Bulli ja noch fährt, wollen wir die Zeit natürlich nutzen, um die Gegend etwas zu erkunden, doch ausgerechnet in der abgelegensten Ecke, weit hinter Ankara, ist dann auf einmal kein Gang mehr rein zu bekommen, da ist klar, jetzt hat das Getriebe komplett aufgegeben. Es geht wirklich nichts mehr und wir müssen über den ADAC einen Abschleppwagen ordern. Die Dame vom ADAC ist etwas überrascht darüber, da wir den Schadensfall ja schon gemeldet und die Ersatzteile bereits geordert

hatten. Zu allem Übel kommt noch hinzu, dass wir zwar die GPS-Koordinaten für unseren Standpunkt haben, aber sonst keine Ahnung, wo wir hier sind. Das und die üblichen Verständigungsprobleme sorgen noch für einige Aufregung. Mit den GPS-Daten kann die Dame nichts anfangen und unsere vage Wegbeschreibung ist auch nicht sonderlich hilfreich. Nach über einer Stunde des Wartens fragen wir telefonisch noch mal nach, ob der Wagen schon unterwegs sei. Wir werden dann direkt mit dem Fahrer vom Abschleppdienst verbunden, der noch weniger Englisch spricht und die richtige Abzweigung nicht findet. Kurzerhand halten wir einen LKW an und dem Fahrer ohne große Worte das Handy hin, in der Hoffnung, dass die beiden Landsmänner sich irgendwie einig werden, wo wir mit unserem Orangetrotter auf die Hilfe warten. Das funktioniert zum Glück auch und wenige Minuten später kommt der türkische „gelbe Engel" um die Ecke gefahren.

... oder dass die Vermutung aufkommt, dass es nicht das Getriebe ist, sondern die Achsaufnahme, die uns dieses ganze Schlamassel einbringt? Ihr könnt euch vielleicht vorstellen, wie die in der Werkstatt gucken, als der Abschleppwagen mit uns in den Hof gefahren kommt. Sie sind gerade dabei, Feierabend zu machen, bei unserem Anblick reißen alle gleichzeitig die Arme hoch und fangen schallend an zu lachen. Dann wird mit vereinten Kräften der Bulli abgeladen, an die Seite geschoben, und unser mittlerweile wohlbekannter Mechaniker wagt gleich mal einen Blick unter das Auto, um noch mal kräftig zu lachen. Die Achsaufnahme ist gebrochen, und darum geht nichts mehr. Jetzt liegt die Vermutung nahe, dass wir vielleicht doch keinen Getriebeschaden haben. Das Problem: Das Getriebe ist bereits bestellt, bezahlt und auf dem Weg in die Türkei. Jetzt schlafen wir erst mal drüber, diese Nacht können wir direkt vor der Werkstatt verbringen. Am nächsten Tag, nach der Reparatur, stellt sich bei der Probefahrt heraus, dass das Getriebe immer noch singt. So haben wir den ganzen Aufwand wenigstens nicht umsonst betrieben.

... oder mehr von unserem Schlafplatz vor der Özel–Werkstatt, die für die nächsten Tage unsere Heimat wird. Wir richten uns gerade im Bus ein, bringen unserem Nachtwächter einen Teller mit Trauben und Nüssen, drei Minuten später bekommen wir einen Teller mit Wassermelone zurück. „Die drei von der Tankstelle" nebenan laden uns fünf Minuten später zum Chai ein, während unser Nachtwächter uns einen leckeren Saft vorbeibringt. Dann gibt es allerlei Süßigkeiten, inzwischen wieder an der Tanke. Die Sonne ist bereits untergegangen, es *ist Ramadan. Gegen 21 Uhr kommt es dann zum Finale, unser Nachtwächter und sein Arbeitskollege vom Geschäft nebenan, laden uns auf zwei Bier und Pistazien ein. Inzwischen gesellt sich auch Turan, einer von der Tanke dazu. Wir sitzen auf Holzschemeln um einen kleinen Tisch. Wir plaudern lange und angeregt über Allah und die Welt. Und alles, ohne dass irgendjemand auch nur annähernd das Gesprochene des Anderen versteht. Englisch und Deutsch, wie immer keine Chance. Und das Beste ist, die Nachtwächter und Turan haben sich zuvor noch nie miteinander unterhalten. So lieg es wohl an uns, in der Türkei für Völkerverständigung zu sorgen.*

... oder die vom öffentlichen, abgesperrten Freizeitpark, quasi der Englische Garten von Ankara, in dem wir zur Zeit campen. Mit offizieller Erlaubnis vom Oberboss natürlich. Ein Privileg, wie wir erfahren, denn nach der dritten Nacht werden wir dezent darauf aufmerksam gemacht, dass es sich nicht um eine Dauergenehmigung handelt und wir den Park doch bitte wieder verlassen sollen. Was soll´s. Wir genießen die paar Tage hier, einen wunderschönen See direkt vor der Tür, viele Familien, die zum Picknicken hierher kommen, und abends ist das Ganze herrlich beleuchtet. Wir haben schon gemerkt, dass das hier nicht unser Territorium ist und wir nicht wirklich erwünscht sind. Die ganze Nacht werden wir von einem Rudel Hunde „bewacht", es ist eigentlich mehr ein Auflauern. Sobald wir auch nur das geringste Geräusch im Bus verursachen, wird für die nächste halbe Stunde gebellt.

Dass wir den Park verlassen müssen, ist nicht weiter schlimm, denn die Ersatzteile liegen inzwischen zur Abholung am Flughafen bereit. Um diese durch die Zollformalitäten zu bringen, hat uns die Özel-Werkstatt freundlicherweise einen ihrer Mitarbeiter „ausgeliehen", der wohl verhindert hat, dass es an diesem Tag im Frachtflughafen in Ankara zu einem Amoklauf gekommen ist. Ich weiß nicht mehr, in wie viele Büros wir geschickt werden, wie viele Stempel wir bekommen, das einzige, was ich noch weiß, ist, dass die Stunde Mittagspause, die wir warten müssen, um auch noch den letzten Stempel zu bekommen, einfach nicht vergehen will. Und wie glücklich unser unbezahlbarer „Dolmetscher" und wir sind, als wir diese Tortur nach fünf Stunden endlich hinter uns und das Getriebe und die Dieselpumpe in unserem Auto haben. Unseren Orangetrotter lassen wir daraufhin in der Werkstatt und beziehen ein Hotel im Stadtzentrum. Wir haben noch Anspruch auf

ein paar Nächte, die der ADAC freundlicherweise übernimmt. Die Zwangs-
pause nutzen wir, um unsere Homepage auf den neuesten Stand zu bringen
und diverse Dinge zu organisieren. Hin und wieder schauen wir in der Werkstatt vorbei, die uns mittlerweile schon wie ein zweites Zuhause vorkommt.
Einmal sind wir gerade in der Mittagszeit dort und eine der zwei jungen
Frauen vom Empfang fragt, ob wir Hunger haben. Dann führt sie uns in den
ersten Stock, in die hauseigene Kantine, wo wir bestens versorgt werden.
Immer wieder tauchen Fragen zum Fahrzeug auf oder auch zu unserer Reise.
Ohne unsere Freunde in Deutschland Ülke, Isi und Mustafa, die über Telefon
übersetzen, wären wir echt aufgeschmissen. Inzwischen hat uns Murat, der
Chef der Werkstatt, auch schon neue Namen gegeben: Für ihn und das ganze
Team sind wir nur noch Hasan und Ayse.

Orangetrotter on the road again

*Wem ist es schon einmal passiert, dass er beim Verlassen seiner Vertragswerk-
statt Tränen in den Augen hatte? Nicht wegen der überhöhten Rechnung. Im
Gegenteil! Sondern wegen der Herzlichkeit, der Betreuung, der Hilfsbereitschaft,*

Werkstatt mit Familienanschluss

der Verköstigung trotz Ramadan, wegen der Geduld etc... und das über mehrere Tage. Herzlichsten Dank für alles, von der Putzfrau bis zum Patron!

Nach knapp zwei Wochen in Ankara sind wir überglücklich, in unserem Bus zu sitzen und wieder Richtung Dogubayazit zu rollen. Auf halbem Weg treffen wir Sven, einen jungen Schweden, der seit Juni auf seinem Baumarkt-Fahrrad unterwegs ist. Wir bieten ihm etwas Kaltes zu trinken an, unsere Art, ihm für seine Leistung Respekt zu zollen. Mit dem Fahrrad einen solchen Trip zu machen, das hab ich mir schon bei Vreni und Ueli, den Schweizern gedacht, das wäre beim besten Willen nichts für mich. Schon allein wegen meiner Angst vor Hunden, und das wäre wohl noch das geringste Problem. Froh, einfach ohne körperliche Anstrengung weiterfahren zu können, spulen wir auch noch die restlichen paar hundert Kilometer runter und erreichen am 06. September wieder den Ort, den wir vor nicht allzu langer Zeit verlassen haben. Wir gönnen uns einen Tag Pause, bevor wir die Grenze überqueren. In letzter Zeit wurden wir öfter darauf angesprochen, dass wir sehr schnell unterwegs seien, ob wir denn auf der Flucht seien. Bis zu diesem Zeitpunkt waren wir uns dessen gar nicht bewusst. Doch wir müssen eingestehen, dass das stimmt. Für uns war es von Anfang an so, dass wir möglichst schnell in den Iran wollten. Sei es, um Unbekanntes zu entdecken oder Gefürchtetes hinter uns zu bringen. Die Türkei können wir immer wieder bereisen. Doch im Nachhinein betrachtet, ist es schade, dass wir uns für die Türkei und auch Griechenland nicht mehr Zeit gelassen haben. Aber das geplante Jahr ist auch nicht lang, wenn man bis nach Australien möchte. So gesehen war der Zwischenfall mit dem Getriebe ganz gut, er hat uns ein bisschen ausgebremst und unsere Reise entschleunigt.

IRAN

Transformation der Angst

Dienstagvormittag: Gespannt, aufgeregt und sehr unsicher, was mich erwartet, sitze ich, zugegeben etwas angespannt, in unserem Bulli. In meiner grauen, bis zum Hals zugeknöpften Bluse und meinem blauen Seidenschal als Kopfbedeckung fühle ich mich etwas befremdlich. Ich habe Schweißausbrüche. Wir stehen an der türkisch-iranischen Grenze, vor uns der Overlanderbus mit 28 Reisenden, die wir gestern Abend schon getroffen haben. Sie reisen in acht Monaten von London nach Sydney. Die weiblichen Traveller haben alle lange, schwarze Mäntel und schwarze Kopftücher. Plötzlich beschleichen mich Bedenken, ob mein Aufzug wirklich ausreichend ist. Sind die Ärmel meiner Bluse auch lang genug? Bedeckt sie auch wirklich meinen Hintern? Ist das Kopftuch nicht viel zu locker? Verbissen sitze ich da, traue mich kaum nach rechts oder links zu blicken, damit mein Seidenschal nicht verrutscht. Ist das Anlächeln von Männern gefährlich? Mache ich mich verdächtig, wenn ich mich hinten in den Bus zurückziehe? Ich fühle mich total unwohl, unsicher, verloren. Ich muss mein ganzes Wesen verstellen, weil ich nicht weiß, was hier angebracht ist und was nicht. Jürgen kümmert sich um die ganzen Formalitäten und irgendwie schafft er es auch, den ganzen Schleppern und Geldwechslern, die ihre Geschäfte mit uns machen wollen, zu entkommen. Er meint, die Zollformalitäten waren bizarr und ziemlich ernst, aber unproblematisch. Zur Passkontrolle muss auch ich aus meinem sicheren Versteck, und gemeinsam gehen Jürgen und ich in die Abfertigungshalle. Überall in schwarz gekleidete Frauen, lautes Stimmengewirr, eine skurrile Situation. Ein Beamter kommt auf uns zu, bittet uns in sein Büro. Ist das alles aufregend!
Nach knapp zwei Stunden sind wir durch den Zoll. Entgegen allen Befürchtungen geht das Ganze recht flott, wir hatten uns auf mehrere Stunden Warten gefasst gemacht.
Das große Eisentor öffnet sich, langsam fahren wir hindurch und nachdem es sich hinter uns wieder geschlossen hat, schauen wir uns an und sagen gleichzeitig: „Jetzt sind wir also im Iran!"
Das Gefühl ist schwierig zu beschreiben. Durch das Schließen des Tores ist es, wie in einer Zwischenwelt gelandet zu sein. Die Landschaft ist ganz anders, kahl, alles braun in braun, es ist befremdlich, mysteriös.

Im ersten Dorf schauen wir uns nach einer Möglichkeit zum Geldwechseln um, doch der Wechselschalter hat geschlossen. Im Iran werden Kreditkarten und Traveller-Checks nicht akzeptiert. Nur Bares ist Wahres, deshalb muss man sich im Vorfeld genügend Euro oder Dollar in bar besorgen. Als wir zurück zum Bus gehen, tippt jemand auf Jürgens Schulter: der Mann von der Wechselstube, er hat gerade geöffnet. Super, wir wechseln Euro in Rial, zu einem Kurs, der uns schlagartig zu Millionären macht. Was für ein fettes Geldbündel! Ich nehme all meinen Mut zusammen und mache meinen ersten Feldversuch, indem ich den Geldwechsler vorsichtig anlächle, und welch Wunder, er lächelt sehr freundlich zurück und ich werde nicht verhaftet.

Gerade noch rechtzeitig vor Einbruch der Dunkelheit erreichen wir den ElGoli-Park in Tabriz, hier können wir übernachten. Und wir sind nicht allein. Überall parken Autos und unmittelbar daneben stehen Zelte. Die Iraner lieben Camping. Sie haben keine Berührungsängste und sind dabei überhaupt nicht aufdringlich. Das schätze ich sehr. Es dauert nicht lange, bis drei Frauen auf uns zu kommen und wissen wollen, woher wir kommen. Ratz-fatz sitzen wir auf einem großen, am Boden ausgerollten Teppich bei der gesamten Verwandtschaft vorm Zelt und trinken - wie kann es anders sein - Tee. Sie nehmen uns unglaublich herzlich und freundlich auf. Farideh, die junge Frau, die uns angesprochen hat, ist 21 Jahre alt und Pharma-Studentin. Sie spricht sehr gut englisch und muss Hunderte von Fragen, die ihre Geschwister, Tanten, Onkel, Eltern, Neffen, Schwager usw. an uns haben, übersetzen. Es ist zu lustig. Die Männer sind dagegen total zurückhaltend, respektvoll und zeigen überhaupt kein Machogehabe. Farideh bietet uns an, uns am nächsten Tag Tabriz zu zeigen. Dieses Angebot können wir unmöglich abschlagen, was kann uns Besseres passieren! Wir fragen sie, was sie dafür möchte. Sie ist entsetzt und antwortet: „Selbstverständlich nichts, es macht mir Freude, euch meine Heimatstadt zu zeigen." Das ist etwas, was ich noch lernen muss. Nicht jeder im Ausland ist darauf aus, Profit zu machen. Mittwochmorgen um 10 Uhr holt sie uns an unserem Orangetrotter ab und wir fahren mit dem kostenlosen Bus, in dem viele iranische Touristen sitzen, von einer Sehenswürdigkeit zur nächsten. Die interessanteste scheinen heute allerdings wir zu sein. Alle sind unglaublich interessiert und stellen viele Fragen, bieten Hilfe an, haben Tipps. Und das Schöne daran ist, es ist echt und ehrlich. Keiner von ihnen denkt dabei an Geld. Es geht hier um den Menschen. Sie sagen, sie freuen sich über jeden Touristen, der in den

Iran kommt, da das Bild, das nach außen getragen wird, nicht der Realität entspricht. Und das glaube ich inzwischen mit jeder Faser meines Körpers. Ja, ich weiß, wir sind erst einen Tag hier und ich weiß wirklich noch nicht viel und muss auch noch abwarten, was kommt. Doch was ich momentan sagen kann, ist: Ich fühle mich sehr, sehr wohl in diesem Land, ich fühle mich willkommen und ungeachtet dessen, was noch kommen kann, bin ich den Menschen, die mich hier empfangen haben, unendlich dankbar, dass sie mir durch ihre Herzlichkeit und Unvoreingenommenheit ein unbezahlbares Geschenk gemacht haben: Sie haben mir die Angst und Unsicherheit vor ihrem Land genommen!

Und das ist erst der Anfang: Nach unserem ausgiebigen Stadtbummel liefern uns Farideh und ihre Freundin Neshat, die uns begleitet, an unserem Bus ab. Faridehs Handy klingelt: „Meine Tante Anais möchte heute Abend für euch kochen, was möchtet ihr?" Wir sind total perplex, fast ein bisschen überrumpelt, aber ja, warum nicht. „Am liebsten traditionell iranisch natürlich." Wir fragen sie, wo Anais wohnt und wann wir da sein sollen. Sie ruft ihre Tante an, legt auf. „Wir kommen um sieben zu euch an den Bus." Um halb acht abends sind sie noch nicht da. Jürgen und ich denken uns nicht viel dabei, wissen wir

Iranische Hausmannskost direkt vor dem Orangetrotter

ja noch nicht, wie zuverlässig die Menschen im Iran sind. Wir überlegen, wie lange wir noch warten sollen, inzwischen haben wir nämlich schon mächtig Hunger. Es ist immer noch Ramadan und während des Stadtbummels haben wir nichts zu essen bekommen. 10 Minuten später steigen Farideh, ihre Tante und ihr Neffe Azat aus einem Taxi. Sie rollen vor unserem Bus einen Teppich aus, holen unzählige Schüsseln und Töpfe aus dem Kofferraum und richten in 5 Minuten ein orientalisches Festmahl an. Eine leckere Suppe als Vorspeise, einen absolut köstlichen Auflauf als Hauptgang, beides kommt noch warm auf den Tisch bzw. den Teppich, und zum Abschluss noch was Süßes. Als kleines Dankeschön überreichen wir Anais ein Glas Bio-Honig, das wir noch aus Deutschland haben und Farideh für das Baby ihrer Cousine ein Stofftier. Wie wir während unseres Gesprächs beim Essen erfahren, hat die Taxifahrt eine Stunde gedauert, sie kommen vom anderen Ende der Stadt. Da ist für uns klar, dass wir das Trio nach unserem gemeinsamen Verdauungsspazier-gang nach Hause fahren. Zuerst weigern sie sich, weil sie Angst haben, was passiert, wenn sie jemand in unserem Auto entdeckt. Nachdem sie sich davon überzeugt haben, dass es bei uns hinten im Bus sicher ist, erlauben sie es uns dann doch. Es ist inzwischen 23:00 Uhr.

Anais' Haus befindet sich hinter dem Supermarkt eines Cousins von Farideh. Als wir dort ankommen, bekommen wir Brot, natürlich umsonst. Schnell sind 10 Leute am Diskutieren. „What's the matter?" Sie wollen Jürgen Bier besor-gen. Alkohol ist im Iran streng verboten und wird mit Gefängnis bestraft. Jürgen lehnt dankend ab, viel zu gefährlich! Nachdem uns der Cousin sein Apartment angeboten und wir es mit großer Mühe durchgebracht haben, in unserem Bus bleiben zu können, machen wir noch das Programm für den nächsten Tag aus. Dann brechen wir auf zum Bahnhof mit angeschlossenem Park und viel Platz, um in unseren Orangetrotter zu übernachten.

Wir stehen kaum 5 Minuten, da klopft es am Bus. Der Parkwächter; er weist uns darauf hin, dass wir lieber auf der andere Straßenseite parken sollen, vor seiner Hütte, dort ist es heller und er kann besser auf uns aufpassen. Eigent-lich haben wir uns extra in diese ruhige, dunkle Ecke verzogen, sind aber viel zu erschöpft um zu diskutieren und tun ihm den Gefallen. Kaum 10 Minu-ten später klopft es wieder. Was will er denn jetzt noch? Wir halten uns den Zeigefinger an den Mund, verstehen uns blind - wir schlafen schon. Es klopft wieder. „Sorry, here is Farideh." Ich ziehe Bluse und Schal, die ich eben erst erleichtert abgelegt habe, wieder an, Jürgen macht die Schiebetür auf und da steht sie, drückt Jürgen eine Tüte in die Hand und deutet an, dass er es schnell verschwinden lassen soll. Hinter ihr stehen fünf Leute, Cousins, Tanten, Cousinen, beladen mit einem überquellenden Korb voll Essen, Teppichen und Kissen. „Sorry, they wanna talk to you." Wir sind wirklich erschöpft, können und wollen aber einfach nicht nein sagen. In kürzester Zeit ist eine kuschelige Sitzecke auf dem Gehweg entstanden. Leckere Snacks von Chips bis Wassermelone sowie verschiedene Getränke werden auf dem Teppich angerichtet. Picknick um 24 Uhr direkt neben der Straße. Warum eigentlich nicht?

Eine dreiviertel Stunde später sind wir zurück im Bus. „Was war eigentlich in der Tüte von Farideh?" Wir holen sie aus dem Kühlschrank und staunen nicht schlecht. Eine Dose Alkohol, irgendetwas mit Whiskyflavour. Jürgen grinst und sagt: „Genau das Richtige nach so einem Tag." Auch ich bin nicht abgeneigt. Wir öffnen das Teil, ich probiere einen winzigen Schluck und spucke es gleich wieder aus, grässlich. Jürgen lacht und nimmt einen kräftigen Schluck… ungelogen, ihm wird auf der Stelle schlecht, er ist ganz grün im Gesicht und bekommt Bauchkrämpfe. Ich pack das Zeug und schütte es in die Spüle. Jürgen reißt mir die Dose aus der Hand und schreit mich an: „Spinnst du, der Abwasserhahn ist auf, das läuft doch alles auf die Straße, und jeder kann den Alkohol riechen." Ups, stimmt. Und jetzt? Wohin mit dem Zeug? Ich schau mich draußen um, ob die Luft rein ist, das Wachhäuschen scheint leer, also buddeln wir ein kleines Loch in die Erde, schütten den Rest des Zeugs rein und verscharren es. Jetzt hilft nur noch beten, dass es niemand mitbekommen hat.

Der Parkwächter jedenfalls nicht, den sehen wir bis zum nächsten Morgen nicht mehr. Todmüde, übervoll mit Eindrücken und glücklich kann ich jetzt endlich meine verschwitzten Klamotten ausziehen, und wir fallen ins Bett. Sind wir tatsächlich erst einen Tag hier? Es ist unbeschreiblich.

Wie besprochen holt uns Farideh am nächsten Morgen ab, wir treffen Anais am großen, überdachten Basar. Ein buntes Treiben. Wir besuchen den Vater unserer neuen Freundin, er verkauft hier Teppiche. Ein paar hohe Stufen führen hinunter in seinen kleinen Verkaufsraum, über und über voll mit schönen handgewebten Teppichen, die für uns, obwohl günstig, doch unerschwinglich sind. Er sitzt hinter seinem Schreibtisch, einen „antiken" Rechner, wie man ihn von früher kennt, mit Holzkugeln zum Hin- und Herschieben, vor sich. Wir plaudern ein bisschen übers Geschäft und widmen uns dann unserer heutigen Hauptmission, Tabak kaufen für Jürgen.

Von einem Stand zum nächsten, vom einen Ende des Basars zum andern, ein reines Geduldspiel. Die zwei iranischen Frauen geben nicht auf. Bis Jürgen nach Stunden irgendwann Zigaretten kauft. Und dann plötzlich passiert es, Jürgen bleibt mit seiner Kameraschlaufe, am Außenspiegel eines vorbeifahrenden Transporters hängen. Die Kamera wird in die Luft geschleudert und kracht auf den Boden. Entsetzt springt Jürgen zu seinem Fotoapparat und schaut, was alles kaputt ist. Wir sind überrascht, dass die Kamera bis auf das Display, keinen weiteren Schaden genommen hat. Doch dieses ist dafür total hinüber. Sofort machen Farideh und ihre Tante einen Panasonic-Shop ausfindig. Ersatzteile gibt es aber nur in Teheran. Farideh macht alles klar. Telefoniert mit Teheran, informiert sie, dass wir demnächst vorbeikommen, um das Ersatzdisplay abzuholen. Unser großes Glück ist, dass die Kamera sonst noch voll funktionstüchtig ist. Jetzt müssen wir halt durch den kleinen Sucher gucken. Das wäre für unsere Reisekasse ein heftiger Schlag, wenn wir nach den ganzen Kosten für Getriebe, Dieselpumpe usw. jetzt auch noch eine komplett neue Kamera kaufen müssten. Wer weiß, was das Display kostet. Nach diesem Drama hat Jürgen keine Lust mehr auf Shopping. Die Gelegenheit für mich, mit Farideh und Neshat einen richtigen Mädelsnachmittag zu machen. Mein Seidenschal, den ich als Kopftuch verwende, treibt mich beinahe in den Wahnsinn, ständig rutscht mir der glatte Stoff in den Nacken und ich bin die ganze Zeit am Ziehen und Zupfen. Da nutze ich die fachfrauische Beratung und kauf mir ein Kopftuch, das gut sitzt und nicht mehr verrutschen kann. Schön ist zwar anders, aber ich hab einfach keine Lust mehr, mich ständig um dieses Ding auf meinem Kopf zu kümmern. Viele Iranerinnen verwenden nur leichte Seidenschals oder andere Tücher in allen möglichen Materialien und Farben, die sie kunstvoll und teilweise recht locker um ihren Kopf wickeln und überraschend viel Einblick gewähren. Ich für meinen Teil bin allerdings nicht sehr erfolgreich in der Kunst des Kopftuchbindens, darum sind die fest am Kopf anliegenden, rutschsicheren Tücher für mich die beste Lösung. Und weil wir schon dabei sind, suchen wir auch noch nach einem Mantel für mich. Am nächsten Tag ist ein Ausflug mit einem Teil der Familie geplant und da muss ich ja standesgemäß gekleidet sein. Das ist vielleicht ein Kampf. Es ist heiß, die Läden sind klein und Tausende von Mänteln sind eng aneinander aufgereiht. Die Umkleidekabinen sind winzig, so viele Schweißausbrüche hintereinander hatte ich noch nie. Warum überhaupt in die Umkleidekabine? Weil ich nichts unter meiner Bluse an habe, die Mäntel so eng sind, dass da nichts mehr drunter passt, und ich in einem islamischen

Land bin. Es ist eine Tortur. Es gibt wirklich schöne, richtig schicke Mäntel, aber nicht in meiner Größe. In den meisten sehe ich aus wie ein Kartoffelsack. Die taillierten sind absolut ungeeignet für mich. Nach vielen Versuchen finde ich dann einen Jeansmantel, der ganz nett ist, aber natürlich zu eng. Kein Problem, da wird die Knopfleiste versetzt und gut ist's. Ich will nur noch raus aus dem Laden. Ich brauche dringend eine Pause und etwas Ruhe.

Die Mädels liefern mich nach der Shoppingtour am Bus ab und Jürgen bietet ihnen an, sie nach Hause zu fahren. Wieder vor dem Supermarkt des Cousins angekommen, bricht uns die Auspuffhalterung ab, 5 Minuten später ist ein weiterer Cousin bereits dabei, sie zu schweißen. Bezahlung? Auf keinen Fall! Inzwischen bin ich bereits in der Wohnung einer anderen Tante, ist wohl nichts mit der kleinen Ruhepause. Doch den Einblick, den ich dort in die Privatsphäre der Frauen bekomme, ist dies allemal wert. Die nämlich, sobald kein Mann mehr in der Nähe ist, legen ihre Kopftücher und langen Mäntel ab und benehmen sich wie du und ich. Sobald aber auch nur die Türklingel geht, verschleiert Frau sich wieder. Ganz schön umständlich.

Vor dem gemeinsamen Mittagessen - Aussage eines Anwesenden: „Ramadan is dead." - dürfen Jürgen und ich auch noch die Dusche benutzen.

Im Ramadan ist es dem iranischen Volk, wie allen Moslems, nicht erlaubt, während des Tages und vor allem in der Öffentlichkeit zu essen und zu trinken. Was der Iraner zu Hause in seinem Haus macht, ist seine Privatsache, da kann ihn niemand zwingen, sich daran zu halten. Kranke und Reisende müssen sich übrigens nicht an das Fasten halten, das ist ein Grund dafür, warum im Iran so gerne gezeltet wird. Wieder geht ein ereignisreicher Tag zu Ende und das nächste Abenteuer lässt nicht lange auf sich warten.

Alle sind schwer beeindruckt, als ich am nächsten Morgen in meinem neuen Outfit am Treffpunkt erscheine. Sie finden's super und meinen, ich würde glatt als Iranerin durchgehen. So richtig wohl fühle ich mich zwar nicht, es ist wirklich heiß und die Klamotten machen´s nicht gerade besser. Aber was tut man nicht alles…

Das Programm für diesen Tag: Ein gemeinsamer Ausflug mit zwei Tanten, Onkel „Happyman", Cousine Omid, Neffe Azat und Farideh. Zuerst geht es nach Kandovan, ein Felsendorf mit ca. 1.000 Einwohnern in der iranischen Provinz Ost-Aserbaidschan, ca. 50 km südlich von Tabriz. Das Dorf liegt an einer Flussoase. Die bäuerliche Bevölkerung lebt von den regionalen Erzeugnissen, insbesondere aus der Schafzucht, dem Obstbau und der Acker-

Am Urmia-Salzsee

bewirtschaftung. Kulturell interessant ist Kandovan jedoch wegen seiner hinkelsteinartigen Häuser. Ähnlich wie in Göreme haben die Bewohner ihre Behausungen als Höhlenwohnungen in den weichen, grauen Tuffstein gegraben. Von außen sind nur die vielzähligen Türen und Fenster sowie Treppenzugänge sichtbar. Die Wohnungen sind in mehreren Stockwerken erbaut und einzelne Tuffkegel sind mittels Treppen miteinander verbunden. Das Dorf ist steil an den Berg angelegt und kann teilweise begangen werden. Der Ort war bereits in vorislamischer Zeit besiedelt und diente als Zufluchtsstätte, wenn die Zeiten unruhig waren. Die Frauen dieser Region tragen seltener den im Iran stark verbreiteten Tschador (schwarzer langer Umhang). Viel häufiger sieht man sie in farbige Umhänge gekleidet, die entweder geometrische Muster haben oder Blumenmotive. Das Quellwasser des Dorfes gilt als heilkräftig.

Nach dem Spaziergang durchs Dorf geht es weiter zum Urmia-See. Mit einer Oberfläche von ca. 5.200 km² ist er der größte See Irans und der zweitgrößte Salzsee der Erde, auch wenn er wohl vom Austrocknen bedroht ist.

Dort gibt es dann selbst gegrilltes Kebap vom Huhn mit vielen leckeren Beilagen, natürlich Tee und ein Bad im salzhaltigsten See, den wir kennen. Aus bekannten Gründen kommt nur Jürgen in den Genuss dieser Abkühlung, es wäre wohl keine so gute Idee, wenn ich mir die Kleider vom Leib reißen und ihm folgen würde. Er ist auf jeden Fall begeistert, muss er schließlich nicht mal schwimmen. Der Salzgehalt ist so hoch, dass man mühelos sitzen oder liegen kann, ohne unterzugehen.

Nach der Rückkehr müssen wir uns ein paar Stunden Ruhe hart erkämpfen. Es ist eine andere Kultur, hier hängen die Familien ständig zusammen. So etwas wie „Ich brauch jetzt mal etwas Zeit für mich" kennt man hier nicht. Doch unser Engel Farideh hat - Gott sei Dank - Verständnis, auch wenn es für sie nicht einfach ist, der Familie beizubringen, dass wir beim Abendessen heute nicht anwesend sein werden. Sie können gar nicht verstehen, dass wir mal etwas Zeit für uns brauchen.

Um 22.00 Uhr treffen wir uns dann zum Eisessen. Das ist quasi unser Abschied von der Familie, hier startet Jürgen nochmals einen Versuch, auch mal etwas zu bezahlen. Doch „Mr. Happy" lehnt entsetzt ab: „Viel zu viele Leute." Ja, tatsächlich, wir sind über 20. Es ist der Hammer! Die ganze Familie und sogar neue Gesichter sind dabei, und alle wollen uns alles Gute für unsere Reise wünschen.

Mit einer Cousine unterhalte ich mich noch länger, ihr Mann lebt bereits in England und sie soll bald nachkommen, sie hat unglaublich viele Fragen. Ich kann die Unsicherheit und Angst in ihrer Stimme hören und versuche, sie ihr ein Stück weit zu nehmen. Ich wünsche ihr von Herzen, dass die Menschen in Europa ihr genauso herzlich, hilfsbereit und gastfreundlich begegnen mögen, wie wir es hier in ihrem Land erfahren durften. Ganz ehrlich, so sicher bin ich mir da allerdings nicht, obwohl ich gehört habe, dass speziell in London Multikulti recht gut funktioniert und die Menschen dort sehr tolerant sein sollen. In Deutschland hätte sie es bestimmt nicht so einfach. Von der iranischen Gastfreundschaft können wir uns noch einiges abschauen.

Der Abschied von Farideh und Neshat am nächsten Tag fällt uns unglaublich schwer. Wir haben sie in unser Herz geschlossen, und ihnen geht es genauso. Ich werde dieses Bild nie vergessen, wie die beiden Arm in Arm mit Tränen in den Augen am Straßenrand stehen und uns nachwinken. Uns geht es auch nicht viel besser. Was für ein grandioser Auftakt in diesem Land, vor dem ich mich so gefürchtet habe.

Kurz vor unserer Abfahrt und dem emotionalen Abschied gibt es allerdings noch ein Problem zu lösen: die Tankkarte.

Wo der Diesel in Bächen rauscht

Ich bin im Land des unglaublich billigen Sprits! Ich weiß auch, dass man im Iran inzwischen nur noch mit einer Rationskarte tanken kann, die mir bereits innerhalb der Grenze von einigen Schleppern zum „Superpreis" von nur 250 Euro für 500 Liter Diesel angeboten wird. Ich weiß allerdings auch, dass der Liter Diesel zur Zeit 0,014 Euro kostet! Ich wiederhole 0,014 Euro, also 1,4 Cent! Ich halte mich also an den Overlander-Tipp, ohne Tankkarte eine der eher seltenen Dieseltankstellen anzufahren und mir von einem LKW-Fahrer eine Tankfüllung abzuknabbern. Funktioniert auch, allerdings werden wir gnadenlos über den Tisch gezogen. Wir müssen, sage und schreibe, 1,85 € für 60 Liter Diesel abdrücken…

Der Onkel von Farideh empfiehlt mir während unseres Besuchs in Tabriz, so eine Tankkarte zu besorgen. Also marschieren Farideh, Neshat, Helga und ich in eine Art Touristenbüro, für die selbigen allerdings unauffindbar, und beantragen diese. Fragen über Fragen werden gestellt, ein Dolmetscher für Englisch kommt mit dazu, alles ist sehr ernst! Alle Namen werden notiert. Neshat, Helga und ich werden aus dem Büro gebeten. Farideh bleibt zurück. Man sollte wissen, dass es iranischen Frauen nicht erlaubt ist, sich mit Touristen, in welcher Form auch immer, abzugeben. Ganz zu schweigen von einem mehrtägigen Aufenthalt mit diesen. Das ist Männersache, oder Frau benötigt ein Touristen-Permit. Also macht sich Angst breit. Wird Farideh verhört oder sogar gepeitscht. Kein Witz! Hat unsere fiktive Geschichte nicht funktioniert, dass Helga und ich die beiden Mädels direkt auf der Straße um Hilfe gebeten haben? Wir sitzen draußen bei der Vorzimmerdame und unterhalten uns mit Neshat, als wenn wir uns heute das erste Mal begegnet wären, ständig auf der Hut, uns nicht zu verplappern. Nach einer halben Stunde endlich Entwarnung. Farideh wird belobigt. Dann fragt mich einer, wie viel Sprit ich denn für den Iran noch brauche. „Na ja, ca. 300 bis 400 Liter." Und, ob ich Kanister hätte. Farideh übersetzt. „Sie haben keine Tankkarte hier, aber sie können den Sprit günstig für euch kaufen und ihr nehmt ihn einfach mit." Was? 400 Liter! Sind die noch ganz dicht? „No way!" Also soll uns ein Typ zur offiziellen Kartenstelle in Tabriz begleiten, dort soll ich meine Karte bekommen. Nach einer Dreiviertelstunde durch die Rush hour, kommen wir dort an. Warten! Ein Hochoffizieller taucht auf. „Do you know Frankfurt?" Ja klar, aber was hat das mit meiner Karte zu tun? „All o.k., it´s ready, good bye!" Wir gehen raus, steigen wieder ins Auto und irgend-

wann natürlich meine Frage: „Wo ist die Karte?" Ich sehe nach hinten und trau meinen Augen nicht! Farideh verfasst nach Vorgabe auf einem Schmierzettel zwei Sätze in Farsi, der Landessprache. Text in etwa: „Ich habe keine Tankkarte. Bitte verkaufen sie mir Sprit, ich bezahle bar." Ja, glaub ich´s denn! Gibt's da wenigstens noch einen Stempel drauf? „No need." Wir kriegen uns nicht mehr ein vor Lachen, die ganze Rückfahrt. Irgendwann lacht auch der Beamte mit. Die ganze Aktion dauerte drei Stunden und kostete alle Angst, Schweiß und Tränen, die allerdings nur vor Lachen. Und der Hammer ist: Der Schrieb funktioniert! Unsere letzte Tankfüllung, 50 Liter, kostet uns gerade mal 0,70 Euro. Ja, 70 Cent. Und gestern habe ich von einem LKW-Fahrer sogar eine Tankfüllung geschenkt bekommen. So kann's weitergehen.

Nach Tabriz führt unser Weg durch Ardabil, eigentlich war ein Aufenthalt nicht geplant, doch der Orangetrotter ist da anderer Meinung. Das rechte Hinterrad will sich nicht mehr drehen. Radlagerschaden! Ja, sag mal, was ist bloß los? Zuerst die Dieselpumpe und das Getriebe, dann die Kamera und jetzt schon wieder was. Es fällt immer schwerer, ruhig zu bleiben. Wenn es so weiter geht, reicht unsere Zeit gerade mal bis Indien - vom Geld ganz zu schweigen...

Jürgen ist stinksauer, das Radlager wurde vom VW-Bus-Spezialisten kurz vor der Abfahrt noch in Deutschland neu eingebaut. Es hilft ja nichts, irgendwas müssen wir tun. Nach einigem Suchen und mit Hilfe eines netten Einheimischen, der uns zu seiner Stammwerkstatt führt, wird auch dieses Problem in Angriff genommen. Der Monteur schraubt das Rad ab, und was wir da sehen, ist wirklich unglaublich. Das Lager ist nicht mehr als solches zu erkennen, total verformt, mit tausend Rissen. Das war bestimmt kein Originalteil, der Preis allerdings schon. Glück im Unglück, in Ardabil gibt es einen Ersatzteilladen, der uns ein Original-VW-Ersatzteil beschaffen kann, das dauert allerdings. Der Bus steht ohne Rad in der Werkstatt und der Chef bietet uns an, dort auch die Nacht zu verbringen. Seine Werkstatt, eine sehr kleine Garage, möchte er aber abschließen. Das würde heißen, wir wären eingesperrt. Das wollen wir nicht. Eine Lösung ist schnell gefunden. Nur fünf Minuten später taucht ein junger Iraner auf, der sich als Todi vorstellt. Sein Hobby ist es, jeden Touristen, der in seine Stadt kommt, zu sich einzuladen. Unser Glück!

Wenn es Nacht wird im Iran

Wir sitzen zu Hause bei Todi, einem 25-jährigen Englischlehrer und seiner Familie. Dort werden wir auch die Nacht verbringen. Die Sonne ist bereits untergegangen, alle warten auf das Essen. Sie sind hungrig, es ist immer noch Ramadan. Nur der Vater ist noch nicht da, er sitzt irgendwo im Dorf mit Freunden beim Wasserpfeife rauchen, seiner Lieblingsbeschäftigung, wie uns Todi erzählt.

Die Mutter sitzt auf dem Boden, vor sich ein Tuch mit Unmengen von Wildkräutern, die sie verliest und zu einem Salat bereitet. Wir sitzen etwas entfernt, ebenfalls am Boden auf Teppichen. Vor uns eine Plastik-Tischdecke, Tee steht bereit, Minuten später ist der „Tisch" gedeckt mit Reis, Fisch, Rührei, Salat und Hühnchen. Gemeinsam mit Todis Mutter und Schwester essen wir zu Abend. Danach sind wir bei seinem Freund eingeladen, unsere Emails zu checken. Spät nachts kommen wir nach interessanten Gesprächen über das Leben im Iran und in Deutschland zurück. Todis Bruder Hassan ist mittlerweile von der Arbeit zurück. Er ist Maler und Tapezierer, heute hat er von 9:00 Uhr morgens bis 23:00 Uhr gearbeitet. Er sieht sehr müde aus. Alle scheinen auf uns gewartet zu haben. Fragen uns, ob wir Tee wollen. Doch wir sind einfach nur geschafft, der Tag war sehr anstrengend, wir wollen lieber gleich schlafen. Kurz wird diskutiert, wer wo schläft. Ich bekomme das Bett im winzigen Zimmer von Todi, seine Mutter und Schwester schlafen ebenso dort – am Boden. Die Männer liegen auf Matratzen, wo wir vor wenigen Stunden noch gegessen haben. Bevor wir uns endgültig schlafen legen, geht es noch zur Toilette. Ein Stehklo, klar daran habe ich mich inzwischen gewöhnt. Neu jedoch, dass es sich separat im hintersten Eck des Gartens, in einer Art Baracke ohne Licht befindet. Die Taschenlampe, die ich bekommen habe, erleichtert mir den Weg durchs Gestrüpp, den die Familie blind geht. Außerdem kann ich so besser erkennen, welche Lebewesen dieses Örtchen mit mir teilen. Zum Umziehen für die Nacht haben mich die zwei Frauen allein gelassen. Ich liege schon im Bett, als sie zurückkommen. Die Schwester zieht ihren Mantel und das Kopftuch aus, alles andere behält sie an. Die Mutter legt sich mit der kompletten Montur, Mantel und Kopftuch auf ihr Nachtlager. Erst als das Licht aus ist, quält sie sich umständlich im Liegen aus ihrem Mantel. Es ist eine unruhige Nacht, ich kann nicht schlafen. Unter meiner Wolldecke ist mir viel zu warm, die Mücke, die mir ständig um die Ohren surrt, macht mich wahnsinnig. Mich beunruhigt noch ein anderes Geräusch, weil ich es absolut nicht zuordnen kann. Mitten in der Nacht stehen Mutter und Tochter auf. Ich nutze die Gelegenheit, folge ihnen und richtig, sie müssen auch mal. Beide sind wieder in voller Montur und signalisieren mir, es ihnen gleich zu tun. Das kapier ich nicht, ist doch stockfinster da draußen und auch Allah sieht nix. In einem dunklen Eck des Gartens ist ein Schatten und das undefinierbare Geräusch von vorher rückt näher. Da sitzt nachts um viertel nach drei Uhr der Vater der Familie, den ich erstmals zu Gesicht bekomme, und raucht gurgelnd und blubbernd seine Hubblbubbl, so nennen die Iraner ihre Wasserpfeife. Jetzt erklärt sich das seltsame Geräusch und auch Mantel und Kopftuch. Todi hat schon einmal in einem Nebensatz erwähnt, dass sein Vater rund um die Uhr nur Wasserpfeife raucht. Dass er das wortwörtlich gemeint hat, war mir nicht klar.

Die Iraner benutzen auf der Toilette kein Papier, sondern nur Wasser und ihre linke Hand. Darum ist es natürlich umso wichtiger, sich nach dem „Geschäft" die Hände zu waschen. Dafür gibt es vor der Toilette, direkt im Garten, einen Wasserhahn, ca. einen halben Meter hoch über der Erde, ein Schälchen Seife und fertig ist das Badezimmer der Familie. Ich habe allerdings immer Toilettenpapier bei mir.

Es ist unheimlich spannend, bei den Einheimischen zu wohnen und einen Einblick in deren doch sehr einfaches Leben zu bekommen. Ich bin aber auch überglücklich, zurück in unseren Orangetrotter zu dürfen. Immer mehr schätze ich unsere 2,5 qm Küche, Wohn-, Ess-, Schlaf- und Badezimmer.

Todi spielt noch ein paar Stunden den Reiseführer für uns, bevor er uns zur Werkstatt zurück bringt. Dort ist auch der nette Iraner, der uns in die Werkstatt gebracht hat. Er leiht einem der Mechaniker sein Auto, um unser Ersatzteil zu holen. Als dieser mit dem neuen Radlager zurückkommt, erklärt sich der nette Autobesitzer bereit, mir beim Kauf einer Handy-Karte zu helfen und fährt mit mir zum nächstgelegenen Handygeschäft. Die Damen in dem Shop sind sehr angetan von mir und amüsieren sich köstlich und ich mich auch. Ohne die Hilfe des Mannes - ich habe vor lauter Aufregung nicht einmal nach seinem Namen gefragt - wäre ich wieder einmal aufgeschmissen gewesen. Zurück beim Orangetrotter, hat mein netter Fahrer eine heftige Diskussion mit dem Boss der Werkstatt. Wir bekommen nicht mit, worum es geht, wir vermuten, dass er sauer ist, weil der Mechaniker vorhin seinen Fahrersitz ziemlich verdreckt hat. Sein Auto war davor picobello sauber. Es geht ziemlich lautstark zur Sache, bis der nette Iraner am Ende dem Boss vor die Füße

spuckt. Das alles tut uns sehr Leid, er hat sich so für uns eingesetzt, seiner Stammwerkstatt ein Geschäft vermittelt und dann so etwas. Wir können uns nicht mal mehr standesgemäß bei ihm bedanken, so schnell ist er verschwunden. Wir sind uns sicher, dass es am Boss liegt, wir haben auch noch unseren „Spaß" mit ihm. Jürgen kann gar nicht hinsehen, wie er mit dem neuen Lager umgeht, er muss sich immer wieder wegdrehen, um nichts zu sagen. Und als es dann endlich eingebaut und das Rad wieder dran ist, müssen wir feststellen, dass alle vier Ventilabdeckungen an den Rädern fehlen. Wir fragen ihn, ob er die nicht wieder drauf machen möchte. Da flippt er total aus. Von wegen wir beschuldigen ihn des Diebstahls und so weiter. Fakt ist: Die Abdeckungen sind weg, ein Pfennigartikel, nicht wirklich wichtig, aber anscheinend haben die irgendeinem seiner Arbeiter gefallen. Er fragt dann auch noch in die Runde, ob sie einer eingesteckt hat. Keine Antwort. Wir haben da so unseren Verdacht. Wir haben unsere Lektion auf jeden Fall gelernt, eine der wichtigsten Regeln ab sofort: Gib den Menschen die Chance ihr Gesicht zu wahren, sonst könnte es ungemütlich werden.
Heilfroh, die Werkstatt verlassen und wieder von dannen ziehen zu können, geht es für uns weiter in die Berge.

Wie schön es ist, für sich zu sein - und doch nicht allein

Wir sind wieder unterwegs. Unser Weg führt uns von Ardabil über Khalkhal nach Asalem ans Kaspische Meer. Die Straße windet sich die Berge hinauf und die Landschaft erinnert an die Schweiz. Grüne Hügel so weit das Auge reicht, für uns Deutsche mag das nichts Besonderes sein, wenn man jedoch tagelang durch den wüstenähnlich kargen Iran fährt, ist dieser Anblick wohltuend und herzerfrischend. In diesem Moment wird uns das Glück bewusst, im Allgäu aufgewachsen zu sein - und wie sehr wir unsere Heimat lieben. Nein, noch kein Heimweh, aber eine ganz tiefe Dankbarkeit für all das, was wir in unserem Leben bisher hatten.
Auf der Passhöhe auf ca. 2.300 m angekommen, ziehen uns die Stille und Ruhe hier oben so in ihren Bann, dass wir spontan beschließen, zu bleiben und auch die Nacht hier zu verbringen. Die Temperatur ist sehr angenehm und erst jetzt bemerken wir, wie sehr uns die letzten Tage in Anspruch genommen haben. Wir genießen es einfach nur, allein hier oben zu sein. Ein

Schläfchen auf der grünen Wiese, Seele baumeln lassen und das Erlebte verarbeiten. Die wichtigsten Klamotten waschen und vielleicht auch mal wieder eine Dusche für uns. Unterhalb unseres Stellplatzes steht ein lang gezogenes Gebäude, das sehr verlassen aussieht. Es zieht Nebel auf, die Sicht ist sehr schlecht. Das nutze ich, und trotz all meiner Bedenken, mich im Iran draußen zu duschen, wage auch ich einen Versuch. Jürgen steht bereit mit Decke und Handtuch, falls doch jemand kommt oder der Nebel die Sicht zur Straße frei gibt. Sehr schnell und ständig um mich blickend dusche ich mich ab und schon zieht der Nebel ab. Schnell husche ich in den Bus und wasche meine Haare im Orangetrotter fertig. Das ist echt anstrengend! Mir wird klar, wie unfrei speziell die Frauen im Iran doch leben müssen. Zu Hause oder überall sonst in der Welt, würde ich auch nicht gerade nackt und für jeden sichtbar meine Dusche nehmen, aber die Angst, allein ohne Kopftuch gesehen zu werden und dafür bestraft werden zu können, ist für uns Europäer kaum nachfühlbar. Eine Erfahrung, die mir hilft die Situation der Iranerinnen besser zu verstehen.

Dann mache ich Abendessen. Kartoffeln mit Gemüse und Wurst. Ein Auto kommt und parkt unten an dem unbewohnten Haus. Fünf Männer steigen aus, schleichen auf dem Hof umher, sehen zu uns herauf und diskutieren.

Trotz Einsamkeit in den Bergen, ohne Kopftuch geht es nicht

Sieht aus, als ob sie sich nicht trauen uns anzusprechen. Sie kommen langsam näher: „Where are you from?" Ein paar Worte gewechselt, sie sprechen kaum englisch. Sie sind von der Ambulanz und haben hier auf der Passhöhe ihre Station. Einer von ihnen kommt etwas später: „Do you want tea?" - Ja, klar, wir lieben den iranischen Tee. Wieder eine halbe Stunde später kommen drei von ihnen mit einem silbernen Tablett, darauf zwei Tassen auf Untertellern aus Glas, eine 2 Liter-Thermoskanne voll Tee und Zucker. Wir sind gerührt. Das sind die Menschen im Iran. Kurzer Wortwechsel und sie verschwinden wieder. Später bringt Jürgen die Tassen zurück, geht eine Tür zu früh rein und steht mitten in der Polizeistation. Keiner spricht auch nur ein Wort Englisch, aber der Teller mit einem ganzen Berg Wassermelone für uns ist bereits hergerichtet. Ich lache mich kaputt, als Jürgen mit dem Teller den Berg hoch gelaufen kommt. Ich hätte nie gedacht, dass ich das sagen würde: Ich liebe diese Menschen hier, wie sie unglaublich neugierig, unsicher, vorsichtig und dabei immer respektvoll ihren Mut zusammen nehmen und die ihnen so fremden Leute ansprechen. Wie schön wäre es, wenn auch wir Deutsche so offen und unvoreingenommen mit den Fremden in unserem Land umgehen könnten. Die „Ausländer" bei uns würden sich wohler fühlen und das Zusammenleben könnte um einiges einfacher sein.

Bei der Weiterfahrt passieren wir immer wieder Händler, die in ihren spartanisch eingerichteten Holzschuppen Eier, Hühner, Lämmer, Gemüse und so manch Undefinierbares zum Kauf anbieten. Wir bummeln über einen Basar und lassen uns hineinziehen in das bunte Treiben. Staunen über das Angebot des Tiermarkts und die vielen verschiedenen Früchte- und Gemüsesorten. Ich kaufe einen Suppenschöpfer, der fehlt noch in unserer Küchenausstattung. Aus Platzgründen haben wir uns vorgenommen, uns auf praktische Souvenirs zu beschränken, mit denen wir auch zu Hause noch etwas anfangen können. Jürgen kann dem feilgebotenen Fisch nicht widerstehen, somit ist auch schon fürs Abendessen gesorgt.
Gegen Abend erreichen wir das Kaspische Meer. Am Strand, in der Nähe von Rasht, richten wir uns für die kommende Nacht häuslich ein. Jürgen buddelt ein Loch in den Sand, ich sammle Feuerholz, um den Fisch und Kartoffeln zu grillen. Leider ist der Fisch viel zu salzig und wir werden nicht richtig satt.
Beim anschließenden Strandspaziergang sind wir entsetzt über die Müllberge. Ein großes Problem im Iran, dafür haben sie noch überhaupt kein Gefühl und Verständnis. Aus dem Fenster geworfene Dosen, Papier und

Sonstiges gehören hier zum Alltag. Nach dem Picknick wird immer - und ich meine immer - alles an Ort und Stelle liegen gelassen. Wir haben nie gesehen, dass irgendjemand seinen Müll mitnimmt. Daran kann ich mich auf der ganzen Reise nicht gewöhnen. Es ist manchmal sehr schwierig, unseren Abfall ordnungsgemäß zu entsorgen. Speziell in Iran, Pakistan, Indien und Nepal gibt es quasi keine Mülleimer. Was macht man dann mit dem Zeug? Tagelang fahren wir unseren Müll manchmal mit uns herum, bis irgendwann ein großer Müllcontainer oder eine Müllhalde zu sehen bzw. riechen ist.

Am nächsten Morgen fahren wir die Küstenstraße entlang, sind beeindruckt vom Flair, ganz anders als noch vor ein paar Tagen. Der Kleidungsstil ist den Umständen entsprechend locker, die Kopftücher rutschen immer weiter in den Nacken. Menschen winken und zeigen uns immer wieder den Daumen nach oben. Super! Und die Badefreuden der Iraner sind unübertroffen. Selten hab ich Menschen so ausgelassen im Wasser toben sehen wie hier. Die Frauen natürlich in voller Montur. Es wird gelacht und geschrien, Kinder werden von ihren Vätern durch die Luft geworfen und jauchzen vor Vergnügen. Diese Lebensfreude ist ansteckend, wir machen Pause, genießen, haben Spaß beim Beobachten. Ich frag mich nur, wie die Frauen das machen. Oft haben sie keine Möglichkeit sich ungesehen umzuziehen, setzen sie sich klatschnass, wie sie sind, in ihre Autos? Das gibt doch Salzränder, das geht doch nicht, oder?

Ein paar Kilometer weiter, ein großer, junger, dunkelhaariger Mann steht am Straßenrand, grinst übers ganze Gesicht, als er unseren orangen Trotter erblickt, macht mit seiner rechten Hand das Victory-Zeichen. Mir steigen die Tränen in die Augen, die Szene erfüllt mich mit tiefer Dankbarkeit und Freude. Ja, ja, ich weiß, ich bin eine sentimentale Kuh…

Bei Ramsar verlassen wir die Küste und fahren auf der Chalus-Straße, der schönsten Straße des Iran, durch das Alborz-Gebirge. Sie windet sich durch Städte und Dörfer bis nach Teheran. Unser Bulli bringt uns heute von 0 auf 2.560 Höhenmeter, vorbei an spektakulären Schluchten.

Wir entdecken eine kleine Wiese neben einem Fluss und beschließen, den Rest des Tages hier zu bleiben. Wir genießen die Ruhe, lauschen dem Plätschern des Wassers und beobachten die weidenden Wildpferde. In der Nacht zieht ein heftiges Gewitter auf, Blitze zucken, die Donner hallen in den Bergen wider, Sturzbäche kommen die Steilwände hinunter geschossen. Der Regen ist so heftig, dass ich beim Blick aus dem Fenster nichts erkennen kann. „Stehen wir weit genug vom Wasser entfernt? Kommen wir die

Steigung, die auf die Straße zurückführt, rechtzeitig hoch, wenn das Wasser evtl. über das Ufer tritt?" Kurz zuvor haben wir von den schlimmen Regenfällen in der Türkei gehört, die vielerorts die Straßen zu Bächen verwandelt haben. Jürgen spürt meine Unruhe und versucht mich zu beruhigen. Ich hab eine Gabe, in vielen Situationen eine Bedrohung zu sehen, wo Jürgen noch lange keine Bedenken hat, im Laufe der Reise werde ich immer besser darin und schaffe es hin und wieder, ihn doch etwas zu verunsichern. Es regnet die ganze Nacht hindurch, und ich schlafe keine Sekunde, irgendjemand muss ja den Fluss im Auge behalten.

Ich überstehe es unbeschadet und kann mich am nächsten Morgen mit eigenen Augen davon überzeugen, dass wir ausreichend Abstand zum Fluss hatten. Eine der wichtigsten Lektionen, die wir zu lernen haben und deren Beachtung sich immer wieder als weise erweisen soll: Wasser ist und bleibt unberechenbar. Eigentlich sollten gerade wir dies bereits gelernt haben.

Nach dem Frühstück schlängeln wir uns immer weiter einen wunderschönen Pass hinauf. Auf dem höchsten Punkt bei 3.238 Höhenmetern angekommen, fehlen uns die Worte. Es ist bitter kalt, aber dieser Ausblick!

Wir sind kurz vor Teheran, große Städte mögen wir beide nicht, doch unser zu Bruch gegangenes Display führt uns in die Hauptstadt. Der Verkehr ist chaotisch, unter diesen Umständen ist es besser, ein Taxi zu nehmen und uns zu der Adresse bringen zu lassen, die Farideh für uns herausgefunden hat. Selbst im Taxi nervt die Hektik dieser hitzigen Stadt. Nach eineinhalb Stunden Fahrt stehen wir vor verschlossener Tür. Erst in ein paar Tagen wird wieder geöffnet. Genervt probieren wir unser Glück noch in diversen Läden, aber niemand hat das Display auf Lager. Da wir uns schon ans Fotografieren „ohne" gewöhnt haben, sind wir uns einig, die Stadt wieder zu verlassen. Zurück am Auto entdecken wir einen Strafzettel an der Windschutzscheibe, den ersten seit Beginn unserer Reise. Bezahlen können wir ihn leider nicht, da es uns unmöglich ist, auch nur ein Wort darauf lesen zu können, nicht einmal, wie hoch die Strafe ist. So ein Jammer!

Auf einem Autobahnrastplatz ca. 20 km vor Kashan bleiben wir für die Nacht, und wir sind nicht die einzigen. Überall um unseren Bus werden Teppiche ausgerollt. Nein, nicht zum Beten, zum Schlafen. Wie unkompliziert hier alles ist…

Kashan ist die erste große Oase entlang der Qom-Kerman-Straße, die mitten durch die Wüste führt. Die Gegend ist bekannt für ihre Teppiche, aber auch für Seide, Ton- und Kupferwaren. Wir schlendern durch die schmalen Gassen abseits der Hauptstraße, auf der gerade eine große Versammlung stattfindet. Massen von Menschen sind auf der Straße, große schwarz gekleidete Gruppen, die Frauen sitzen, eingehüllt in ihre Tschadors, unter Bäumen und auf Bänken, auf der anderen Seite die Männer. Über Lautsprecher dröhnen Reden, die wir nicht verstehen. Wir wissen nicht, worum es hier geht, denken an die Unruhen der letzten Wahlen. Die Stimmung ist jedoch friedlich, die wohlwollenden Blicke der Passanten kreuzen sich mit unseren. Niemand interessiert sich für uns. Wir fühlen uns wohl und bummeln weiter.

Ein leckerer Duft steigt uns in die Nase: frisch gebackenes Brot. Wie wir das mittlerweile lieben, ganz frisch ist es am besten, immer der Nase nach dauert es nicht lange, bis wir direkt vor der Bäckerei stehen. Einige Leute warten schon, jedes Brot wird hier direkt aus dem Ofen verkauft. Jedes Dorf, jede Stadt hat ihre eigene Art des Backens, hier, das sehen wir zum ersten Mal, wird ein dünner Teigfladen, nicht ganz einen Meter lang, auf Berge von heißen Kieselsteinen gelegt, und was dabei rauskommt, ist einfach nur köstlich. Wir ernten ein paar neugierige Blicke und bekommen das Brot geschenkt. Wir reißen uns zusammen, widerstehen der Versuchung sofort hineinzubeißen, der Ramadan ist allgegenwärtig. In einer anderen Gasse

Bei einer öffentlichen Veranstaltung sitzen Männer...

... und Frauen streng getrennt

ist eine Konditorei, wir haben einen Bärenhunger und kaufen noch ordentlich Gebäck. Jetzt brauchen wir dringend einen Platz, wo wir in Ruhe, ohne
schlechtes Gewissen, essen können. Wir finden ihn auf einem Parkplatz vor
den Toren der Stadt.

Dort entdecken wir einen Kombi mit Schweizer Kennzeichen, werden ganz
aufgeregt und schauen, ob wir die Fahrer finden können. Es ist niemand zu
sehen. 30 Minuten später fährt das Fahrzeug an uns vorbei, wir stürmen
auf es zu. Adi und Martina aus der Schweiz sind auf dem Rückweg in ihre
Heimat. Spontan verziehen wir vier uns in unseren Bus, machen uns über
das Gebäck her und teilen unsere Erfahrungen. Schnell sind einige Stunden
vergangen. Sie geben uns noch einen wertvollen Tipp, wo wir die nächste
Nacht verbringen können, und dann trennen sich unsere Wege im wahrsten
Sinne des Wortes. Der empfohlene Stellplatz befindet sich in einem Tal auf
der Straße nach Abyaneh. Sehr idyllisch, ein kleines Bächlein, grüne Wiesen
und wunderbar ruhig.

Gut ausgeschlafen schauen wir uns am nächsten Morgen Abyaneh etwas
genauer an. Ein bezaubernder, sehr alter Ort, der auch das „rote Dorf"
genannt wird. Diesen Namen verdankt er den ausnahmslos mit rotem Lehm,
der mit Stroh vermischt ist, verputzten Häusern. Wir werden von einem

jungen Mann angesprochen, zuerst denken wir, er will uns eine Führung andrehen oder so etwas, dabei ist er einfach nur neugierig und sehr interessiert. Mahmud ist Student und träumt davon, nach Deutschland zu gehen. Während er und Jürgen in ein angeregtes Gespräch über die Kulturen vertieft sind und versuchen, die Welt ein kleines bisschen besser zu verstehen, gehe ich auf Fotosafari. Motive gibt es genügend, die kleinen verwinkelten Gässchen, die über Treppen, durch Tore und Bögen führen, in denen die Frauen, mit den für dieses Dorf typischen, bunt geblümten Umhängen und Kopftüchern ihrem Tagwerk nachgehen. An einer Ecke sitzt ein Mann und spielt auf seiner Taar, einer 6-saitigen Langhalslaute, vor ihm steht ein kleiner Junge und lauscht der orientalischen Melodie.

Der nächste Höhepunkt ist Isfahan, eine Stadt, in der wir uns fühlen wie in der Welt von 1001 Nacht. Wir parken und campen für ein paar Rial auf dem Parkplatz vom Gadir Garden. Der grüne Park ist eine Zeltstadt, ein Zelt reiht sich an das andere, ich weiß nicht, wie viele Menschen hier sind, wahrscheinlich Hunderte. Auf den Teppichen vor den Zelten wird gekocht und Tee getrunken. Hier fühlen wir uns auf Anhieb wohl. Wir werden um unser erstes und vorerst letztes Autogramm gebeten, dass wir etwas überrascht, aber sehr bereitwillig geben. Immer wieder kommen Leute an unsere Schiebetür und stellen die üblichen Fragen: „Woher kommt ihr? Wohin fahrt ihr? Wie lange seid ihr schon unterwegs? Seid ihr verheiratet? Wie viele Kinder habt ihr und wo sind sie?"

Im Zentrum der Stadt befindet sich der pompöse Imam-Platz, eingerahmt von zahlreichen islamischen Bauten, von der Moschee bis zum Teehaus, alle mit kunstvollen blauen Kacheln verziert. In der Mitte ein großes Wasserbekken mit mehreren Fontainen, drum herum viele Bänke zum Relaxen. Die Atmosphäre ist einzigartig.

Nach Sonnenuntergang gehen wir in ein typisches Restaurant. An den Wänden bunt gemusterte Fliesen, bunte Glasfenster, die den Raum in ein zauberhaftes Licht tauchen, alles ist ausgelegt mit orientalischen Teppichen. Gegessen wird auf kniehohen Podesten, groß genug, dass mehrere Menschen kniend oder im Schneidersitz darauf gemütlich Platz finden. Wir entscheiden uns für Tschelo Kebab: ein iranisches Nationalgericht, bestehend aus Rind-, Lamm- oder Kalbfleischfilet, das in einer Marinade aus Zwiebeln, Knoblauch, Joghurt, Limonensaft, Salz und Safran eingelegt und dann auf dem Holzkohleofen gegrillt wird.

Beim Verlassen der Stadt am übernächsten Tag sehen wir noch einige der zahlreichen wunderschönen Brücken von Isfahan, mit die berühmtesten sind die 33-Bogen-Brücke und die Khaju-Brücke. Vorbei an Nain zieht sich die Straße heute ewig durch karge, langweilige Wüstenlandschaft, immer geradeaus. Die einzige Abwechslung bietet eine Karawanserei. Sie waren früher das, was heute Autobahnraststätten sind. Die Reisenden waren dort sicher und konnten sich mit ihren Kamelen ausruhen und übernachten.

In Ardakan decken wir uns mit Proviant ein und bekommen wieder einmal ein Nan (Brot) geschenkt. Und dann, ja dann haben wir uns einen Platz in der Wüste für die Nacht gesucht, bevor es am nächsten Tag weiter nach Yazd geht.

Yazd, meine Perle des Südostens

Nach einer einsamen und unglaublich stillen Wüstennacht bei Chakchak, durchqueren wir offroad die Kavir-Wüste, bis wir wieder auf eine Teerstraße kommen. Wir haben eingecheckt. Nicht nur in Yazd, auch zur Abwechslung mal in einem Hotel. In das sagenumwobene Silk-Road Hotel, der Globetrottertreff erster Güte. Hier treffen wir zwei Radler aus der Schweiz und Holland auf ihrem Weg nach Indien und den Autor eines Iran-Reiseführers. Er versorgt uns mit wertvollen Tipps zu unserer Weiterfahrt. Wir haben zwei riesige Säcke voller Dreckwäsche und das Silk Road, Allah sei dank, einen Laundry-Service. Natürlich waschen wir sonst selbst, aber wir hatten einfach keine Gelegenheit. Weltreisen ist Stress!

Wir machen uns auf die Socken durch die engen Gassen der Old City von Yazd. Faszinierend! Durch den Verputz der Gemäuer mit Lehm und Stroh wirkt das Ganze wie aus einem Guss. Überall ragen die Windtürme aus den Gebäuden, ein genial einfaches und uraltes Air condition-System. Das eigentliche Leben spielt sich hinter diesen labyrinthähnlich angeordneten Mauern ab und nur selten erhaschen wir einen Blick dahin. Dort tun sich kleine Paradiese auf. Grüne Gärten, große Höfe, Lichtkuppeln mit bunten Glassteinen. Viele Wohnungen befinden sich unterhalb der Erde wegen des angenehmeren Klimas.

Wir pausieren an einem Platz, große Hitze. Hin und wieder huscht eine verhüllte Frau an uns vorüber. Gelegentlich knattert ein Roller. Der Schall wird aber sogleich von den Wänden geschluckt. Mit dem Gesang des Muezzins stellt sich eine total friedvolle, entspannte Stimmung bei uns ein. Irgendwann treibt uns der Hunger weiter. Wir suchen fast hoffnungslos nach einem traditionellen Restaurant, dem Hamam-e Khan, das sich in einem ehemaligen, 200 Jahre alten Badehaus befinden soll. Wir verlieren vollkommen die Orientierung. Und dann kommt wieder der typische Satz: „Hello, where are you from?" Ein sympathischer Mann, offensichtlich Iraner, bepackt mit Einkaufstüten steht wie aus dem Nichts neben uns. Bald wird Deutsch gesprochen. Er arbeitet in Köln und macht hier Urlaub. Und dann fragt er uns ernsthaft, ob wir nicht Angst hätten, den Iran zu bereisen. Er sei vor seinem Heimaturlaub sehr ängstlich gewesen.

Aber mit seiner Hilfe ist schnell jemand gefunden, der den Weg zum Restaurant kennt, er ist aber kaum zu beschreiben. Also begleitet er uns, bis er uns wie ein Staffelholz an jemand anderen weiter gibt, der uns dann wiederum an jemand anderen übergibt. Endlich stehen wir vor unserem Restaurant. Und die Suche hat sich gelohnt, ein wundervolles Ambiente! Wir beobachten neugierig unsere Tischnachbarn, wie sie ihr traditionelles Dizi selbst am Tisch zubereiten. Es dauert nicht lange, und wir bekommen von ihnen, mit freundlichem Lächeln, eine reichhaltige Kostprobe ihres Gerichts. Sofort denke ich: „Ist dir so was schon mal in Deutschland passiert?" Würde ich das tun? Die Situation in etwa: Ich sitze im Biergarten bei Weißwurst und einer Maß, exotisch anmutende Men-

In der Nähe von Chakchak queren wir die Kavir-Wüste

Eine der vielen Moscheen in der wunderschönen Stadt Yazd

*schen beobachten mich, und ich bringe ihnen ein Stück meiner Weißwurst an
ihren Tisch. Ich nehme mir fest vor, genau das künftig auch in Deutschland so
zu tun! Wieso nicht?*

Angst vor Pakistan – oder was tue ich mir da nur an?

Gerade war ich auf der Internetseite des Auswärtigen Amts und hab nach dem
aktuellen Stand der Dinge geschaut. Und mir schaudert. Ich weiß nicht mehr
genau, wie sich das vor einem halben Jahr gelesen hat. Aber nach dem, was
ich heute gelesen habe, bin ich nicht sehr begeistert, morgen genau in dieses
Land einzureisen. Das muss aber nichts heißen. Denn genau so ging es mir ja
auch vor dem Iran, und die Reise durch dieses Land hat die Medien und auch
das Auswärtige Amt Lügen gestraft. Es ist so schwer, die Situation in diesen
Ländern einzuschätzen, wenn man auf Informationen von offiziellen Ämtern
und Medien angewiesen ist, wollen die doch kein Risiko eingehen. Und diese
Verantwortung können sie auch gar nicht übernehmen. Denn ein Reisender ist immer für sich und seine Reise selbst verantwortlich. Wie immer im
Leben. Doch nach irgendetwas muss man sich ja richten, oder? Das Gute,

oder auch nicht, ist, dass wir ja gar keine Wahl haben. Unsere Reise ist seit langem geplant, die Jobs und die Wohnung weg. Und die Reise abbrechen, darauf haben wir beide keine Lust. Da bleibt nur: Augen zu und durch. Wie groß mein Unbehagen tatsächlich ist, wird mir klar, als wir von Yazd nach Kerman unterwegs sind. Es ist sehr heiß, wir haben 40 Grad im Auto, ich bekomme Hitzewallungen, habe einen heftigen Druck auf dem Magen, muss nach hinten ins Auto, raus aus der Sonne, die mir auf dem Beifahrersitz auf den Kopf brennt. Mir ist nicht wohl. Mir ist so heiß, dass ich mich übergeben muss, der Kreislauf spielt total verrückt. Jürgen muss anhalten, ich brauche Frischluft, doch das Öffnen der Schiebetür bringt keine Kühle. Wir fahren weiter, ich lege mich hin, schmeiße mein Kopftuch und die langen Klamotten ins Eck, bin froh um jeden noch so kleinen Luftzug auf meiner Haut. Und noch einmal „bricht" es aus mir heraus. Wo ist oben, wo ist unten? Noch zwei Tage lang bin ich von diesem „Kreislaufkollaps" geschwächt. Heute bin ich mir sicher, dass war die Angst vor dem Ungewissen, die Angst, was Jürgen und mich in Pakistan erwartet. In diesem furchtbaren Land, wo nur böse Menschen leben. Entführungsrisiko, Bombenanschläge, unberechenbare Taliban, Überfälle und Erdbeben. Ganz zu schweigen von den katastrophalen Straßen und den lebensmüden LKW-Fahrern. Dies alles erwartet uns laut Ämtern und Berichten mancher Reisender auf unserer Weiterreise durch Pakistan. Falls das tatsächlich der letzte Bericht sein sollte, den ich schreibe, ich bereue nichts, der Entschluss zu dieser Reise, war mit das Beste, was ich bisher in meinem Leben getan habe.

Wir hatten erholsame Tage in Yazd, doch unser nächstes großes Abenteuer erwartet uns - Pakistan. Vorbei an Kerman, weiter nach Bam, wo wir noch eine Pause machen. Die am 26. Dezember 2003 von einem verheerenden Erdbeben heimgesuchte Stadt wurde einschließlich der Zitadelle zum Groß-teil verwüstet. Ein wirklicher Verlust für die Menschen, die hier leben, wie für die Nachwelt. Jürgen schaut sich die Ruinen an, während ich mich etwas ausruhe. Mir geht es nicht so gut.

PAKISTAN

Höllenritt vom Belutschenknast zum Swimmingpool

Bereits die letzten 75 km von Zahedan zur pakistanischen Grenze werden wir von der iranischen Polizei eskortiert. Und die setzen uns einen richtig ekligen Typen an die Seite. Ungehobelt, wie er ist, versucht er während der Fahrt immer wieder, zu Helga nach hinten zu kommen. Jedes Mal, wenn er versucht, zwischen den beiden Sitzen durchzuschlüpfen, drücke ich ihm, so fest ich kann, meinen Ellenbogen in die Rippen. Er betatscht alles, was er finden kann, und ich muss aufpassen, dass nichts in seinen Taschen verschwindet.

Am nächsten Tag - Eskorte vom Hotel zur Grenze. Tee beim Zoll, alles relaxed. Vor uns liegen die 600 Wüstenkilometer nach Quetta. Der angeblich gefährlichste Abschnitt durch Pakistan. Also gibt es wieder eine Eskorte. Zunächst noch im eigenen Jeep, setzen sie uns später immer älter werdende Soldaten mit ihren Kalaschnikows direkt ins Auto. Besonders gut drauf ist Ismael. Auf irgendwas „drauf" waren wohl alle fünf, die wir hatten.

In Dalbandin, auf halber Strecke, müssen wir übernachten. In der Nacht darf nicht gefahren werden. Es sieht erst aus wie eine gewöhnliche Polizeistation. Aber schnell stellt sich raus: Wir sitzen im Knast in Belutschistan. Die Gefangenen schlafen wegen der Hitze draußen, zwei Meter neben unserem Bus. Angekettet ist nur einer. Nachdem alle ihre Neugier befriedigt haben und jeder mal fotografiert worden ist, kehrt schnell Ruhe ein. Wir brauchen noch Wasser und ein paar Kleinigkeiten aus der Stadt, das geht aber nur mit bewaffneter Eskorte. Das erweist sich als ganz nützlich, zur Orientierung und beim Handeln.

Die Piste wird immer brutaler. Wir erreichen Quetta und treffen dort auf drei britische Mopedfahrer. Am nächsten Tag tauchen auch die Velofahrer von Yazd, Steffen und Arno auf. Sie müssen die Strecken meist im Bus zurücklegen. In der Hoffnung, ohne Eskorte auszukommen, schließen wir uns den Mopedfahrern an. Aber keine Chance, am Ortsausgang werden wir abgepasst und wieder eskortiert.

Irgendwann werden wir allein gelassen und überqueren einen herrlichen Pass, bis wir in Loralai wieder von der Polizei aufgegriffen werden. Übernachtung in der Polizeistation. Wir kochen für unsere Mopedler und werden anschließend selbst von den Moskitos gekostet.

Etappe Loralai-Multan: 300 km. Also eigentlich kein Thema. Aber was jetzt kommt, hätte ich nicht geglaubt, wenn es mir jemand erzählt hätte. Die Straße, oder das, was von ihr übrig ist, wird zu fünf Offroad-Pisten. Jeder, ob Truck oder Karren, wählt die für ihn vermeintlich beste Piste. Regeln gibt es nicht mehr. Totales Chaos, knietiefe Löcher, knietiefer Sand löst Grobschotter ab. Der Stärkere gewinnt. Helga ist am Ende. Scheinbar endlos zieht sich das hin, bei 40°C.

Höchstgeschwindigkeit 15 km/h. George bricht das Federbein an seinem Moped. Eine mörderische Piste, in der Karte als Hauptverbindungsroute vermerkt. Irgendwann wird's besser. Wieder Eskorte. Es ist sehr spät und bei diesen Verhältnissen hat wirklich keiner Lust, bei Dunkelheit zu fahren. Aber die Polizei erlaubt uns nicht zu übernachten - viel zu gefährlich – Taliban-Hochburg. Also müssen wir nach 14 Stunden Fahrt die letzten 70 Kilometer bei Dunkelheit zurücklegen. Und das gleicht eher einem Selbstmordversuch. Es ist wirklich nicht zu beschreiben.

Von Multan nach Lahore fahren wir wieder mit Eskorte. Auch 300 Kilometer, allerdings in nur vier Stunden, auf einem top geteerten Highway. Danke!

Wir freuen uns auf Indien, obwohl Pakistan und seine Menschen wirklich interessant wären. Aber du fühlst dich einfach nicht frei und sicher, wenn du ständig eskortiert wirst. Und ob es nun bzw. wie gefährlich es wirklich ist, bleibt nach diesen paar Tagen völlig im Dunkeln.

Tatsächlich haben wir in Pakistan aus den beschriebenen Gründen nur eine Woche verbracht. Zwischen den Zeilen ist aber noch einiges mehr geschehen. Der Einfachheit halber, fange ich nochmals von vorne an.

Nachdem uns dieses Ekelpaket von iranischem Soldat - er und sein Kollege waren übrigens die einzige schlechte Erfahrung - die wir im Iran hatten, in ein Hotel verfrachtet haben, sind wir zumindest von ihm erlöst. Wir wollen nicht in dieses Hotel, aber das interessiert niemanden und wir haben keine Wahl. Als wir nachts dort ankommen und durch den Ort, den letzten vor der Grenze, fahren, haben wir dann auch nichts mehr dagegen. Hier ist´s mir nicht geheuer. Im Hotel angekommen, nehmen uns mehrere Polizisten in Empfang. Zuerst bestehen sie darauf, dass wir im Hotel übernachten sollen. Nach langem Hin und Her können wir sie überreden, dass sie uns im Bus schlafen lassen. Dass wir unsere Reisepässe behalten dürfen, bringen wir aber nicht durch. Das oberste Gebot auf so einer Reise: nie die Pässe aus der Hand geben! Irgendwann zieht das Kommando dann ab und wir haben unsere Ruhe. Aber entspannt sind wir nicht, wer weiß, was uns morgen erwartet.

Gefrühstückt wird im Hotel, gut ist es nicht, aber satt werden wir. Ohne Probleme bekommen wir unsere Pässe an der Rezeption ausgehändigt und stehen um 7:30 Uhr an der iranisch-pakistanischen Grenze. Das Ausreise- und Zollprozedere auf iranischer Seite läuft zügig und problemlos ab. Vor den Toren Pakistans müssen wir dann allerdings eine ganze Zeit warten. Es gibt eine Unstimmigkeit mit Jürgens Reisepassnummer, der Beamte will ihn nicht einreisen lassen. Es geht darum, ob es sich jetzt um Nullen oder „O"s handelt, ja so genau können wir das, ehrlich gesagt, auch nicht erkennen. Wir lassen unseren Charme spielen, schmieren ihm ein bisschen Honig ums Maul und irgendwann haut er, zwar widerwillig, aber sehr kraftvoll, seinen Stempel in den Pass. Für unser Auto hat sich niemand interessiert, wir dagegen müssen noch persönlich bei irgendeinem Ranghöchsten antreten. Dort ist Teetrinken und Smalltalk angesagt. Kritisch betrachtet mich der uniformierte Mann und fragt, warum ich denn in meinem Pass so anders aussehe. Ich deute auf mein Kopftuch und sage „vielleicht deswegen." Dann weist er mich freundlich darauf hin, dass es in seinem Land keine Kopftuchpflicht gibt. Ich freue mich, nehme das Tuch ab, bin sicher, dass meine Frisur sehr darunter gelitten hat, aber alle fünf Herren, die um uns stehen, lachen freundlich und freuen sich mit mir. Wir sitzen eine gefühlte Ewigkeit dort, bis wir die ersten Anstalten machen aufzubrechen. Jetzt wird uns erklärt, dass es nicht erlaubt ist, ohne Eskorte durchs Land zu fahren. Wir sind nicht überrascht, damit haben wir nach all unseren Recherchen bereits gerechnet. Sie setzen uns einen großen, schwarzhaarigen Bewaffneten in einer dunkelblauen traditionellen Salwaar Kurta, eine Art Pyjama, ins Auto. Nach sechzig Kilometern, heißt er uns anzuhalten und auszusteigen. Neben der Straße steht ein kleines gemauertes, weißes Haus. Wir werden gebeten, einzutreten und uns zu setzen. Natürlich nicht bevor wir unsere Schuhe ausgezogen haben, in diesen Ländern eine Selbstverständlichkeit. Tee wird angeboten. Da sitzen wir auf dem Teppich, keiner spricht Englisch, wir wissen nicht, auf wen oder was wir hier warten. Einige Jungen schleichen ums Haus, mit Augenzwinkern entlocken wir ihnen ein Lächeln. Ein Pickup fährt vor, gefolgt von einem Panzer. Das ist der erste, den ich außerhalb eines Museums zu Gesicht bekomme. Seltsame Gefühle beschleichen mich. Ein Mann, ähnlich gekleidet wie alle anderen, aber mit vielen Abzeichen und Streifen auf seinem Ärmel, kommt auf das Haus zu. Was kommt jetzt? Er bleibt in der Tür stehen, weil er seine hochgeschnürten Militärstiefel nicht ausziehen will. Er heißt uns Willkommen in seinem Land, weist uns nochmals auf die vorgeschriebene Eskorte hin und versichert uns, dass wir in Sicherheit sind, wünscht uns einen schönen Aufenthalt und zieht vom Panzer gefolgt davon. Wir setzen unsere Reise, gefolgt von einem Pickup mit drei Mann Besatzung, fort. Rechts und links der Straße ist Wüste, Sand soweit das Auge reicht, karg, geheimnisvoll und beunruhigend. Es ist heiß, wir haben 43° Celsius, als plötzlich Sand den Weg versperrt. Ist das normal oder eine Falle? Wir müssen ausweichen, die Stelle umfahren, im Sand. Wir haben keinen Vierradantrieb, mit viel Gas kommen wir aber durch und erreichen wieder die Hauptstrecke. Immer weiter geradeaus, durch ein unwirtliches Land.

Leben hier Menschen? Hin und wieder einige ärmliche Hütten, ein paar Meter neben der Fahrbahn Kinder, die uns winken und „pen, pen, for the school" rufen. Eine Kamelherde zieht an uns vorüber. Unser Gefolge überholt uns, fährt an die Seite, warten, neue Eskorte. Das ist Ismaels Einsatz. Wir erschrecken, er sieht alt und gebrechlich aus, wir müssen ihm auf den Beifahrersitz helfen, seine Kalaschnikow hält er stolz vor sich, fuchtelt immer wieder damit rum, den Lauf in Jürgens Richtung. Jürgen fragt sicherheitshalber nach, ob er sie auch richtig gesichert hat. Er nickt heftig mit dem Kopf, lacht und stellt sie aufrecht zwischen seine Beine. Er rockt zu unserer Musik, freut sich über jede Zigarette, die Jürgen ihm gibt und sagt: „friend, you and I, friend." Er ist ein ganz sanftmütiger, putziger Kerl, der netteste von allen, aber helfen kann er uns nicht, wenn´s ernst wird.

Übrigens ist in Pakistan Linksverkehr, darum kommt uns der Augsburger LKW auch auf der rechten Seite entgegen. Jürgen tritt auf die Bremse, haben wir uns versehen oder war das wirklich ein Augsburger Kennzeichen. Der fährt schon rückwärts und hält direkt neben uns, steigt aus uns sagt: „Ja, wen habt ihr denn da dabei, das Theater mach ich schon lange nicht mehr mit." Ismael steht da und grinst übers ganze Gesicht. Das ältere deutsche Paar pendelt seit vielen Jahren zwischen Indien und Pakistan hin und her, ihre zweite Heimat. Sie geben uns noch den Tipp, wo man am besten übernachten kann und welche Plätze man lieber meiden soll. Wie sie es angestellt haben, ohne Eskorte unterwegs zu sein, ist uns unklar. Sie scheinen dieses Land und die Gegebenheiten sehr gut zu kennen, dann ist es wohl einfacher, sich die Soldaten vom Leib zu halten.

Gegen Abend fahren wir durch das erste richtige Dorf. Was für ein Treiben! Auf der staubigen Straße sind nur ein paar Ochsenkarren, aber umso mehr Menschen bzw. Männer, ein paar Kinder, keine Frauen. Ismael zeigt nach links, wir biegen ab, ein paar Meter, noch mal links. Wir stehen vor einer

Wir haben „Ausgang" - zum Einkaufen dürfen wir das Gefängnis verlassen

weißen Mauer mit einem großen Tor. Ismael steigt aus, klopft an, das Tor öffnet sich, wir fahren durch, stehen in einem sandigen Hof, einige Männer sitzen vor einem länglichen Gebäude am Boden, einer davon angekettet. Wir stehen im Gefängnis von Dalbandin, irgendwo in Belutschistan. Wir wissen nicht, ob wir lachen oder weinen sollen, genau einer der Plätze, vor denen wir vor einigen Stunden noch gewarnt worden sind. Alles Diskutieren hilft nichts, sie lassen uns nicht mehr raus, nicht vor morgen - hoffentlich.

Wir haben nichts mehr zum Kochen und fragen, ob sie uns das Tor aufmachen. Mit einem Soldaten an unserer Seite marschieren wir durch das Dorf. Wir sind die Attraktion. Jetzt fallen wir erst recht auf. Zuerst müssen wir Geld wechseln. Dazu werden wir in einen kleinen Verschlag geführt, in dem eine Handvoll Männer sitzt, mit denen Jürgen verhandelt. Wir kaufen Gemüse und Wasser. Wir wollen noch nicht zurück, fragen, ob wir uns das Dorf noch anschauen können, unser Begleiter nickt freundlich und weicht nicht von unserer Seite.

Es ist eine der unruhigsten Nächte, im Bus hat es überhaupt nicht abgekühlt, die Schiebetür und Seitenfenster wollen wir nicht aufmachen, wir wissen ja nicht, was diese Gefangenen auf dem Kerbholz haben. Jedes Geräusch macht uns noch nervöser, ein beklemmendes Gefühl.

Auch diese Nacht überstehen wir. Morgens nach dem Frühstück macht Jürgen noch ein paar Fotos von den Gefangenen, anschließend zeigt er ihnen die Bilder in der Kamera, und prompt wird er zurückgepfiffen. Der Ober-Gefängniswärter ruft ihn zu sich, verschwindet mit ihm um die Ecke, baut sich vor ihm auf und befiehlt in scharfem Ton, während er mit dem Daumen der rechten Hand auf sich selbst zeigt: „Make photo from me!" Sind sie nicht putzig?

Irgendwo auf dem Weg zwischen Dalbandin und Quetta, bei einem Eskorten-Wechsel trete ich hinten in unserem Bus auf eine ca. 4 cm große Wespe, ein höllischer Schmerz. Innerhalb kurzer Zeit schwillt mein rechter Fuß stark an, sonst zum Glück keine Nebenwirkungen, aber der Schmerz hält noch lange an.

Neben der Piste stehen hin und wieder einfache Hütten oder auch nur Zelte, wir begegnen wenigen Menschen. Immer wieder müssen wir stoppen, auf dem ganzen Weg werden wir begleitet von Checkpoints, an denen wir unsere Namen, Passnummern, Autokennzeichen und Unterschrift eintragen müssen. Heute ist es besonders schlimm, alle fünf bis zehn Kilometer heißt es wieder aussteigen, so kommt man nicht voran. Die Hitze schlaucht, immer wieder wechselnde Begleiter, wir sind angespannt und genervt. Plötzlich ist

Der angebotene Fisch macht uns nicht wirklich an

kein Eskortfahrzeug mehr zu sehen. Komisch, wo sind wir eigentlich? Links von uns ist zum Greifen nahe afghanisches Grenzgebiet, eine der gefährlichsten Stellen auf dem Weg. Wo ist die verdammte Eskorte? Wir stoppen kurz, fühlen uns nicht ganz wohl bei der Sache, entscheiden uns weiter zu fahren, es gibt nur diesen einen Weg. Wieder ein Checkpoint, wir wollen nicht aussteigen, wollen, dass sie uns das Buch ans Fahrzeug bringen. Nein, Befehl: „Aussteigen!" Jürgen geht genervt zum kleinen Büro, ich humple hinterher. Weiter, es ist heiß, Jürgen will was zu trinken, bittet mich, ihm was aus dem Kühlschrank zu holen, ich will nicht aufstehen, mein Fuß pocht. Das erste Mal seit zwei Monaten, dass wir uns richtig angiften. Unsere Nerven liegen blank.

Sobald Afghanistan aus userm Blickfeld ist, taucht wie aus dem Nichts die Eskorte wieder auf. Erschöpft erreichen wir endlich Quetta. Wir stehen im Hof des Bloom Star Hotel.

Der nächste Tag ist ein Ruhetag. Ölwechsel und ein bisschen Bummeln in der Stadt ist angesagt. Und vielleicht auch mal realisieren, wo wir überhaupt sind. In einem kleinen Schuhladen kauft sich Jürgen ein paar Ledersandalen, die er das nächste Jahr nur noch zum Schlafen auszieht, er liebt sie. Und ein Einkaufserlebnis ist es auch. Wir haben ein wirklich angenehmes Gespräch mit den beiden netten Verkäufern. Immer wieder fasziniert uns die Erkenntnis, dass die Menschen überall viel freundlicher und netter sind, als wir es erwartet haben. Wie verkehrt das Bild doch ist, das man in unserer Heimat vorgespielt, eingeredet bekommt.

Mit Duncan, Morgan und George, den englischen Bikern, versetzen wir die unpünktliche Eskorte und verlassen gemeinsam Quetta. Wollten wir zumindest, am Ende der Stadt werden wir abgefangen, aufgehalten und ausgeschimpft, aber niemand ist richtig unfreundlich. Und so geht es mit Begleitschutz weiter. Irgendwann im Laufe des Tages ist die Eskorte dann verschwunden und lässt uns den Rest des Tages allein. Über einen herrlichen Pass erreichen wir verschwitzt und hungrig nach einem unerwartet angenehmen Tag das Städtchen Loralai. Aber wo sollen wir übernachten? Plötzlich steht wieder ein Pickup vor uns: „Follow me", wir werden wieder zu einer Polizeistation gebracht, auch dort sind Gefangene, aber diesmal in Zellen, wie sich das gehört. Kinder scharen sich um uns, zuerst ganz scheu, bald werden sie immer lebhafter. Es dämmert, die Moskitos fallen über uns her, die Engländer stellen ihre Zelte auf, und wir fangen schon mal an, für alle zu kochen. Noch in ihren dreckigen, verschwitzen Motorradklamotten, flüchten sich die Jungs vor den Millionen von Mücken zu uns in den Bus. Jetzt wird's richtig gemütlich. Uns allen ist´s eh schon viel zu heiß, jetzt hocken wir zu fünft im VW-Bus und hoffen, dass das Wasser für die Spaghetti bald kocht. Der Appetit vergeht keinem von uns, wir sind total ausgehungert. Wir haben Spaß, aber alle wollen nach dem Essen nur noch schlafen.

Um 7:15 Uhr fahren wir am nächsten Morgen los nach Multan. Es beginnt harmlos, bis auf die mittlerweile zum Alltag gehörenden, mit allem möglichen bunten Firlefanz geschmückten LKWs, die mit ihren Hupen Tote wecken könnten. Das tägliche Himmelfahrtskommando, es gilt das Gesetz des Stärkeren. Jürgen meint, die LKW-Fahrer gehen noch, und macht die Probe aufs Exempel: Beim nächsten entgegenkommenden Monstertruck hält er voll drauf zu und tatsächlich - im letzten Moment weicht der Truck aus. Mir rutscht das Herz in die Hose, was für eine scheiß Aktion. Er verspricht mir, es nie wieder zu tun, besser so für uns alle. Aber es hat sich bestätigt, die LKW-Fahrer hängen an ihrem Leben, im Gegensatz zu den Busfahrern, die sind komplett übergeschnappt.

Die Piste wird immer schlimmer, breit, holprig, mal sandig, mal steinig, bei jedem Gegenverkehr wird so viel Staub aufgewirbelt, dass wir nichts mehr sehen können. Wir quälen uns durch ständig neue Herausforderungen, durch knietiefe Schlaglöcher. Die Nerven immer angespannter, für Fahrer und Beifahrer eine wahnsinnige Belastung. Ich weiß nicht, wie Jürgen am Steuer dem standhalten kann. Die Motorradfahrer haben teilweise richtig Spaß, klar, mit so einer Geländemaschine ist das auch was anderes. Mit Leichtigkeit brettern sie über die Wüstenpiste. Immer wieder warten sie auf uns, bis wir sie von dieser lästigen „Verpflichtung" befreien. Ist auch für uns eine gewisse Art von Stress, wenn immer jemand wartet. Wir schicken sie weiter, wir werden sie bei einer ihrer nächsten Pausen einholen, da sind wir uns einig. Bei diesen Gegebenheiten brauchen sie öfter als wir einen Stopp. Schon nach wenigen Kilometern sehen wir sie alle drei am Straßenrand stehen und das sieht gar nicht gut aus. Das Federbein an Georges African Twin ist gebrochen. Wir laden sein ganzes Gepäck in den Bus, um möglichst viel Belastung von der Maschine zu nehmen. Bewegen können wir uns da hinten jetzt nicht mehr, das ist aber nur halb so schlimm. So kann er wenigstens weiterfahren. Wir bleiben wieder zusammen, viel schneller können sie jetzt auch nicht unterwegs sein. Links der Piste stehen zwei, drei Häuser und eine Gruppe Männer. Wir halten und schauen, ob wir irgendwo Tee bekommen. George bemüht

Gut getarnt und doch ein LKW

sich vergebens um eine Transportmöglichkeit für sein Moped. Während die Jungs mit den Motorrädern beschäftigt sind, erkunde ich mit dem Fotoapparat die nähere Umgebung. Hinterm Haus sind rote und grüne Chilischoten zum Trocknen ausgelegt, etwas weiter hinten ist ein alter Mann in traditionell weißer Kleidung mit Turban, ein kleines braunhaariges Mädchen in einem grünen Kleid springt über den Hof in ein Haus. Ein ganzer Trupp Belutschen hat sich vor unserem Orangetrotter zum Gruppenfoto versammelt. Eines meiner Lieblingsbilder, wie sie da stehen oder sitzen in ihren weißen, schwarzen, grünen und braunen weiten Hosen. Mit langen Hemden bis zu den Knien, dunkelbraune, sonnengegerbte Haut, dunkle Haare, manche mit Bart, manche ohne, lässig den Arm um einen ihrer Freunde gelegt. Die unterschiedlichen Gesichtsausdrücke, ernst, kritisch, verhalten schmunzelnd, grinsend, lachend, einer macht mit der rechten Hand das Victory-Zeichen. Was gäbe ich für die Gedanken und Geschichten dieser Männer. Eine Verständigung ist leider nicht möglich.

Wir raffen uns auf, müssen weiter, es gilt noch einiges an Strecke zurückzulegen. Obwohl wir alle bereits reif fürs Bett wären. Die letzten Kilometer stecken jedem einzelnen von uns in den Knochen. Ich weiß nicht mehr, der wievielte

Checkpoint es ist, wir stoppen, warten, dass jemand mit dem Buch auftaucht, nichts tut sich, wir fahren weiter. Ca. 15 Minuten später kommen wir an eine Straßensperre, ein Panzer stellt sich quer vor uns auf die Straße, die Luke geht auf, ein vollbärtiger, düster dreinblickender Kerl in einer Tarnweste zielt mit einer Kalaschnikow direkt auf uns. Oh Gott, was passiert hier? Wild gestikulierend erklärt man uns: Der letzte Checkpoint hat Alarm geschlagen, wir müssen zurück, um den Eintrag im Registrierbuch nachzuholen. Wir versuchen, irgendwie zu arrangieren, dass vielleicht jemand das Buch herbringen kann, um die Eintragungen hier an Ort und Stelle zu machen. Froh um jeden Kilometer, der hinter uns liegt, ist Zurückfahren das Letzte, was wir wollen. Der Befehl lautet: zurück zum Checkpoint. Zwei Militärfahrzeuge nehmen uns in ihre Mitte, damit ja keiner auf die Idee kommt auszubüchsen. Noch bevor wir den Kontrollpunkt erreichen, biegen wir links ab, halten vor einem Gebäude mit einer hohen Mauer und einem großen, schweren Tor. Das ist aber nicht der Punkt, an dem wir vorher vorbeigefahren sind. Das Tor öffnet sich, das erste Fahrzeug fährt durch, wir bleiben stehen, da will keiner von uns rein. „No Problem, you have to". „Nein, müssen wir gar nicht!", will ich schreien. Beim Einfahren kann jeder von uns den Unwillen und Widerstand der anderen fühlen. Mit einem lauten, dumpfen Knall schließt sich das Tor.

Vierzehn + 1 Bewohner Pakistans

Wir sitzen in der Falle. Wir werden in ein Gebäude geführt, einen kurzen Gang entlang in ein Zimmer. Ein Schlafzimmer, rechts der Tür steht ein breites Bett, gegenüber dem Fußende ein Schrank, links neben dem Schrank eine Tür, die in ein Badezimmer mit Toilette führt, an der linken Wand steht ein Sofa. Wir fünf und vier Polizisten stehen jetzt in diesem Raum. Was soll das? Das sieht irgendwie nach Langzeitaufenthalt aus...

Ich fühle Panik in mir aufsteigen, wie ich es noch nie zuvor erlebt habe. Was haben wir nur angestellt? Hätten wir doch einfach noch länger gewartet, irgendwann wäre bestimmt jemand mit diesem beschissenen Buch aufgetaucht, aber nein, wir super-coolen mussten ja weiterfahren. Jetzt haben wir den Schlamassel. Wie kommen wir da bloß wieder raus?

Wir sollen uns aufs Sofa setzten, sie bringen uns Wasser. Durstig sind wir alle, trinken tut keiner von uns auch nur einen Schluck. Drei von ihnen sitzen jetzt auf dem Bettrand uns gegenüber. Hätte ich nicht solche Angst, würde ich laut loslachen bei diesem bizarren Anblick. Gestandene Mannsbilder in ihren Pyjamas auf dem Bett hockend, und wir sitzen unsicher wie kleine Schulkinder vor ihnen. Sie stellen uns tausend Fragen, wollen unsere Pässe, die wir nicht rausrücken wollen, zum ersten Mal reagieren sie etwas aggressiv, beharren darauf, unwillig geben wir sie ihnen. Über ein Telefon, das links neben dem Bett auf einem Tischchen steht, gleicht einer von ihnen unsere Passdaten mit irgendjemandem irgendwo ab. Es ist unmöglich, aus ihren ernst blickenden Gesichtern etwas ablesen zu können. Ich will hier raus! Einige Schreckminuten später schicken sie uns aus dem Raum, erste Erleichterung macht sich breit, schnell machen wir uns abfahrbereit und sind heilfroh, dass wir auf der richtigen Seite sind, als sich die Eisentür das nächste Mal schließt. An jedem anderen Checkpoint wäre es wohl kein Problem gewesen, doch ausgerechnet dieser war vor der Provinzgrenze nach Punjab, was wir natürlich nicht wussten, und auch nicht, wie wichtig es ist, sich in Belutschistan abzumelden, sonst hätten wir ganz, ganz bestimmt gewartet. 14:45 Uhr, wir wollen einfach nur diesen Tag hinter uns bringen und endlich in Multan ankommen. Doch dieser Tag wird noch lang. Irgendwann werden wir wieder von einer Eskorte aufgegriffen, mittlerweile dämmert es, wir teilen unseren Begleitern mit, dass wir jetzt gerne einen Übernachtungsplatz hätten. Ausgeschlossen, geben sie uns zu verstehen, hier können wir nicht bleiben. Ich weiß nicht mehr, wo das ist, sie geben uns überdeutlich zu verstehen, dass es hier viel zu gefährlich ist. Für Jürgen und mich ist das mit der Weiterfahrt nicht so schlimm, auch wenn in der Nacht zu fahren hier alles andere als ein

Vergnügen ist. Für unsere drei Engländer ist es eine fast übermenschliche Belastung. Beim Halt an der nächsten Tankstelle können sie sich kaum noch auf den Beinen halten, alles tut ihnen weh. Sie wollen nicht mehr. Erneute Diskussionen, wir versuchen sie mit Schokoriegeln und kalten Getränken aus unserem Kühlschrank aufzumuntern, so gut das eben geht, wenn man selber fix und fertig ist. Die Ablösung für die Eskorte ist da. Diesmal offensichtlich eine Spezialeinheit, zwei Fahrzeuge mit je fünf gut durchtrainierten Soldaten. Sie diskutieren nicht, sie handeln. Obwohl sonst immer und überall davor gewarnt wird, nachts zu fahren, heute werden alle Regeln gebrochen. Wir werden wieder in die Mitte genommen, der Trupp vor uns geht offensiv und aggressiv vor. Halb in der Tür des Fahrzeuges stehend, treten sie mit dem Fuß alles aus dem Weg, was unseren Konvoi behindert. Sie schreien, gestikulieren wild und hektisch mit ihren Waffen. Auch die Motorradler treten nur noch wild um sich, um sich die Rollerfahrer, Ochsenkarren, Radler und Fußgänger vom Leib zu halten.

Um 22:15 Uhr erreichen wir Multan. Einer von der Eskorte ruft das Hotel an, das wir uns für die Übernachtung ausgesucht haben. „Entschuldigung, aber wir nehmen keine Fremden in unser Hotel auf." „Wie bitte? Ihr seid ein Hotel, das ist euer Job." Sie haben Angst vor Anschlägen, deshalb keine Ausländer. Das sagen sie uns zwar nicht, aber es liegt auf der Hand. Freundlicherweise wird uns ein anderes Hotel empfohlen. Dort angekommen, dürfen wir wieder einmal nicht im Auto schlafen. Wir wollen unseren Orangetrotter auf keinen Fall unbeaufsichtigt lassen. Keine Diskussion, aber ein Vorschlag zur Güte, drei Mann werden bereitgestellt, unsere Fahrzeuge die ganze Nacht zu bewachen. Ein anderer wird neben unserem Zimmer einquartiert. Na gut, uns soll´s recht sein. Was für ein Tag!

Nach dem wir unsere Zimmer bezogen haben, wollen wir etwas essen gehen. Aber Hotel verlassen verboten. „Na gut, können wir was bestellen?" „Ja, das geht." Wir bestellen eine große Ladung von allem, was KFC zu bieten hat, und treffen uns im Zimmer der Jungs. Beim Betreten kippen Jürgen und ich fast aus den Latschen. Kaum vorstellbar, was uns da entgegen schlägt. 15 Stunden auf dem Bock, in schweren Motorradklamotten, -stiefeln und -helm, bei über 40° Grad, über dreckige, staubige Pisten, all die Klamotten mit all ihren Gerüchen der letzten Tage im Zimmer, den Duft Pakistans verbreitend. Das will man sich nicht vorstellen...

Bevor ich mich schlafen lege, rufe ich noch meinen Vater an, er hat heute seinen 69. Geburtstag. Am Telefon erfahre ich von meiner Mutter, dass er

Illegal über eine wichtige Landesgrenze

im Krankenhaus ist. Ich rufe ihn dort an, es geht ihm so weit ganz gut und er freut sich riesig über meinen Anruf. Auch meine Mama ist spürbar erleichtert, als sie meine Stimme hört. Jürgen meldet sich ebenfalls noch bei seinen Eltern, die hocherfreut sind, von uns zu hören. Sie haben seit dem Iran nichts mehr von uns mitbekommen, wir sind einfach nicht dazu gekommen, uns zu melden. Uns wird bewusst, dass es auch für sie eine ziemliche Tortur ist. Mit einer genauen Schilderung des aktuell Erlebten verschonen wir sie lieber, das müssen wir selbst erst noch begreifen.

Unsere letzte Etappe, Multan – Lahore, steht an. Vor der Abfahrt muss ich noch Wasser kaufen und frage einen der Männer aus der Eskorte, wo ich einen Laden finde. Er muss es mir gar nicht erklären, da mir Geleitschutz zugeordnet wird, Widerstand zwecklos. Vier Männer, einer an jeder Seite, begleiten mich. Nicht einmal 25 Meter, direkt um die Ecke der Hoteleinfahrt ist der Kiosk. Jetzt kann ich wirklich nicht mehr, ich schaue die Vier an, schüttle den Kopf und muss lachen. Sie lachen zurück.

Die 300 Kilometer heute sind ein Klacks. Das Einzige, was heute richtig nervt, ist wieder mal die Eskorte. In einem Schneckentempo schleichen sie auf dieser traumhaft glatten Straße dahin. Wir machen uns einen Spaß daraus, sie abwechselnd zu überholen und abzuhängen. In der quirlig, staubig, lauten

Stadt Lahore angekommen, trennen sich unsere Wege mitten im Straßenchaos Die Jungs wollen sich gleich ein Hotel suchen, und George muss sich um sein gebrochenes Federbein kümmern. Jeder ist so mit sich beschäftigt, dass die Verabschiedung recht schnell und unemotional ist. Wenn man bedenkt, was wir die letzten Tage gemeinsam erlebt und durchgestanden haben, etwas schade, aber auch verständlich, jeder von uns sehnt sich nach Ruhe und Erholung.

Einige Wochen nach unserer Ausreise aus Pakistan gab es eine Serie von Anschlägen im ganzen Land, auch in Multan und Lahore. Uns wurde von mehreren Seiten berichtet, dass auch das Gefängnis in Dalbandin betroffen gewesen sein soll.

Wir sind dankbar, dass dieser Teil der Reise für uns so glimpflich abgelaufen ist. Im Nachhinein tut es uns Leid, so wenig von den Menschen und dem Land erfahren und gesehen zu haben.

Der Hauptstressfaktor war, dass wir zu keinem Zeitpunkt wussten, was Sache ist, ob gefährlich oder nicht und wenn ja, wo und warum eigentlich genau. Wir fühlten uns immer gehetzt und verfolgt, nie wirklich sicher, aber auch nicht richtig unsicher, außer vielleicht bei der Geschichte mit den vier Männern im „Schlafanzug."

Es wäre wohl relativ sicher gewesen, noch in den Norden zu fahren, aber zu diesem Zeitpunkt und nach den Erlebnissen, die wir hinter uns hatten, wollten wir nur noch raus, weg aus diesem Land und wieder unseren eigenen Rhythmus leben.

INDIEN

Nach den Zollformalitäten parken wir direkt hinter der indischen Grenze im Vorhof eines kleinen Gasthauses, dort bleiben wir auch die erste Nacht, um uns ein Spektakel der besonderen Art anzusehen: die tägliche Grenzschließungszeremonie. Indien und Pakistan teilen knapp 3.000 Kilometer Grenze. Der Grenzort Wagah befindet sich zwischen den Städten Lahore/Pakistan und Amritsar/Indien auf der einzigen immer möglichen Verbindungsstraße der beiden Länder. Das Dorf Wagah wurde 1947 geteilt, an dem großen Grenztor stehen sich allabendlich Grenzsoldaten beider Großarmeen Angesicht zu Angesicht gegenüber. Das hat langjährige Tradition. Ca. zwei Stunden vor Sonnenuntergang ziehen Massen von Schaulustigen beider Länder in Richtung gemeinsamer Grenze, nehmen auf den zu beiden Seiten aufgebauten Tribünen Platz, um sich den Feind präsentieren zu lassen. Die friedliche Wachablösung der Border Security Force (BSF) auf indischer und der Pakistan Rangers auf pakistanischer Seite wird im Rahmen einer Parade zelebriert. Auf beiden Seiten werden riesige Nationalfahnen in die Richtung des feindlichen Landes geschwenkt. Ebenso werden parallel über Lautsprecher Lieder gespielt, die die Größe und Macht des jeweiligen Landes anpreisen. Sie sind der Anheizer. Von den sich füllenden Rängen schallt Beifall, Menschen singen und feiern sich selbst. Es gleicht einem Volksfest mit viel Spaß und Ironie. Schulkinder auf der indischen Seite tanzen im Kreis, werfen die Arme gen Himmel, springen in die Luft, schreien und lachen. Die stolzen Soldaten der BSF, die sich in einem Wettkampf um den lautesten und längsten Schrei in ihren Reihen in Rage gebracht haben, und die würdevollen Pakistan Rangers begeben sich in Formation, die Stimmung ist bereits auf dem Höhepunkt, wir verstehen unser eigenes Wort nicht mehr. Die Kommandanten der Eliteeinheiten befehligen den Wachwechsel. Zu beiden Seiten marschieren strenge, makellose Soldaten, aggressiv brüllend, plötzlich werfen sie ihre Oberkörper nach vorn und stürmen an die Grenze. Ihre Beine schnellen bei jedem Schritt auf Stirnhöhe empor. Beim Aufstampfen erschüttert der Boden. Die Gewehre werden präsentiert, Kampfgebrüll über die Grenze geschmettert. Mit einem lauten Knall werden die Tore geschlossen, das Publikum tobt.

Beim Verlassen des Schauplatzes bekommen wir einen ersten Einblick in die nicht vorhandene Disziplin des Volkes in unserem neuen Reiseland. Menschenmassen drängeln, stoßen, schieben, ein Ellenbogen in die Rippen, ein anderer an den Kopf, ich bekomme beinahe Platzangst.

Jetzt brauchen wir eine Stärkung und holen uns ein Abendessen am Straßenstand. Die Auswahl fällt schwer: Samosas, lecker gefüllte, in heißem Fett ausgebackene Teigtaschen, Dhal, eine Art Linseneintopf, diverse Currys und andere Leckereien.

Gut ausgeschlafen geht es am nächsten Tag in die Millionenstadt Amritsar im Bundesstaat Punjab. Dort wurde uns eine Unterkunft empfohlen, die unter Overlandern sehr beliebt sein soll. Mrs. Bhandari´s Guest House, eine grün blühende Ruheoase inmitten des indischen Chaos. Der Garten ist ein Traum, Streifenhörnchen sitzen beim Frühstück neben uns, allerlei bunte Vögel erfreuen uns mit ihrem Gesang. Die vielen farbenfrohen tropischen Blüten tun unseren Augen und unserer Seele gut. Genau das, was wir nach dem Höllentrip durch Pakistan brauchen. Unsere erste Aktion nach der Ankunft: Großputz des Orangetrotter. Einen vollen Tag brauchen wir, um ihn von dem ganzen Staub und Schmutz der letzten Monate zu befreien. Der Schweiß rinnt uns in die Augen, die T-Shirts sind klatschnass. Ob wir uns jemals an diese Hitze gewöhnen werden? Auch der allgegenwärtige Smog macht uns zu schaffen, die Luft ist zum Schneiden.

Nach einem Ruhetag, nur im Gras liegend und genießend, treibt es uns in die Stadt. Wir wollen endlich die viel beschriebene Atmosphäre Indiens erleben. Kaum aus dem Tor des Guest House, sind wir in einer anderen Welt: hupende, stinkende Autos und Busse, Ochsenkarren, unzählige Roller, Fahrradrikschas, dazwischen Hühner, Ziegen, Hunde, Kühe. Frauen in ihren farbenfrohen Shalwar Kamiz und Saris, den traditionellen Kleidern. Die Männer tragen wie in Pakistan die weiten langen Hosen und Hemden, viele sind auch westlich gekleidet. Kinder sitzen im Staub am Straßenrand und betteln. Viele kleine einfache Läden, dazwischen die rollenden Garküchen mit dampfenden und brutzelnden Kesseln, überall am Straßenrand liegen Berge von Müll.

Wir kommen vor dem Goldenen Tempel an, dem höchsten Heiligtum der Sikhs, der im 16. Jahrhundert erbaut wurde. Bevor wir eintreten dürfen, müssen wir unsere Schuhe an einem der vielen dafür vorgesehenen Regale abgeben. Spontan beschließe ich, meine Trekkingsandalen lieber in meine Tasche zu stecken, es sind die einzigen Schuhe, die ich habe. Jürgen bekommt am Eingang noch ein schickes, verschwitztes Tuch, da man das Heiligtum nur mit Kopfbedeckung betreten darf. Jetzt sieht er mal, wie es mir die letzten Wochen ging.

Der Tempel befindet sich auf einer Insel im so genannten Nektarteich und

Der Goldene Tempel in Amritsar

ist ringsum mit Blattgold beklebt. Umgeben ist der Tempel von einer Palast-
anlage, diese hat auf allen vier Seiten ein Tor, ein Symbol der Sikhs, für die
Offenheit gegenüber allen Menschen und Religionen. Im Tempel werden
Verse aus dem Heiligen Buch vorgetragen, diese werden über Lautsprecher
in der ganzen Anlage übertragen, was eine beeindruckende Atmosphäre
schafft. Tausende von Pilgern strömen in den Tempel, wir mischen uns unter
sie. Über eine weiße Brücke mit goldenem Geländer erreichen wir den Eingang, dort werden wir von einem Sikh aufgehalten, der wissen möchte, was in
meiner Tasche ist. Ich muss sie öffnen. Als er meine Schuhe sieht, ist er stinksauer. Ich habe den Tempel entweiht. In der Tempelanlage sind keine Schuhe
erlaubt, ich dachte, man darf sie nur nicht mit Schuhen an den Füßen betreten, hätte ich gewusst, was ich da anrichte, hätte ich sie doch lieber draußen
gelassen. Er sagt, ich solle die Tasche bei ihm lassen, wir können den Tempel
noch besichtigen, dann sollen wir schauen, dass wir raus kommen. Wir überlassen uns der Masse, quetschen uns mit ihr in den viel zu kleinen Raum, jetzt
wird wieder gedrückt, geschoben, gestoßen, gerempelt, ein Ellbogen hier, ein
Knie da. Sind die denn total besessen? Mit Mühe und Not entrinnen wir dem
Gerangel. Ein besonders frommes Verhalten ist das nicht gerade. Ja, ja, ich
weiß, ich habe mich auch danebenbenommen.
Wir setzen uns mit dem Rücken an eine Wand gelehnt und beobachten, wie

die Menschen im Teich baden. Dem Glauben der Sikhs zufolge kann, wer im heiligen Wasser badet oder davon trinkt, sein persönliches Karma verbessern. Vielleicht hätte ich zur Buße für mein „Schuhvergehen" auch noch hinein springen sollen?

Wir verbringen noch einige Tage in Amritsar und müssen auch noch eine Versicherung abschließen. Nicht für unser Fahrzeug, die Chancen, dass man da etwas bekommt, wenn etwas passiert, sind sehr gering. Doch wir wollen wenigstens die für Personenschäden machen. Bei den Millionen Menschen in diesem Land geht das schnell, jemand läuft vors Auto, man streift einen Roller, übersieht einen Bettler, der auf der Straße sitzt... all das ist aber noch besser als eine Kuh an- oder totzufahren, zumindest ist das die indische Auffassung. Da Kühe hier als heilig verehrt werden, kann es dein Todesurteil sein, wenn Du einer einen Schaden zufügst. Es ist tatsächlich so: Ein Kuhleben zählt hier mehr als ein Menschenleben. Für Kühe gibt es aber (noch) keine Versicherung.

Wir sitzen bei einem Versicherungsmakler im Büro. Ein großgewachsener, dicker Sikh mit einem mächtigen roten Turban, in weiße Tücher gekleidet. Er auf der einen Seite des Schreibtisches, wir auf der anderen. Als er feststellt, dass wir aus Bayern, dem Land des Biers kommen, ist er ganz begeistert. Ich frage ihn: „Do you like beer?" Er grinst von einem Ohr zum anderen, zeigt seine strahlenden Zähne und wackelt in indischer Manier zustimmend leicht mit dem Kopf: „Hi, hi, hi." Jürgen und ich lachen immer wieder herzlich über diese Erinnerung. Dieses für die Inder so typische Kopfwackeln, was sowohl „ja" als auch „nein" bedeuten kann, ist nur für Freaks richtig zu deuten. Oft genug ist es zu Irrtümern gekommen, wenn es um den richtigen Weg oder das Bestellen des Essens ging.

Die Versicherung in der Tasche, verlassen wir Amritsar, fahren vorbei an Reisfeldern und einfachen Häusern. Immer wieder liegen Busse und LKWs im Straßengraben, kein Wunder bei dem halsbrecherischen Fahrstil.

Gegen Abend erreichen wir Himachal Pradesh, den Teil des Landes, der im Osten an Tibet (Volksrepublik China) grenzt. Über eine enge, schöne Pass-Straße erreichen wir Dharamsala, wo wir auf einem kleinen Busparkplatz ein nettes Plätzchen für den Orangetrotter finden. Das Klima hier oben ist prima, mein Sodbrennen, das mich noch vor ein paar Stunden geplagt hat, verschwindet wie von Geisterhand. Die klare, deutlich kühlere Luft auf 1.250 m Höhe lässt uns durch- und aufatmen, wir fühlen uns auf Anhieb wohl.

Dicke Luft – have a break

Nach ein paar entspannten Tagen in Mrs. Bhandari's Guest House beschließen wir, in die Berge zu fliehen. Genauer gesagt nach Dharamsala/Mcleod Ganj, dem Exilwohnsitz des Dalai Lama und vieler seiner Landsleute. Natürlich ist er wieder mal nicht zu Hause und so bleibt eine angemessene Begrüßung aus. Aber man spürt sehr schnell eine angenehme, friedvolle Stimmung unter den Menschen, die hier leben, was uns von diesem Ort nicht leicht los kommen lässt. Erst wollen wir noch in den umliegenden 5.000er Bergen trekken gehen, aber schnell sind wir heruntergefahren und denken: Wozu der Stress? Also flanieren wir jeden Tag durch die Gassen, treiben Gebetsrollen an, sehen den tibetischen Mönchen beim täglichen, total amüsanten Diskussionsritual zu, decken uns mit allerlei tibetischem Firlefanz, von der Klangschale bis zur Gebetsfahne, für unsere Buswohnung ein. Wir sind ein wenig traurig, dass wir uns einen Tibet-besuch verkniffen haben, aber die Chinesen tun viel dafür, dass nur wenige auf diese Idee kommen. Es ist einfach zu teuer mit dem eigenen Fahrzeug. Für den ganzen Papierkram und den Guide, ohne den man nicht rein kommt, fallen allein 5.000 € an. Tibet löst bei vielen Menschen eine große Faszination aus. Auch ich habe mir einiges über diese Kultur und die Ansätze des Dalai Lama einverleibt. Es ist ein Jammer, dass viele (nicht alle) der großartigen Inhalte dieser einzigartigen Kultur nicht mehr frei gelebt werden dürfen, verwässern und zu einem bloßen Kapitel der Geschichte zu werden drohen. Das ist wohl der Lauf der Zeit. Ich habe große Lust, mir eine „Free Tibet"-Flagge an den Bus zu hängen. Aber ich glaube fast, es führt kein gewaltfreier Weg dahin. Und mit Gewalt gehen eben auch diese Werte, die der Dalai Lama vermittelt, den Bach runter. Mal abgesehen von dem unnötigen Blut das vergossen wird, und dem Leid, das solch eine Lösung mit sich bringt.

Es fällt schwer, diesen friedvollen Ort mit den allgegenwärtigen bunten, im Wind flatternden Gebetsfahnen zu verlassen, und doch treibt es uns weiter, noch weiter hinein in die Himalaya-Region, durch das wunderschöne Tal von Kullu nach Manali, eine wichtige Bergstation im Norden Indiens auf 2050 Metern. Die verführerische Bergwelt lockt jedes Jahr Tausende von Touristen hierher, nicht zuletzt Massen von Indern, die hier das erste Mal in ihrem Leben Schnee sehen, Skifahren, Gleitschirm fliegen, Mountainbiken, raften oder Kajak fahren. Auch die Gruppe junger Inder, die wir treffen, gibt sich ganz diesem luxuriösen Vergnügen hin. Wie begossene Pudel stehen sie zitternd und zähneklappernd nach ihrer Raftingtour vor uns, als wir uns nach einem Platz für die Nacht umsehen. Die fünf Jungs meinen, sie wüssten ein Plätzchen in der Stadt, und ob wir sie vielleicht auch gleich dorthin mitnehmen könnten. Also verfrachten wir die indischen Eisklötze in unseren Bulli und sind überrascht über ihr gutes Englisch.

In den engen Gassen der Stadt angekommen, organisieren sie uns einen Übernachtungsplatz und laden uns, zum Dank für die Taxidienste, zum Essen ein. Das ist das Letzte, was ich in Indien erwartet hätte, dass wir zwei „alte Säcke" von gerade mal Zwanzigjährigen feudal zum Essen ausgeführt werden. Komisches Gefühl, aber auch interessant. Sie alle gehen gemeinsam zur Schule, kommen aus der indischen Oberschicht, sonst könnten sie sich diesen Fünf-Tage-Abenteuertrip wohl kaum leisten. Die pfiffigen Jungs gehören zu den glücklichen in Indien, denen die Zukunft rosig zu Füßen liegt. Sie studieren fleißig dafür und haben genaue Vorstellungen, was sie beruflich tun wollen.

Wir bummeln noch ein wenig im gemütlichen Trubel Manalis, der geprägt ist von vielen tibetischen Frauen, in ihren so typischen knöchellangen, regenbogenfarben gestreiften Schürzen, nepalesischen Trägern, buddhistischen Mönchen und natürlich zahllosen Souvenirjägern aus aller Herren Länder. Manali liegt zu beiden Seiten des reißenden Bea Flusses in einer umwerfenden Bergkulisse, die uns magisch anzieht. Wir wollen weiter, noch höher. Von Solang aus, das bereits auf 2.800 m Höhe liegt, lassen wir uns mit dem Quad - selber fahren leider nicht erlaubt - noch ein Stück höher fahren. Wir vereinbaren eine Zeit, wann uns der Fahrer wieder abholen soll und machen uns auf zu einer Wanderung. Es ist herrlich in dieser sauberen Luft entlang der klaren Flüsse durch die grandiose Bergwelt zu laufen. Doch es ist auch anstrengend. Wir merken, dass die Luft dünner wird, und kommen immer langsamer voran. Wir beschließen, es nicht zu übertreiben. Zumal Jürgen immer noch mit einer leichten Erkältung kämpft. Wir machen auf 3.300 m Rast und fühlen uns unglaublich frei inmitten dieser wunderschönen Landschaft.

Eigentlich wollen wir über den legendären Rohtangpass mit vielen Schotterpassagen weiterfahren, davon haben sie uns in der Touristeninformation aber abgeraten, da es schon zu spät im Jahr und Schneefall jederzeit möglich sei. Außerdem mache eine Baustelle das Passieren sehr schwer und zeitlich unberechenbar. So entscheiden wir uns, über den Jaloripass nach Sainj zu fahren. Schlimmer hätte der Rohtangpass allerdings auch nicht werden können!

Die Bergwelt oberhalb von Manali ist wunderschön

Wir stehen am Ende irgendeines kleinen Dorfs kurz vor dem Pass. Nichts geht mehr, wir haben uns verkeilt, an einer steilen, extrem engen Kurve kommt uns ein vollbesetzter Bus entgegen. Um nicht das Hauseck wegzufahren, bleiben wir stehen, der Bus allerdings nicht, und so passiert's: Wir können weder vor noch zurück. Unser Orangetrotter tut sich an extremen Steigungen schwer anzufahren, dafür hat er zu wenig PS, und jetzt kommen wir nicht mehr weg. Der Bus rangiert über zwanzig Minuten, bis er sich irgendwie rückwärts aus der Verkeilung lösen kann. Jürgen lässt unser Auto rückwärts rollen, um Schwung zu holen und am Bus vorbei zu kommen, doch der Busfahrer hat dieselbe Idee. Das gibt's doch nicht! Gleiches Spiel noch mal, doch jetzt klappt es. Das Adrenalin steckt uns noch in den Adern, als wir uns mitten auf dem Pass befinden, der immer steiler wird. Schotter, nichts als grober Schotter, Steinbrocken, so groß wie Kinderköpfe, Löcher, so tief wie Vulkankrater, umdrehen unmöglich. An einer einigermaßen flachen Stelle halten wir an, zitternd steige ich aus dem Fahrzeug. Auch Jürgen ist sehr angespannt, das beruhigt mich keinesfalls. „Das ist heftig, wirklich heftig!", meint er. „Aber was können wir tun?" Wir lassen das Wasser aus unserem Frischwassertank und dem Rohr für unser Duschwasser ab, so sind wir wenigstens ca. 80 kg leichter. „Können wir nicht umdrehen?", frage ich noch mal vorsichtig. „Wo

denn!" Er hat ja Recht. „Und wie kommen wir da hoch?", frage ich kleinlaut.
„Mit Schwung, hoffen, dass kein Gegenverkehr kommt, in den Kurven die
Karre nicht abstirbt und bis wir oben sind auf dem Gas bleiben." Na prima,
genau das, was ich am meisten liebe! Aber es hilft ja nichts. O.k., wir steigen
wieder ein, vor uns ist eine steile Rechtskurve, der Bulli packt sie nicht, wir
brauchen mehr Schwung, Jürgen lässt ihn so weit wie möglich zurückrollen,
wir merken, wie der Bulli etwas ins Rutschen kommt, Jürgen gibt Gas, wir
kommen weg und jetzt Vollgas und – ja, diese Kurve ist geschafft, doch die
nächste ist schon erreicht. „Kommt was?" Ich schreie: „Ich weiß nicht, seh
nichts." Auch diese Kurve geschafft. Zeit zum Verschnaufen bleibt nicht, eine
Kurve folgt auf die andere. Ich drehe das Fenster runter, strecke den Kopf
raus, um besser sehen zu können. Ich weiß nicht, wie lange diese Höllen-
fahrt dauert. Dass ich das Atmen nicht vergessen habe, ist ein Wunder, und
wie Jürgen den Orangetrotter da rauf bekommen hat, ist mir bis heute ein
Rätsel. Das war echt grenzwertig, da sind wir uns einig. Bei 3.200 Höhenmetern erreichen wir die Passhöhe mit einem gigantischen Ausblick, die Berge
sind unbeschreiblich. In einer kleinen Garküche bekommen wir Dahl und
Tee, doch das gerade Erlebte liegt noch wie ein gewaltiger Schatten über uns.
Wir sind unsagbar dankbar, dass wir hier heil heraufgekommen sind. Unbe-

Nichts geht mehr - verkeilt in den engen Gassen kurz vorm Jaloripass

greiflich wie die vollbesetzten Busse und LKWs diese Tortur täglich auf sich nehmen können. Eine Idee davon, wie tief mir das alles in den Knochen sitzt, bekomme ich ein paar Stunden später.

Auf der anderen Seite des Passes ist die Straße gut befahrbar, schön schlängelt sie sich durch Berge und Täler. Bei einem Halt, um die Aussicht zu genießen, fühle ich mich plötzlich ganz schwach und müde und mir ist kalt, es kribbelt unter meiner Haut, irgendwas bahnt sich da wohl an.

Als wir in Shimla ankommen, finden wir auf einem bewachten Parkplatz unterhalb der Stadt unseren Stellplatz für die Nacht. Es ist Diwali, für die einen Neujahr, für die anderen sonst irgendein Grund zu feiern, und zwar lautstark. 24 Stunden werden hier Feuerwerkskörper abgefeuert. Während Jürgen durch die Märkte und Basare schlendert, die sich über Stufen und steile Gässchen von der Hauptstraße zur Mall hinaufziehen, liege ich im Bus, habe über 39 Grad Fieber, fühle mich elend und will nur schlafen. Jürgen ist total begeistert von der quirligen Stadt und am nächsten Tag raffe ich mich auf und ziehe mit ihm gemeinsam los. Das kann ich mir doch nicht entgehen lassen.

Gut, dass es einen Lift von der Unter- in die Oberstadt gibt, so muss ich nicht die ganze steile Straße hoch laufen. Von der Mall, einem Platz, der von schönen alten Häusern und Kirchen im britischen Stil umrandet ist, hat man einen wunderschönen Panoramablick. Unglaublich, was die Träger hier alles hoch schleppen: riesige Pakete mit Seilen auf dem Rücken verzurrt, mit einer Schlaufe über dem Kopf, die von der Stirn gehalten wird. Kühlschränke, Gasflaschen, Kartoffelsäcke, es gibt nichts, was die kräftigen Männer und manchmal auch Frauen nicht in harter Knochenarbeit die Berge hinauftragen. Die Mall geht außerhalb des Zentrums in eine schöne Promenade über, durch üppige Vegetation an prachtvollen Villen vorbei. So schön der kurze Spaziergang auch ist, ich bin heilfroh, als ich mich wieder hinlegen kann. Ich will schlafen. Die Knallerei gibt mir den Rest, und wir fahren wieder los.

Also weiter Richtung Nepal, tiefer in den Himalaya. Wir treffen zwei Ärzte, die uns empfehlen, nicht hier, wild in den Bergen zu übernachten („Do you have a gun?"). Nach hartnäckigem Nachfragen, was denn hier so gefährlich sei („Die Menschen, die Affen?"), endet das Thema bei der korrupten Polizei der abgeschiedenen Dörfer. Also bleibt nur der Fußballplatz von Nalan.
Irgendwann geht's wieder auf 2200 Meter rauf nach Mussoori, und dort finden wir ihn! Den Platz, nach dem wir schon länger suchen: im wunderschönen

Garten des Carlton Plaisance Hotel. Das Gebäude selbst aus der Rai-Ära, auch innen wie ein Museum. Und wer schon alles da war! Nach den telefonischen Preisverhandlungen mit der Hausherrin Enu, einer Seele von Mensch (wir sind wohl die ersten Overlander in ihrem Garten), gibt's lecker Essen, Duschen und Tipps, wie Helga wieder auf die Beine kommt. Sie kämpft seit ein paar Tagen mit wechselnd hohem Fieber und ist total geschafft, isst nichts. Es ist klar, wir brauchen eine Pause vom Reisen, von den ständig neuen Eindrücken, von den körperlichen und nervlichen Belastungen, die Indien und die letzten zweieinhalb Monate mit sich brachten. Und jetzt haben wir den idealen Ort dafür gefunden, mit Blick auf den Himalaya. By the way: Wir sind die einzigen Gäste.

Was ist nur mit mir los? Gerade war ich beim Duschen, konnte mich kaum auf den Beinen halten, bin kurzatmig wie eine Hundertjährige und mir wird dauernd schwindlig, die paar Meter zurück zum Bus hab ich fast nicht mehr geschafft. Jetzt sitzen wir beim Abendessen und nichts von all den leckeren Gerichten auf der Speisekarte macht mich an. Enu, unsere Gastgeberin steckt mir ein Fieberthermometer in den Mund, immer noch 39,6°C. Sie möchte wissen, ob ich schon etwas gegen das Fieber eingenommen habe, ich sage: „Nein, weil ich denke, das es besser ist, wenn mein Körper es aus eigener Kraft schafft." Sie empfiehlt mir ein Antibiotikum und eine Paracetamol zu schlucken. Da ich das Gefühl habe, dass sie etwas mehr Ahnung von solchen Dingen hat als ich, folge ich ihrem Rat.

Am nächsten Morgen bekommen wir das Frühstück auf der Terrasse in der Sonne serviert, auch ein Trick von Enu, damit mein Appetit wieder besser werden soll. Und siehe da, es hilft, und ich esse sogar das ganze Aloo Paratha, ein Fladenbrot mit würziger Kartoffelfüllung, und obendrauf noch ein Spiegelei. Dies wird unser Leibgericht zum Frühstück.

Ein paar Tage später bin ich fieberfrei und Jürgen hat unsere Homepage wieder auf Vordermann gebracht. Das heißt, es kann wieder weitergehen.

Entlang der Straße sehen wir immer wieder Männer, aber hauptsächlich Frauen, die mit einfachen Werkzeugen große Steine zerkleinern. Von früh bis spät bestreiten sie mit fast bloßen Händen den nie endenden Wettlauf mit dem Zerfall und reparieren die Schlaglöcher der Straßen. Wir fahren vorbei an vielen Bettlern und Behinderten, Familien, die unter ärmlichsten Bedingungen in Bretterverschlägen und Folienbauten wohnen. Schulkinder, die früh morgens in ihren unterschiedlichsten Uniformen aus allen Himmelsrichtungen teilweise Stunden über die unwirtlichsten, steilen Bergpfade zur

Die harte Arbeit machen meist die Frauen

Hauptstraße gelaufen kommen, um sich am nächstmöglichen Bushalteplatz von den total irren Busfahrern abholen zu lassen. Wir sind wirklich froh, dass wir nicht mit öffentlichen Verkehrsmitteln fahren müssen. Frauen in ihren romantisch anmutenden bunten Gewändern, die einem ein Idyll vorgaukeln, das einfach nicht wahr ist, arbeiten in den Reisfeldern oder tragen große Strohballen auf ihren Rücken.

Indien ist ein hartes Land. Wir haben gerade mal durchs Schlüsselloch geschaut und sind uns noch nicht sicher, ob wir bereit für mehr sind. Die Bergregion, in der wir uns aufgehalten haben, ist geprägt vom Buddhismus. Durch die vielen Tibeter, Nepalesen und Sherpas herrschen hier andere Gesetze als in Zentralindien. Fasziniert von der Himalayaregion, sind wir neugierig auf mehr und beschließen, direkt weiter nach Nepal zu fahren.

NEPAL

Der Grenzübergang Indien-Nepal ist sehr einfach, ich meine, die Verhältnisse sind sehr einfach, ein kleines schon etwas zerfallenes Gebäude, davor stehen im Freien vier Stühle und ein Tisch, an dem zwei junge Männer, die nicht als Grenzbeamte zu erkennen sind, etwas unsicher unsere Ausweise betrachten. Sie achten sehr akribisch darauf, dass wir unsere Ausreiseformulare auch vorschriftsgemäß ausfüllen, darum müssen wir dieses auch mehrmals wiederholen. Beim Stempeln unserer Pässe und des Carnets geht es dann aber nicht mehr so genau zu, was wohl am bevorstehenden Feierabend liegt. Da ist es an uns, etwas besser aufzupassen und genaue Anweisungen zu geben.

Auf der nepalesischen Seite ist das Amtsgebäude dann noch etwas einfacher, dafür sind die Menschen extrem freundlich und hilfsbereit. Nach der recht lockeren Zollabwicklung fahren wir lange, bis wir auf einer richtigen Straße ankommen. „Irgendetwas ist hier anders, oder?", frage ich Jürgen. Er überlegt und sagt: „Hier sind fast nur Fahrräder unterwegs, kaum Mopeds, überhaupt keine Autos, fast nichts, was einen Motor hat." „Ja, stimmt, es ist die Ruhe, die Gelassenheit. Das Verkehrschaos hat ein Ende." Hier gefällt es uns.

Wir quartieren uns im Garten des Bardia Jungle Cottage direkt am Eingang des Bardia Nationalparks ein und gleich am nächsten Tag geht es in den Dschungel auf Safari.

Nashorn, Tiger & Co - 10 Stunden zu Fuß im Dschungel

Ich bin wahrscheinlich die Einzige, die an einer Safari teilnimmt und inständig darum betet, von Tigern, Elefanten und Nashörnern verschont zu bleiben. Nein, auch ich liebe es, Tiere in ihrer natürlichen Umgebung zu beobachten, keine Frage. Doch unsere Safari führt uns gemeinsam mit unserem Guide Sitaram zu Fuß, jeder mit einem Bambusstab bewaffnet, durch das Dickicht des ca. 960 km² großen Bardia Nationalparks. Zur Einführung - wir sind mittlerweile schon eine halbe Stunde unterwegs - weist uns Sitaram an, wie wir uns verhalten sollen,

… wenn uns ein Rhino (Nashorn) entgegenkommt:

1. einen Baum ausspähen, auf den man flüchten kann
2. im Zickzack auf diesen Baum zu spurten und so schnell wie möglich hochklettern, wenn man nicht hoch kommt, hinter dem Baum verstecken

(das wäre dann mein Part).

… wenn uns ein Tiger begegnet:

1. stehen bleiben, nicht mehr rühren
2. Augenkontakt aufnehmen, wenn man stark genug dazu ist, und wenn der Tiger näher kommt, langsam rückwärts gehen.

Normale Tiger greifen keine Menschen an, nur verrückte Tiere und dann lauf um Dein Leben!

… wenn ein wilder Elefant auftaucht:

1. Lass alles, was du bei dir hast, fallen, um ihn abzulenken
2. Lauf ins dichte Gestrüpp, je dichter desto besser, und wenn du Glück hast, bist du ihn los.

Mit diesen Verhaltensregeln marschieren wir früh morgens tiefer in den Busch. Ich kenne Jürgen, der am liebsten allen diesen wunderschönen Tieren auf einmal begegnen würde. Mental tue ich allerdings alles in meiner Macht stehende dafür, dass genau dies nicht passiert. Kein Baum erscheint mir geeignet, dass jemand wie ich hinauf kommen kann, um sich vor einem Rhino zu retten.

Über die Langurenaffen, Spechte, den Kingfisher, einen wunderschönen, braun-türkisfarbenen Vogel und die vielen Rehe freu ich mich dann doch, ebenso über die beiden großen Krokodile am Flussufer, da weiß ich ja auch noch nicht, dass wir diesen Fluss kurze Zeit später zu Fuß durchqueren werden. Weiter auf den schmalen Pfaden des nepalesischen Dschungels geht es zu einem Platz am Fluss, der gut sein soll, um Tiger zu sehen. Dort schlagen wir unser Lager auf. Blätter, die Sitaram von den Bäumen reißt und für uns an den sandigen Boden legt, dienen als Sitzunterlage. Da sitzen wir und warten. Spähen aufs gegenüberliegende Flussufer in der „Hoffnung", einen dieser Tiger zu sehen. Warum eigentlich da drüben? Hinter mir im Gebüsch raschelt doch ständig etwas, oder bilde ich mir das wirklich nur ein? Da, schon wieder! Sitaram: „Look there, do you see?" - Oh Gott! Was? Wo? - „On the riverside, there is a rhino!" Tatsächlich, groß und mächtig steht es da und frisst geräuschvoll, krachend und raschelnd die Blätter vom Baum. Unglaublich, dass diese Kolosse Vegetarier sind. Unser Exemplar ist am vorderen, rechten Fuß verletzt. Auch hier wird den Tieren nach dem Leben getrachtet. Insbesondere die vom Aussterben bedrohten Tiger, Nashörner, Krokodile u.a. werden immer wieder gewildert, um diverse Körperteile für die chinesische Medizin zu gewinnen. Wie grausam und überflüssig das doch ist!

Wir laufen durch riesige Fußabdrücke von Rhino und Elefant und durch deren große Misthaufen, die mich ständig daran erinnern, wie ich mich zu verhalten habe, wenn mir einer der Dickhäuter begegnet. Auch die Spuren des Tigers sehen wir hin und wieder. Es scheint ihn hier wirklich zu geben. Na prima, ich bin entzückt!

Abends, die Dämmerung droht schon hereinzubrechen, führt unser Rückweg durch hohes Steppengras. Die tief stehende Sonne taucht die Landschaft in ein herrlich warmes, weiches Licht, doch wirklich wohl fühle ich mich erst wieder, als sich die Tore des Bardia-Tierschutz-Reservats hinter uns schließen und ich vor einer großen Portion Noodles mit Gemüse sitze. What a day!

Die nächsten Tage verbringen wir mit Wäsche waschen, Spaziergängen ins Dorf, Gesprächen mit Sitaram und Besichtigung der Dorfschulen. Es gibt zwei Schulen, eine staatliche und eine private. Der Hauptunterschied: In der staatlichen interessiert sich niemand dafür, ob die Schulkinder auch zum Unterricht erscheinen und teilnehmen. Wer keine Lust hat, spielt am Fluss neben dem Klassenzimmer. Anders bei der privaten: Wenn Kinder dort nicht kommen, erkundigen sich die Lehrer nach dem Grund des Nichterscheinens und achten darauf, dass sich alle Schüler aktiv am Unterricht beteiligen. In

Wir laufen durch riesige Fußabdrücke von Rhino und Elefant

diese Schule gehen auch Rita und Bihmu, die Töchter von Sitaram. Da es sich um eine private Einrichtung handelt, ist der Besuch hier teurer, doch Sitaram weiß um die Wichtigkeit der Bildung. Wir verbringen viele Stunden mit Diskussionen über das Bildungssystem und die schwierigen Lebensumstände in Nepal.

Jürgen und ich haben uns vor unserer Abreise etwas vorgenommen. Wir wollen unterwegs unser Glück teilen und etwas weitergeben an Menschen, denen es nicht so gut geht wie uns. Diese Idee wird noch weiter vorangetrieben, als sich unser Sponsor GEFRO anbietet, uns Geld für wohltätige Zwecke zur Verfügung zu stellen. Auch Nachbarn und Freunde haben uns aus freien Stücken Geld für dieses Vorhaben mitgegeben.

Die Idee

Schnell, nachdem wir uns zu diesem Abenteuer entschieden haben, ist auch der Wunsch da, uns sozial zu engagieren, etwas von unserem Wohlstand und Glück zurückzugeben. Aber was macht Sinn? Letztlich kommt die eigentliche Idee durch unseren Sponsor GEFRO. Er überlässt uns treuhänderisch einen erheblichen Betrag für gute Zwecke, denn wie der Inhaber Thilo Frommlet meint: „Ihr werdet nicht nur Friede, Freude, Eierkuchen erleben..."

Die Möglichkeit, in den unterschiedlichsten Situationen unmittelbar etwas von unserem Luxus, in dem wir ja alle letztlich leben dürfen, abgeben zu können, hat uns total begeistert. An dieser Stelle noch mal vielen lieben Dank für dein Vertrauen, Thilo!

Sich nicht nur auf ein Projekt zu beschränken, sondern immer wieder mal für ein Waisenhaus Reis o.ä. zu kaufen, Schulen mit notwendigem Material zu versorgen oder was auch immer uns auf dem Weg begegnen wird, das ist klasse!

Und siehe da, die Idee macht Schule, findet Nachahmer. Unsere Freundin Dana: „Ich hab mir lange überlegt, was ich euch mit auf den Weg geben kann, aber Platz habt ihr ja nicht viel, und weil ich die Idee des Zurückgebens so schön finde, bitte ich euch auch, hiermit etwas Gutes zu tun" und steckt uns einen Schein zu. Ebenso wie ein Paar aus unserer Nachbarschaft und eine ehemalige Arbeitskollegin. Und dann ist da noch Hannah O. (4 Jahre alt), sie hat ihre Stofftiersammlung aussortiert. Da kam eine ganze Tüte zusammen. Ebenso wie Wolf Dieter Nausch, BK Tankstelle Memmingen: 2 Tüten mit Stofftieren und

50 Feuerzeuge. An dieser Stelle noch einmal ein herzliches Dankeschön an euch alle, ihr seid spitze!

Immer wieder müssen wir feststellen, dass es gar nicht so einfach ist, das Geld sinnvoll anzulegen. In Indien z.b. haben wir ein Erlebnis mit einer Frau, die ein Baby auf dem Arm hat. Sie fragt uns nach Reis für ihr Kind und ihre Familie. Wir freuen uns, weil dies genau das ist, was wir uns vorgestellt haben. Nicht Geld zu verschenken, sondern Lebensmittel oder was eben dringend benötigt wird. So gehen wir mit der Inderin in das nächste Lebensmittelgeschäft und kaufen ihr einen Sack Reis. Eine halbe Stunde später begegnen wir derselben Frau noch einmal und können es nicht fassen, als sie uns erneut anspricht und um Milchpulver für ihren Säugling bittet, sie erkennt uns nicht einmal. Später erfahren wir, dass wir viel zu viel für den Reis bezahlt haben und dass sie den Sack wieder zurück in den Laden gebracht hat und sich vom Verkäufer das Geld hat geben lassen. Dieses Vorgehen ist leider eine altbekannte Masche, nur wussten wir noch nichts davon. Aus Fehlern lernt man, sollte man meinen. Einen Tag später, wir sind gerade mit dem Mittagessen fertig, und weil es so reichlich war, haben Jürgen und ich noch einiges auf unseren Tellern. Da kommt ein buddhistischer Mönch an unserem Tisch vorbei. Er trägt eine Schale vor sich her, so sammeln sich die Mönche jeden Tag ihr Essen, das kennen wir bereits aus einer Dokumentation, die wir mal im Fernsehen gesehen haben. Als Jürgen gerade die leckeren Essensreste in seine Schüssel geben will, schaut er ihn entsetzt mit weit aufgerissenen Augen an, hält seine Hände schützend über seine Schale und sagt: „Money, only money." Peinlich berührt wird uns klar, dass hier jeder nur auf Geld aus ist. Nach diesen Erfahrungen fassen wir den Entschluss, niemandem mehr etwas zu geben, der von sich aus auf uns zukommt.

Nach den Gesprächen mit Sitaram, in denen wir uns auch öfter über Möglichkeiten, wie wir am besten helfen könnten, unterhalten haben, fassen wir den Entschluss, seine Töchter zu unterstützen.

Schulbesuch für Rita & Bihmu

Wir sind in Nepal. Hier finden wir vieles von dem, was wir in Indien vermisst haben. Vom ersten Augenblick an begeistern uns die Landschaft und der Reichtum der Tierwelt. Nepal und seine Bevölkerung hingegen sind arm. Besonders hier im äußersten Westen. Kompliziert wird das Ganze noch durch dieses fatale

Kastensystem. Fast ausschließlich Landwirtschaft ernährt hier die Menschen. Landwirtschaft ohne Maschinen und Gerätschaften. Das Hauptwerkzeug ist ein sichelförmiges Messer, bestenfalls ein Ochsenkarren. Das sieht auf Fotos sehr romantisch aus, ist aber ein richtiger Knochenjob. Die Frauen verrichten hier meist die härtesten Arbeiten. Und das sieht man den Menschen an. Trotz allem machen die meisten, denen wir begegnen, einen sehr fröhlichen, warmherzigen, zufriedenen Eindruck auf uns.

Es gibt natürlich noch den Tourismus. Hier in Thakurdwara führt uns unser Weg durch den Bardia Nationalpark. Ein Geheimtipp, nicht der größte, abgelegen und relativ unberührt. Nur zu Fuß oder mit dem Elefant begehbar. Das Großwild - Tiger, Nashorn, Elefant, Panther - konzentriert sich auf den verhältnismäßig kleinen westlichsten Zipfel des insgesamt 960 km² großen Parks. Geheimtipp und die untouristische Lage, heißt allerdings auch sehr wenig Touristen. Insbesondere die letzten Jahre seit dem Bürgerkrieg in Nepal und der Weltwirtschaftskrise. Die einzige und schwere Zufahrt gibt den Rest. Auch wir sind bei der Flussüberquerung stecken geblieben.

Unser wundervoller Guide für die 10-Stunden-Safari, Sitaram (29), arbeitet im sehr gemütlichen Bardia Jungle Cottage als Mädchen für alles. Sitaram lebt zusammen mit seiner zehnköpfigen Verwandtschaft, die auch Landwirtschaft betreibt, auf einem sehr einfachen Hof außerhalb von Thakurdwara. Er ist sehr freundlich, aufmerksam und zurückhaltend, liebt die Natur und die Tiere. Schon mehrmals hat er seine Ausbildung zum staatlichen Nationalpark-Mitarbeiter aus Geldmangel unterbrechen müssen. Ebenso wie seine Töchter Rita (7) und Bihmu (9) wieder einmal davorstehen, ihren Besuch der BBAS Memorial School abbrechen zu müssen. Ebenfalls aus Geldmangel. Es handelt sich um eine privat finanzierte Schule, wie es sie in fast jedem noch so kleinen Dorf gibt, gegründet vor einigen Jahren durch einen Australier. Er erkannte auch, dass erfolgreiche Bildung in den staatlichen Schulen, insbesondere hier in Thakurdwara, aus unterschiedlichsten Gründen kaum möglich ist. Nach unserer Besichtigung dieser staatlichen Schule wird das schnell klar.

Der Rektor der BBAS Memorial School erzählt uns, dass es immer wieder sehr hart ist, wenn gerade so talentierte Schüler wie Rita und Bihmu wieder zurück auf die staatliche Schule geschickt werden müssen. Eine schulische Laufbahn ist nach der Grundschule nur in Schulen möglich, die von den Eltern bezahlt werden müssen. Die jährliche Gebühr wäre noch zu stemmen. Dazu kommen noch die Auslagen für drei Garnituren Schuluniformen und die sehr teuren Bücher.

Also entschließen wir uns, hier mit dem Geld unserer Stifter das erste Mal tätig zu werden. Wir werden beiden Töchtern für zunächst einmal die kommenden vier Jahre den Schulbesuch finanzieren. Wenn alles glatt läuft, hat Sitaram dann seine Ausbildung abgeschlossen, kann mehr Geld verdienen, um die Ausbildung seiner Töchter selbst zu sichern. Wir sind sehr stolz darauf, das uns anvertraute Geld hier einzusetzen. Denn, wer Sitaram und seine Töchter kennen gelernt hat, wäre genauso überzeugt wie wir, dass es diese Sache wert ist. Sitaram selbst ist das einzige von fünf Geschwistern, das eine Schule besuchen durfte. Seine Mutter musste damals ihren einzigen Ohrring verkaufen, damit Sitaram weiter zur Schule gehen konnte. Das Wichtigste ist jedoch, dass diese Menschen etwas erreichen wollen, etwas dafür tun, die Dinge zum Besseren zu wenden. Diesen Eindruck hatten wir bisher selten, wenn wir vor der Entscheidung standen, wem wir helfen wollen.

Uns fällt der Abschied nach fünf Tagen mit Sitaram sehr schwer. Es ist erstaunlich, wie schnell sich manchmal in kurzer Zeit ein so intensives Freundschaftsgefühl entwickeln kann. Seine Töchter haben uns versprochen regelmäßig über ihre Fortschritte zu berichten. Hier noch einmal die besten Wünsche für dich und deine Familie, Sitaram!

Die Eltern erhalten über vier Jahre 200 € pro Jahr; geknüpft an die Bedingung, regelmäßig zu berichten, was die Kinder gerade machen und wie sie sich entwickeln. Die Auszahlung erfolgt dann jährlich.

Wehmütig - aber was viel wichtiger ist - mit einem guten Bauchgefühl, verlassen wir das liebgewonnene Dörfchen Thakurdwara und seine Einwohner. Beim Verlassen des Nationalparks müssen wir einen Fluss queren, und hier möchte Jürgen endlich das tun, was er schon so lange nicht mehr getan hat. Den Orangetrotter mit viel Wasser so richtig sauber schrubben. Der Wasserstand ist nicht sehr hoch, das Kiesbett scheint recht dicht und tragbar, also wagen wir den Versuch. Doch kaum ist der Bulli in Position gebracht, können wir auch schon zusehen, wie er immer tiefer mit den Rädern im Flussbett versinkt. Na prima, typisch deutsch, oder? Was machen wir jetzt? Sandbleche unterlegen bringt in dieser Situation gar nichts, ein Anfahren und der Versuch raus zu fahren scheitert und lässt den Trotter nur noch tiefer sinken. Hoffentlich läuft uns die Karre jetzt nicht voll Wasser, der Auspuff ist schon fast nicht mehr zu sehen. Unsere Rettung ist ein zufällig vorbeifahrender Jeep. Er zieht uns schnell und problemlos aus der misslichen Lage. Jürgen erntet noch viel Bewunderung für sein Hightech-Abschleppseil, hier wird noch mit richtigen Seilen abgeschleppt und keiner kann so recht glauben, was das dünne Kunststoffband zu leisten vermag.

Wir fahren den Mahendra Highway entlang und weiter bis Lumbini, dem Geburtsort Buddhas. Ein überraschend beschaulicher und ruhiger Ort. Leider können wir den großen Religionspark und den Maya Devi Tempel, der an dem Platz errichtet wurde, wo Buddha das Licht der Welt erblickt haben soll, nicht besichtigen. Er ist wegen hohen Staatsbesuchs aus Sri Lanka für Touristen die nächsten Tage geschlossen. Weiter geht es über Butwal, auf dem Siddhartha Highway, der sich pittoresk durch die Landschaft schlängelt. Hinter jeder Kurve ist mit größeren und kleineren Schlaglöchern zu rechnen. Überbesetzte bunte Busse, die ihre Fahrgäste sogar auf dem Dach transportieren, kündigen sich durch ohrenbetäubendes melodisches Hupen schon lange an, bevor sie einem die Kurve schneiden. Wir haben Hunger und halten Ausschau nach einem Restaurant. In der nächsten Ortschaft werden wir fündig und bekommen die letzten zwei freien Plätze. Wir bestellen uns Dal Bhat, Linsensauce mit Reis und Tarkaari, gedünstetes Gemüse mit Puri, Fladenbrot. Wir haben gelernt, dass es dort, wo viele Einheimische sind, immer das beste Essen gibt und auch das günstigste.

Am späten Nachmittag erreichen wir Pokhara und sehen etwas, dessen Existenz wir bereits vergessen hatten. Fußgängerwege, Randsteine und Massen von perfekt gestylten Outdoor-Touristen. Ein Kulturschock! Sind wir immer noch in dem armen, einfachen, liebenswerten Nepal, das wir die letzten Tage kennen gelernt haben? Pokhara hat ca. 200.000 Einwohner und ich schätze mal übers Jahr gesehen mindestens - wenn nicht noch mehr - so viele Touristen. Kein Wunder, die Stadt liegt wunderschön in dem gleichnamigen Tal auf 900 m Höhe. Die Bergkulisse des Annapurna- und Dhaulagiri-Massivs machen das Ganze perfekt. Trotz der vielen Besucher aus aller Welt ist dies ein Platz zum Wohlfühlen, hier herrscht eine ganz besondere Atmosphäre. Wir fahren am Ufer des Phewa-Sees entlang, entfernen uns langsam von der Stadt, bis wir in Pame, einem winzigen Dorf mit nur ein paar Häusern, ankommen, überqueren einen Bach, bis wir am „Campingplatz" ankommen. Ich weiß nicht, was ich erwartet habe, wie naiv meine Gedanken waren, wie ich glauben konnte, mitten in Nepal einen prächtigen, gut ausgestatteten Campingplatz mit allem Luxus vorzufinden. Irgendwie hab ich wohl gehofft, für ein paar Tage mindestens europäischen Standard genießen zu können.

Doch was wir hier bekommen, ist, wie ich nach der ersten Enttäuschung fest-
stelle, tausendmal besser.

Ein Bett im Reisfeld

Seit über einer Woche sind wir in Pame, 6 km von Pokhara, am Ende des
Phewa-Sees. Als erste und einzige Gäste seit zwei Monaten stehen wir im
internationalen Overlander Camp, eingebettet in Reisfelder, umgeben von
bewaldeten Hügeln, in denen die Affen toben. Es ist ruhig, nur die Familie,
die den Platz führt, lebt hier, es ist ihr Garten. Einige hundert Meter entfernt
an der Straße ein sehr kleines Dorf mit ein paar Verkaufsbuden für das Nötigste. Zwischen den Feldern fließt ein Fluss, über den eine Hängebrücke führt.
Wir kommen uns vor wie im Zoo. Bussarde kreisen über uns, Reiher fliegen vorüber. Eine Schlange schleicht am Orangetrotter vorbei. Bis Jürgen aus
dem Bus kommt, ist sie verschwunden. In roter Unterhose, barfuß und mit
Stock bewaffnet, versucht er sie aufzuspüren. Ein Bild für die Götter, kann
ich euch sagen! Es gibt eine Vielzahl von Vögeln, besonders häufig sehen wir
den braun-türkisen Kingfisher. Es ist so schön, ihn fliegen zu sehen. Wenn er

Blick auf das Annapurna-Massiv

Hier bleiben wir!

seine Flügel ausbreitet, ist die ganze Farbenpracht seines Gefieders zu erkennen. Dann die hauseigenen Ziegen, die Entenfamilie, Gockel, Hennen usw. Wir verbringen ganze Tage damit, nur hier zu sitzen und zu beobachten. Und dann sind da natürlich noch die Gipfel der Sechs-, Sieben- und Achttausender, für die Nepal so bekannt ist. Vom Aussichtspunkt Sarankot (1.592m), den wir mit Moped und zu Fuß erklommen haben, hat man einen sagenhaften Blick auf das Annapurna-Massiv. Mächtig stehen sie vor uns, die schneebedeckten Riesen des Himalaya. Während wir sie staunend betrachten, flattern um uns herum zig Schmetterlinge: gelbe, orange, braun-türkisfarbene, schwarzweiße, weiß-orangefarbene... Ich bin total entzückt. Mich überkommen hier solche Glücksgefühle!

Vor ein paar Tagen sind wir mit dem lokalen Bus nach Pokhara gefahren. Da wir etwas abseits des Touristentrubels leben, brauchen wir ca. eine halbe Stunde bis in die Stadt. In einer alten Klapperkiste, eng an eng sitzend mit den Einheimischen, kitschige, laute Klimpermusik im Ohr, fahren wir die sehr schmale und holperige Küstenstraße am See entlang. Der Bus scheppert an allen Ecken und Enden und rüttelt uns ordentlich durch. Ein Blick durchs halb offene, verdreckte Fenster eröffnet immer wieder die schönsten Ausblicke auf den See. Die Boote, die im Wasser liegen, und der sattgrüne Reis werden von der Sonne in ein wunderbares Licht getaucht. Mir ist so warm ums Herz, aus heiterem Himmel fange ich einfach an zu weinen, der Moment ist vollkommen! Alles passt, ich bin genau da, wo ich sein soll, und für diesen kurzen Augenblick macht alles Sinn in meinem Leben.

Wir sind an einem Ort angekommen, wo wir das allererste Mal das Gefühl haben, dass wir hier länger bleiben wollen. Wir haben einen paradiesischen Stellplatz, tagsüber scheint die Sonne und es ist angenehm warm, wir wandern, machen Ausflüge mit dem Motorrad oder lassen einfach die Seele baumeln und beobachten die zahlreichen Tiere. Nachts wird es jetzt im November schon ziemlich frisch, auch das genießen wir, denn es gibt nichts Schöneres, als sich nach einem erfüllten Tag unter freiem Himmel in den Orangetrotter zurückzuziehen, um sich schön einzukuscheln. Es ist alles perfekt und es kommt noch besser. Es kündigt sich Besuch an: Carina, Michael und Roxy (ihr Hund), seit 7 Monaten mit ihrem Landy unterwegs, gesellen sich auf dem Campingplatz zu uns. Sie haben von uns durch Lutz erfahren, den wir in der Türkei kurz vor dem Iran getroffen haben. Wir verbringen ein paar sehr gemütliche, lustige Tage mit den drei sympathischen Overlandern.

Annapurni Käs-Batzen – und andere Leckereien

Ursprünglich wollten wir ja unseren ostdeutschen Campernachbarn, Carina und Michael, eine ordentliche Portion original Allgäuer Kässpatzen servieren. Aber irgendwie scheint das mit Reismehl nicht zu funktionieren. Ich habe eher den Eindruck, ich rühre Gips an, der schon langsam fest wird und dann wieder flüssig und dann wieder.... Aber das alles mit den wertvollen Zutaten wegzuschmeißen? Auf keinen Fall! In Gemeinschaftsarbeit entsteht also eine absolute Premiere, weltweit garantiert einzigartig:

Der Annapurni Käs-Batzen
Zutaten: Heißhunger auf Kässpatzen, zwei gutgelaunte Ostdeutsche, zwei Allgäuer Schwaben, ein wenig Bier, Kreativität, ein indischer Wok, zwei Hirabira (Stirnlampen), Yak-Käse, Wasser, Eier, nepalesisches Reismehl, Salz, Pfeffer, Marsala-Gewürzmischung, Zwiebeln, Ketchup.
Den Teig in Team-Arbeit unter ständigem Rühren aus dem Behälter zu kriegen versuchen und mit viel Öl unter ständigem Schwenken im Wok dünn ausbacken. Aufschichten, dazwischen Käse und geröstete Zwiebeln schichten und

möglichst gerecht aufteilen. Mit viel Ketchup essbar machen. Nein, es war wirklich gut! Auch ohne Ketchup. Anschließend das Geschirr unter das Fahrzeug schmeißen und erst am nächsten Tag spülen.

Wieder einmal verbringen wir einen Tag in Pokhara. Jürgen arbeitet an unserer Internetseite, während ich durch die Straßen ziehe. Hier fällt es mir wirklich schwer, nicht einem Kaufrausch zu erliegen. All die handgewebten Textilien, wie Leinen- und Baumwollstoffe, Seide aus Nepal, China und Indien, in zauberhaften Farben und einfallsreichen Mustern. Batiken, Stofftaschen, Bekleidung, Wolldecken, leichte flauschige Pashmina-Schals aus feiner Schaf- und Ziegenwolle, handgestrickte Pullover, Socken und natürlich die weltbekannten Nepal-Mützen. Kalender, Bücher, Schmuck, tausend wunderschöne Kleinigkeiten. Doch der Großeinkauf muss ausfallen, eigentlich sehr schade, aber manchmal auch sehr gut, dass wir so wenig Platz in unserem Orangetrotter haben.

Jürgen ist noch im Internetcafé beschäftigt, es ist schon spät und beginnt bereits zu dämmern. Ich beschließe, mit dem öffentlichen Bus schon voraus zu fahren, um uns einen Eintopf zu kochen. Es sitzen schon viele Leute im Bus, nur noch ganz hinten auf einem zusammengerollten Teppich, den irgendjemand nach Hause transportieren will, bekomme ich einen Sitzplatz. Immer mehr Männer, Frauen und Kinder wollen noch mitfahren. Kurz vor der Abfahrt kommen zwei alte Männer auf den Bus zu getorkelt. Einer von ihnen mit einem Sack unterm Arm, aus dessen Öffnung der Kopf einer ziemlich mitgenommenen, aber noch lebenden Gans heraushängt. „Bitte, bitte, lass die nicht einsteigen!", denke ich, denn die absolut letzte Sitzgelegenheit ist neben mir auf dem Teppich. Die beiden Betrunkenen schaffen es irgendwie, sich die paar Stufen den Bus hochzuziehen und laufen bzw. fallen im Zickzack-Gang direkt auf mich zu. Der mit der Gans versucht, sich neben mich zu setzen, dabei fällt er fast um. Den Sack mit seinem Federvieh legt er unter den Sitz vor uns. Ich kann das arme Tier nicht anschauen, mehr tot als lebendig windet es sich hin und her. Zu meiner Überraschung rafft sich der stark nach Alkohol riechende Nepalese noch mal auf und verlässt den Bus wieder, ohne seine Gans. Ich atme auf, der Bus fährt los, nach der ersten Kurve hält er an, aufgehalten von dem Alten, der wohl gemerkt hat, dass er etwas vergessen hat. Aber nein, er steigt ein und setzt sich wieder neben mich. Während der ganzen Fahrt kämpft er, ob mit dem Schlaf oder mit seiner Übelkeit, habe ich

- Gott sei Dank - nicht erfahren. Aber der Hammer ist dann, als er beim Aussteigen, direkt vor meinen Augen, inmitten all der Fahrgäste seinen Sarong (Wickelrock) verliert und vor uns steht, wie Gott ihn geschaffen hat, ohne Unterhose. Es wird geschmunzelt und geflüstert, aber niemand macht sich laut über den armen Kerl lustig oder lacht ihn aus.

Jürgen kommt spät aus der Stadt zurück, es gab Probleme mit dem Internet. Er hat aufregende Neuigkeiten. Wir haben eine Mail-Anfrage bekommen, ob wir Interesse an einer Durchquerung von Tibet/China bis Laos hätten. Das ist eine neue Option. Unser ursprünglicher Plan ist, von Chennai in Indien nach Malaysia zu verschiffen. Wir wissen, dass die Chinesen sich eine Fahrt durch ihr Land mit dem eigenen Fahrzeug sehr teuer bezahlen lassen. Für uns alleine unbezahlbar, aber gemeinsam mit anderen? Das ist eine Überlegung wert. Wir diskutieren, recherchieren, sind unsicher, aber auch sehr angetan von der Idee. Ein großes Problem ist die Jahreszeit, die Einreise soll Mitte/Ende Dezember erfolgen, im Winter kann es dort oben sehr kalt werden. Wir werden uns immerhin eine lange Zeit zwischen 3.000 und 5.000 Höhenmetern bewegen. Angeblich soll diese Jahreszeit in der Region sehr trocken sein. Was, wenn es doch zu schneien beginnt? Was, wenn die Pässe zu schlecht und zu steil für unseren Zweirad-angetriebenen Orangetrotter sind? Was, wenn wir die Höhe nicht vertragen, einer von uns höhenkrank wird? Damit ist nicht zu spaßen, das kann lebensgefährlich sein. Viele Fragen, einige davon können geklärt werden, andere bleiben offen. Doch der Gedanke, dass wir tatsächlich durch Tibet/China fahren könnten, lässt uns nicht mehr los, zu groß ist die Faszination und Neugier auf dieses uns unbekannte Land. Den Himalaya mit unserem Orangetrotter zu überqueren, das können und wollen wir uns einfach nicht entgehen lassen. Wir entscheiden uns dafür. Doch bevor es in die eisigen Höhen geht und wir das Team, mit dem wir dieses Abenteuer erleben werden, kennen lernen, bleibt noch etwas Zeit.

Am 14. November wecken mich Carina und Michael mit einem Geburtstagsständchen und dem Allerletzten, mit dem ich heute gerechnet hätte, einer „richtigen" Torte. Sehr phantasievoll haben sie aus Keksen, Schokolade und Banane ein richtiges Meisterwerk geschaffen. Beim gemeinsamen Frühstück wird noch mal gelacht und erzählt, bevor sich unsere Wege wieder trennen. Die beiden fahren zurück nach Indien, um von dort ihr Fahrzeug nach

Deutschland zu verschiffen. Unsere Nepal Visa sind kurz davor abzulaufen, darum fahren Jürgen und ich jetzt erst einmal komplett durch Nepal, um dann die Grenze in den indischen Bundesstaat West Bengalen zu überqueren.

Nach knapp hundert Kilometern passiert es jedoch: Wir streifen einen PKW, der bis zur Hälfte auf unserer Fahrbahnseite steht, weil er seinen Überholvorgang abgebrochen hat. Ein Ausweichen ist für uns nicht mehr möglich, sein Heck ist beschädigt, die rechte Seite unseres Bullis leicht verkratzt. Nach dem ersten Schock sind wir uns einig: Wir sind unschuldig. Schadensersatz haben wir wohl kaum zu erwarten, also ist es bestimmt besser, einfach weiter zu fahren. Wer weiß, was passiert, wenn wir uns auf eine Diskussion einlassen. In unserem Reiseführer für Indien wird ausdrücklich darauf hingewiesen, bei einem Unfall entweder das Weite oder die nächste Polizeistation aufzusuchen, andernfalls kann die Situation schnell außer Kontrolle geraten. Da kann dann vom Massenauflauf, der einen bös beschimpft, bis zur Selbstjustiz, die mit Mord endet, alles passieren. Ob sich das in Nepal genauso verhält, wissen wir ehrlich gesagt nicht, aber wir wollen es lieber nicht darauf ankommen lassen. Ein paar Minuten später kommen wir an einen Kontrollposten, dort werden wir aufgehalten und gefragt, ob wir einen Unfall hatten. Tja, was nun? Leugnen zwecklos, und dann steht auch schon der Unfallgegner vor uns, wild gestikulierend und schimpfend. Bevor er uns blöd kommt, sagen wir: „ Hey, you crash our car, you have to pay for it." Jetzt flippt der natürlich erst recht aus. Wir werden zurück zum Unfallort eskortiert, um dort im nahegelegenen Polizeirevier heftige Diskussionen um die Schuldfrage und Schadensregulierung zu führen. Jürgen zeigt den Beamten auf der Straße die Lacksplitter unseres Autos, anhand derer man deutlich erkennen kann, wie weit das andere Fahrzeug auf unsere Fahrbahnseite stand. Doch das interessiert hier niemanden. Die Forderung des Unfallgegners: „They have to go in the prison for three days." - Drei Tage Haft für uns! Mir rutscht das Herz in die Hose, alles, bloß das nicht. Alles Erklären und Verhandeln bringt uns nicht weiter, der Oberpolizist hat das Problem, dass er sein Gesicht vor seinem Landsmann nicht verlieren darf, und wir, dass wir –egal, was wir sagen und tun - sowieso die Schuldigen sind. Wir sind hilflos, der einzige Ausweg, den wir sehen, ist die deutsche Botschaft in Kathmandu. Die erklärt uns am Telefon: „Das ist ganz einfach, entschuldigen Sie sich einfach". „ Aber wir sind doch nicht schuld", erwidern wir. „Das ist Ihre einzige Chance, sonst können wir auch nichts weiter für Sie tun." Wir können es nicht glauben, dass es damit erledigt sein soll. Wir machen die Probe aufs Exempel. Jürgen beißt die Zähne zusammen: „I am sorry." Er streckt dem wütenden Nepalesen die Hand entgegen, dann gegenseitiges Händeschütteln, und die Sache ist tatsächlich erledigt. Diese ganze Aktion hat knapp drei Stunden gedauert, nachdem sich beide Seiten entschuldigt haben, ist der nepalesische Autofahrer auf einmal extrem in Eile und schwups auch schon fort.

Keine Ahnung, ob es besser gewesen wäre, gleich nach dem Unfall anzuhalten, vielleicht - vielleicht aber auch nicht. Solche Situationen sind immer unberechenbar, noch mal brauchen wir so etwas auf jeden Fall nicht.

Ziemlich geschafft von den Ereignissen des Tages kommen wir am frühen Abend im Chitwan Nationalpark an. Ursprünglich wollten wir hier nur übernachten. Doch dann treffen wir zwei deutsche Overlander, die bereits seit zwei Jahren unterwegs sind. Wir verbringen ein paar Tage mit ihnen, genießen gutes Essen, lassen die Seele baumeln, sitzen gemütlich am Fluss und schauen beim Elefantenbaden zu. Schließlich gibt es dann auch noch eine Elefantensafari. Auf dem Rücken des grauen Riesen fühle ich mich super sicher. Da kann kommen, was will! So sehen wir zwei Nashörner aus nächster Nähe und genießen das gleichmäßige und behutsame Schwanken. Überqueren Flüsse, ziehen vorbei an Meter hohem Elefantengras und reiten dem Sonnenuntergang entgegen.

Am Abend bummeln wir noch durch das Dorf. Schon seit Längerem habe ich Probleme mit meinen Ohren. Doch jetzt ist das rechte Ohr komplett zu und ich kann nur noch schlecht hören. Das muss ich unbedingt in den Griff bekommen, denn so ist der Druckausgleich bei Höhenwechsel fast unmöglich. Zum Glück ist heute der Arzt im Dorf. In einer der Buden, aus der die Medikamente verkauft werden, hält er einmal pro Woche seine Sprechstunde. Die Gelegenheit nutze ich, wollte ich doch schon immer mal wissen, wie so ein Arztbesuch in Nepal abläuft. Ein dunkelhaariger, kleinerer Mann mittleren Alters begrüßt mich freundlich, er spricht gutes Englisch und sieht sich mein Ohr gleich genauer an. Er nickt vielsagend und lässt auch Jürgen einen Blick durch sein Instrument werfen. Das Ohr ist total verstopft. Er hat nicht die passenden Instrumente, um es zu reinigen und empfiehlt uns, in die nächstgrößere Stadt zu fahren. Die Zeit haben wir leider nicht mehr, unser Visum läuft ab. Das heißt, ich werde auch noch meine Erfahrungen mit dem indischen Gesundheitssystem machen dürfen.

Kingfisher

Weiter geht es bis Lahan in den gefürchteten Bundesstaat Bihar. Hier kommt es anscheinend öfter zu kriminellen Übergriffen, unter anderem bedingt durch die Grenznähe zu Indien. Nach einem sehr leckeren Aloo Paratha verbringen wir die Nacht vor den Toren des Hotels, in dem wir zu Abend gegessen haben. Etwas mulmig gehen wir schlafen, doch die Nacht ist ruhig und es gibt keine Zwischenfälle.

Die folgenden ca. 160 km führen durch das flache Terai am Rande der fruchtbaren Gangesebene, die wichtigste Wirtschafts- und Industriezone in Nepal. Je näher wir der indischen Grenze kommen, desto einfacher und ärmlicher werden die Behausungen und Bekleidungen der Leute. Nepal ist eines der ärmsten Länder unserer Erde, doch wir haben dieses Land und seine Bewohner in unser Herz geschlossen. Wir hatten hier unvergessliche Wochen und freuen uns, dass wir schon bald wieder zurückkommen dürfen.

INDIEN - die Zweite

Die Grenzformalitäten Nepal-Indien sind entspannt und schnell erledigt. Wir befinden uns nun im indischen Bundesstaat Westbengalen. Und endlich begegnet uns nun auch einmal direkt auf der Straße ein Sadhu. Nur bekleidet mit einem durchlöcherten Tuch um die Hüften, einem zerfetzten T-Shirt und einem roten Turban, legt er sich der Länge nach auf die viel befahrene Straße, legt einen Stein vor sich, steht auf, geht bis zu dem Stein, hebt ihn auf, legt sich wieder hin. Dies macht er barfuß und über Hunderte von Kilometern.

Von Sadhus

Wir sind zwischenzeitlich mal wieder in Indien und treffen einen Sadhu. Sadhus sind Asketen, die sich ganz ihren Göttern und ihrem Glauben verschrieben haben, um irgendwann „Moksha" zu erreichen, den sicheren Weg zur Erlösung. Ein wesentlicher Bestandteil ist dabei die Selbstkasteiung, Tapas genannt. Das geht dann vom Pilgern über Hunderte von Kilometern in der Art unseres Sadhus bis zum Stehen auf einem Bein, bis die Vögel einem Nester in die verfilzten Haaren bauen.

Angeblich gibt es welche, die stehen bereits seit 24 Jahren auf einem Bein. Andere binden sich mehrere Ziegelsteine an den Penis und heben sie an. Wieder andere lassen sich wiederholt für mehrere Tage in die Erde eingraben, so dass nur der Kopf herausschaut. Ganz bizarr ist das Ritual einer bestimmten Sadhu-Sekte, die sich von ihrem Guru brutal auf den Penis schlagen lässt. Die Nerven sind danach so verletzt, dass niemals mehr eine sexuelle Versuchung aufkommen kann. Sex, Alkohol und Rauchen sind bei den Sadhus strikt verboten.

Leider kann ich nicht herausfinden, wie lange unser Sadhu schon unterwegs ist und wo er noch hin will. Aber wahrscheinlich treibt es ihn zu einer der Badestellen am Heiligen Ganges, in Haridwar oder Varanasi. Immerhin von unserem Treffpunkt aus noch leicht 200 Kilometer. Dort wird er dann sein reinigendes Bad nehmen. Der Ganges gilt als einer der unreinsten Flüsse der Welt. Die Inder sprechen ihm allerdings eine mystische Art der Selbstreinigungskraft zu. Indien ist echt crazy!

Unser eigentliches Ziel ist Sikkim, ein kleiner Bergstaat im Osten des Himalaya Gebirges. Die Landessprachen sind Nepalesisch, Lepcha, Limbu, Tibetisch, Hindi und die Amtssprache Englisch. Der Staat wird im Westen, Nordosten und Südosten von Nepal, Tibet (Volksrepublik China) und dem Königreich Bhutan umgeben. Gangtok, die Hauptstadt des Bundesstaates ist mit ca. 50.000 Einwohnern die größte und wirtschaftlich bedeutendste Stadt des ehemaligen Königreichs. Sie liegt im Südosten auf den südlichen Ausläufern des Himalaya Gebirges (1.800 m) oberhalb des Flusses Ranipul. Vor dem Bau des Enchey Klosters 1840 war Gangtok ein kleines Dorf. Seither hat sich die Stadt zu einem bekannten Wallfahrtsort entwickelt und ist seit dem Ende des 19. Jahrhunderts zu einem beliebten Zwischenstopp auf dem Weg von Tibet nach British India und umgekehrt geworden. Für mich ist es der Ort, an dem ich mich von meinem Ohrenleiden befreien lassen möchte. Wir begeben uns ins örtliche Krankenhaus. Eine lange Patientenschlange an der Anmeldung, wir warten. Dann müssen wir fünf Rupien bezahlen, bevor es mit dem Anmeldezettel zur HNO-Ärztin geht. Sie ist der Brüller! Mit ihrem nostalgischen Kopfspiegel und der spartanischen Einrichtung in ihrem Untersuchungszimmer fühle ich mich um Jahrhunderte zurückversetzt. Hoffentlich ist ihre fachliche Kompetenz besser als ihr Equipment. Sie sieht gar nichts in meinem Ohr und meint: „Kein Problem, das kommt vom Höhenwechsel und von meiner leichten Erkältung, es ist nichts verstopft." Sie verschreibt mir dreierlei Medikamente. Na prima! Das ist ja wirklich unglaublich: Wir wissen zu einhundert Prozent, dass meine Ohren überlaufen vor Schmalz, und sie verschreibt mir Tabletten. Ich fasse es nicht! Wir versuchen über das Touristoffice die Adresse eines Spezialisten herauszufinden. Die wollen mich wieder ins Krankenhaus schicken, was ich dankend ablehne. Nach einigem Hin und Her wird uns ein chinesischer Arzt empfohlen. Noch am selben Tag bekomme ich einen Termin. Er sieht sofort, was los ist und entfernt mir ordentlich viel „Wachs". Ich kann wieder hören, bin überglücklich und erstaunt, wie laut die Welt um mich auf einmal ist. Ich wünsche mir, dass Jürgen und ich nie akute medizinische Probleme auf der Weiterreise bekommen. Viele Inder haben leider keine Wahl, sie müssen dem Personal im Hospital vertrauen, ich will nicht wissen, was da alles schief läuft…

Unser Nachtlager für heute ist direkt vor einem kleinen buddhistischen Kloster, unmittelbar in der Nähe von Rumtek. Eines der reichsten und am meist verehrten Klöster in Sikkim. Es ist auch der Hauptsitz der Karma Kagyu-Sekte, auch Schwarzhutsekte genannt. Es liegt ungefähr 24 km von Gangtok entfernt. Viele Mönche kommen an unserem Orangetrotter vorbei, sie schauen interessiert, gehen weiter. Auch kleine Jungen sind in dem Kloster, sie sind etwas mutiger und wollen von meinen Gurken und Tomaten, die ich für das Abendessen schneide, probieren. Viele Familien schicken ihre Söhne in jungen Jahren ins Kloster, dort bekommen sie Unterricht und haben immer genügend zu essen. Von den Kleinen motiviert, traut sich auch ein erwachsener Mönch uns anzusprechen. Sein Name ist Kamatri, er stellt uns die üblichen Fragen: Wo kommt ihr her? Wie ist euer Auto hierher gekommen, mit dem Helikopter? Wir verkneifen uns das aufkommende Gefühl laut loszulachen und klären ihn auf, unterhalten uns noch eine Weile, dann geht er wieder zurück in sein Kloster. Weil es hier so schön ruhig ist und wir uns willkommen fühlen, bleiben wir noch einen Tag, besichtigen die beiden Klöster, beobachten Mönche beim Fenster putzen und lassen uns von Kamatri die Verbrennungsstätte des kleineren Klosters zeigen. Danach ziehen wir uns in unseren Bulli zurück, machen Brotzeit, trinken eine Flasche Rotwein, spielen Kniffel und freuen uns auf die Weiterfahrt.

Nach einigen Stunden Fahrt durch das herrlich grüne Sikkim, passieren wir oberhalb des kleinen Dorfs Legship einen Aussichtspavillon. Wir haben Hunger, es ist Spätnachmittag, das ist genau der richtige Platz zum Kochen,

Besuch im Orangetrotter

Essen und Übernachten. Spirituskocher, alle Zutaten für Schinken-Käse-Omelett, unseren indischen Wok rausgeholt und los geht's. Ein paar Kinder kommen die Straße entlang. Zuerst etwas schüchtern, dann immer mutiger, kommen sie zu uns und beobachten uns, wollen wissen, was wir da machen und woher wir kommen. Es entsteht eine lustige Unterhaltung. Eines der Mädchen kann recht gut Englisch und wunderschön singen. Als das erste Omelett fertig ist, teilen wir es für die Kinder auf. Es schmeckt ihnen, sie verschwinden und ein paar Minuten später kommen sie mit ein paar Freunden wieder. „Sie wollen auch mal probieren". Später kommt auch noch ein Elternpaar vorbei, sie haben Glück, ein bisschen haben wir noch übrig von unserem Essen. Diese Begegnungen sind es, die uns so große Freude machen. Dieses vorsichtige Aneinander-ran-tasten, dann zusammen ein bisschen Spaß haben, und jeder lebt wieder sein Leben.

Von Legship aus schlängeln sich endlose Serpentinen steil und unaufhörlich die Berge hoch. Wir haben einen Fahrgast an Bord, ein Mönch hat uns gefragt, ob wir ihn ein paar Kilometer mitnehmen. In seinem dunkelroten Gewand, etwas blass geworden, sitzt er ziemlich verkrampft auf unserer Rückbank und ist froh, als er wieder aussteigen kann. Böse Straße!

Immer wieder liegen am Wegrand Berge von Ingwerwurzeln, ohne die geht nichts in der asiatischen Küche. Wir erreichen Pelling. Die kleine Hügel-Station, die wegen ihrer ultimativen Naturschönheit immer beliebter wird, bietet uns einen spektakulären Blick auf den Mount Kanchenjunga (8.586 m). Hier oben, eingebettet zwischen den schneebedeckten Gipfeln von Sikkim, fühlen wir uns sofort „sauwohl". Es ist sehr kühl, wir sind auf über 2.000 Meter. Nachts geht es schnell unter die 10 Grad, und auch tagsüber, wenn die Sonne sich nicht zeigen möchte, bleibt es kalt. Unser Übernachtungsplatz vor einer Handicraft-Ausbildungsstätte ist nachts sehr ruhig. Ab halb zehn Uhr morgens, wenn die Mädchen und Jungen zur Ausbildung im Weben und Schnitzen kommen, ist es vorbei mit der Ruhe. Es ist ein Knochenjob. Die Mädchen sitzen auf kleinen Hockern am kalten Boden, die nackten Füße gegen die Webvorrichtung geklemmt. Mit viel Geschick müssen die dünnen Fäden in komplizierten Mustern in den Schal, den Teppich oder andere Textilien eingearbeitet werden. Eine unglaubliche Belastung für die jungen Körper und sehr anstrengend für die Augen. Die Jungs in ihrer Schreinerwerkstatt haben es da ein bisschen angenehmer. Ihre Tätigkeit ist jedoch nicht weniger faszinierend. Filigrane Muster zaubern sie in Bilder und Rahmen. Der Direktor hat uns angeboten, dass wir hier stehen können, so lange wir wollen. Er ist ein sehr netter Mann, wie auch die Leute der Tourist-Info direkt gegenüber. Wie eigentlich alle Sikkamesen, die wir bisher getroffen haben. Am Abend zuvor ist unser Orangetrotter genau unter die Lupe genommen worden. Eine ganze Traube von interessierten Einheimischen steht vor unserer Schiebetür, viele Fragen werden gestellt. Nach dem Probesitzen ist das dünne Eis dann endgültig gebrochen. Wir sind inzwischen schon fest in das Leben zwischen Fabrik und Tourist-Center integriert. Tee beim E-mail-schreiben im Tourist-Office, einschließlich drei Stunden freies Surfen im Netz, und auch am Lagerfeuer auf dem Fabrikhof, das während der ständigen Stromausfälle für Wärme sorgt, sind wir herzlich willkommen.

Wir machen eine Wanderung zu dem kleine Kloster Sanga Choling, einem der ältesten Gompa von Sikkim. Gompa heißt soviel wie buddhistischer Tempel. Der Weg führt uns zuerst gemächlich in der Ebene dahin, dann über eine Schotterstraße, die sich in steilen Kurven den Hang hoch windet, bis wir vor den noch steileren Stufen zum Tempel ankommen. Menschenmassen haben sich versammelt, wie es scheint, ist das heute ein besonderer Tag. Ein vorbeikommender Mönch klärt uns auf: Ein hoher Minister wird erwartet. Alle Mönche des Klosters haben sich bereits in einer Reihe aufgestellt und warten gespannt auf den Besuch. Wir schauen uns ein bisschen um. Die Lage ist phantastisch. Ringsum freier Blick auf die schneebedeckten Bergriesen. Und wer ist das? Eine Gruppe junger Mönche läuft an uns vorüber, lächelt uns an und grüßt uns wie alte Bekannte. Wir blicken uns noch mal nach ihnen um, und jetzt erkennen wir sie. Sie sind zu Hause in dem kleinen Kloster, vor dem wir übernachtet haben. Wie schön, wenn man sich so unerwartet wieder trifft. Jetzt sind wir aber doch neugierig auf den Staatsmann, auf den schon alle warten, und gehen zurück zum Eingang. Mit großem Sicherheitsaufgebot, kommt der in einen grauen Anzug gekleidete Minister die steile Treppe empor. Er wird von allen Mönchen einzeln begrüßt, indem sie ihm in typisch buddhistischer Manier einen weißen Schal um die Schultern legen, den er ihnen in gleicher Weise wieder zurückgibt. Diesen Schal nennt man auch Khata, er ist ein traditioneller Begrüßungsschal. Er steht für Glück, Wohlwollen und Mitgefühl. Er wird nicht nur zur Begrüßung, sondern auch anlässlich von Hochzeiten, Beerdigungen, Geburten, Schulabschlüssen oder zum Abschied überreicht. Glücklich, dass wir durch Zufall diesen Empfang beobachten konnten, machen wir uns zufrieden auf den Heimweg.

Unser nächstes Ausflugsziel ist der Kanchenjunga Wasserfall, ca. eineinhalb Stunden von Pelling entfernt. Wir sitzen auf einem hohen Felsen. Über uns flattern Hunderte von Gebetsfahnen gelb, grün, rot, blau, weiß - eine geradezu meditative Atmosphäre. Wieder einmal fühlen wir diese tiefe Dankbarkeit, sind glücklich, all diese Herrlichkeit mit eigenen Augen sehen zu dürfen. Sehr entspannt geht es dann zurück ins Tourist-Center, wir haben noch einiges zu organisieren. Das große Abenteuer Tibet/China bedarf einiges an Bürokratie, und auch Schneeketten müssen noch geordert werden.

Vor unserer Abreise haben wir uns manchmal Sorgen gemacht, was wir mit der ganzen Zeit anfangen werden, ob uns nicht langweilig werden könnte. Wir hätten es nicht geglaubt, wenn uns jemand gesagt hätte, dass Langeweile auf so einer Reise ein Fremdwort ist. Es gibt immer irgendetwas zu tun. Die nächsten Visa beschaffen, Einreisebestimmungen abklären, Wäsche waschen, Frischwasser auffüllen, Toilette entsorgen, der Orangetrotter will hin und wieder ein paar Streicheleinheiten, und die tägliche Verpflegung nimmt ebenfalls einiges an Zeit in Anspruch. Und die Kommunikation mit der Heimat darf man ja auch nicht vernachlässigen.

Nach fast einer Woche in Pelling wollen wir eigentlich weiter, doch kurz vor der Abfahrt werden wir noch eingeladen, eine Dusche im Elgin Hotel, einem 4-Sterne-Haus, zu nehmen. Das können und wollen wir auf gar keinen Fall ablehnen. Kurzerhand beschließen wir - zum Dank und weil es uns gar nicht schwer fällt - in dem Luxushotel zu Abend zu essen. Am nächsten Morgen - wir durften direkt vor der Eingangshalle stehen - gönnen wir uns auch noch ein Frühstück. Sogar Internetempfang im Orangetrotter ist inklusive, da bleiben wir doch gleich einen ganzen Tag. Die Hotelchefin und ihr Mann laden uns vor unserem Aufbruch dann auch noch zum Tee ein. Was sind wir doch für Glückspilze!

Eine aufregende Fahrt ist es, bis wir in Darjeeling ankommen. Extrem steile und enge Straßen führen in das weltbekannte Zentrum des bengalischen Teeanbaus. Leider ist gerade keine Erntezeit und darum erstrahlen die Teeplantagen nicht ganz so saftig grün, wie man das normal erwartet. Und trotzdem sind die bunt gekleideten Plantagenarbeiterinnen zwischen den unendlichen Hügeln mit Teebüschen ein sehr schöner Anblick.

Darjeeling, eine kleine Stadt, welche in 2.100 Meter Höhe am Fuße des Himalaya liegt, zieht sich viele Kilometer einen Gebirgskamm entlang und hat ca. 128.000 Einwohner. Unten drängen sich die Geschäftsviertel und oben befinden sich die Villen der ehemaligen Kolonialherren, der britische Einfluss auf das Stadtbild ist sehr deutlich auszumachen. Wenn man Darjeeling betritt, ist es wie eine Reise zurück in die Zeit der britischen Herrschaft. Kirchturmspitzen und Ziegel-Schornsteine dominieren die Skyline. Affen turnen auf den Hochspannungsleitungen und suchen in den Mülleimern nach essbaren Überresten. Darjeeling ist touristisch beliebt. Die Inder verbringen gerne ihren Urlaub in den kühlen Bergen, die ausländischen Touristen nutzen die Stadt als Ausgangspunkt für Expeditionen ins Gebirge. Viel gibt es hier zu sehen und zu entdecken.

Alte Züge, wilde Tiere und lebensmüde Bergsteiger

Es ist nicht einfach, in der gleichnamigen Hauptstadt des weltbekannten Teeanbaugebiets Darjeeling einen guten Übernachtungsplatz zu finden. Schon auf der sehr steilen Anfahrt hierher haben wir mit den engen Straßen Bekanntschaft gemacht. Endlich in der Stadt angekommen, soll es noch schlimmer kommen. Heftige Stichstraßen und enge Gassen gilt es zu bewältigen. Einmal mehr bewundere ich Jürgens Gelassenheit und Fahrerqualitäten, selbst durch die engsten Straßen, rechts und links zugeparkt, steuert er - notfalls auch rückwärts - unseren Orangetrotter souverän ans Ziel.

Nach einigem Fragen und Suchen landen wir auf dem Parkplatz des Gymkhana Clubs, einer Art Sportverein. Ein großes, dunkles Gebäude, in dem sich zwei Badmintonfelder, ein Raum zum Billard spielen, eine Bar, diverse andere Sportmöglichkeiten und viel Nichts befinden. Indische Verhältnisse, versteht sich. Gegründet 1909 und seitdem hat sich scheinbar auch an der Einrichtung nichts geändert. Wir sprechen mit dem Manager. Nachdem wir 50 Rupien pro Person und Tag bezahlt haben, sind wir nicht nur stolze Besitzer eines Parktickets, sondern wahrscheinlich auch die ersten deutschen Mitglieder des Darjeeling Gymkhana Clubs.

Am nächsten Tag fahren wir eine Teilstrecke mit dem legendären Toy Train. Die Schmalspurbahn Darjeeling Himalayan Railway wurde 1881 als Erweiterung der North Bengal State Railway fertig gestellt und klettert von New Jalpaiguri via Silguri über ein 88 km langes Gleis hinauf nach Darjeeling. Sie gehört seit 1999 zum Welterbe der UNESCO. Der Zug überquert die Straße mehrfach und teilt sie sich anderswo mit dem übrigen Verkehr. Da geht es richtig eng her. Laut schnaubend quält er sich oft nur zentimeterknapp an Shops, Häusern, Fahrzeugen und Passanten vorbei. Auf unseren 7 km von

Der Toy Train gehört seit 1999 zum Welterbe der UNESCO

Darjeeling nach Ghoom (2.438 m) befährt der Zug die Batasia-Schlaufe, die spektakulärste der drei Schlaufen auf der gesamten Strecke. Eine andere Methode, rasch an Höhe zu gewinnen, sind die Wendestationen, an denen die Gleise einen z-förmigen Verlauf nehmen. Manche Reisende empfinden die entsetzlich langsame klaustrophobische Fahrt als wahren Härtetest. Unsere nur anderthalb Stunden waren für uns jedoch ein voller Genuss!

Im sehr gut gemachten Zoo, der seinen Schwerpunkt auf den Erhalt vieler bedrohter Arten legt, bekommen wir die typischen Tiere Indiens und Nepals zu Gesicht, die in freier Natur inzwischen nur schwer zu finden sind: Bengal Tiger und andere Wildkatzen, Roter Panda, Schwarzbär, Schneeleoparden, Wölfe, Yaks, Fasane usw. In den Tierpark integriert befindet sich auch das Himalayan Mountaineering Institute (HMI), eines der bedeutendsten Bergsteiger-Ausbildungszentren Indiens. Es beherbergt auch das Everest Museum in dem diverse Expeditionsabenteuer zum Mount Everest dokumentiert und die benötigten Original-Utensilien vergangener Zeiten zu bestaunen sind. Selbstverständlich wird hier auch über die Erstbesteigung vom 29. Mai 1953 von Edmund Hillary und Tenzing Norgay Sherpa berichtet, welcher übrigens auch auf dem Gelände des HMI begraben liegt.

Jetzt freuen wir uns noch mehr darauf, den höchsten Berg der Welt bald aus nächster Nähe vor Augen zu haben... in diesem Sinne: back to Nepal.

Beim Verlassen der Bergstation geraten wir in eine brenzlige Situation. Eine enge, kurvige und sehr steile Stichstraße, die durch den Ortskern führt, ist heute wegen eines Marktes gesperrt. Doch keiner der vielen Passanten hält es für nötig, uns darauf hinzuweisen. Alle schauen uns verwundert an, was für uns nichts Besonderes ist, an diese Blicke haben wir uns über die letzten Monate gewöhnt. Erst als wir unten angekommen sind, ist ein Herr so freundlich, uns mitzuteilen, dass es hier heute nicht durch geht. Es gibt nur einen Weg aus dieser misslichen Lage. Jürgen muss sich rückwärts, sehr vorsichtig, um ja kein parkendes Auto anzuschrammen, Meter für Meter den beinahe halben Kilometer zurücktasten. Und das alles nicht mit zu wenig Gas, wegen des starken Gefälles, sonst würde der Orangetrotter das nicht schaffen. Als er nach scheinbar unendlichen Minuten oben auf der Hauptstraße ankommt, gibt es Szenenapplaus. Da ist auch dem letzten Zuschauer klar geworden, was für eine Meisterleistung das war.

Wir nehmen endgültig Abschied von Indien. Ob wir mal wieder kommen? Wer kann das schon sagen? Zu viel, was wir nicht gesehen haben von dem wahren Indien, von dem Land, von dem es immer wieder heißt: Entweder liebst du es oder du hasst es, meistens beides... Wir sind neugierig auf mehr, aber nicht jetzt. Wir haben viele Reisende getroffen, die uns von Indien erzählt haben. Die meisten von ihnen, die mit ihrem eigenen Fahrzeug dort unterwegs waren, haben geheult, als sie das Land verlassen haben… verlassen durften… Sie haben geweint vor Glück! Mit dem eigenen Fahrzeug ist es kein Spaß, wird uns immer wieder bestätigt. Die indischen Menschen haben keine Berührungsängste, akzeptieren keine Privatsphäre, keine Grenzen. Wir können diese Erfahrungen nicht bestätigen, da wir uns immer in den Bergregionen aufgehalten und uns dort sehr wohl gefühlt haben. Vielleicht war das eine gute Entscheidung, doch ein bisschen wehmütig sind wir schon. Ich habe auf der Reise ein Buch gelesen, eigentlich waren es viele, aber in einem davon stand der Satz: „Es wird immer mehr Orte geben, die du nicht gesehen hast, als Orte, die du gesehen hast." Dieser Satz hat uns oft geholfen, wenn wir das Gefühl hatten, dass wir an Vielem vorbeifahren. Und doch denkt man immer wieder. „Wir waren dort nicht und wir haben uns das nicht angeschaut und wir müssten eigentlich noch nach..."

Jetzt aber geht es zurück nach Nepal und darauf freuen wir uns. Doch die Ankunft im geliebten Land verläuft anders als erwartet.

Maoisten und die beste Straße Nepals

Ahnungslos passieren wir die nepalesische Grenze. Nichts Auffälliges, auch die Grenzbeamten nett und lässig wie immer. Nach den ersten Kilometern bemerken wir dankbar, dass sehr wenig Verkehr herrscht. Keine LKW, keine Busse, ein Traum. Ist heute Sonntag? Nein. Dann tauchen die ersten Straßensperren auf. Ein paar große Steine oder ein dicker Stamm über die halbe Straße, und immer ein paar brennende Reifen. Menschenansammlungen, rote Fahnen mit Parolen. Alles klar, die Maoisten haben wieder zum Streik aufgerufen, und irgendwie machen alle mit, obwohl sie angeblich keiner mag. Sie lassen uns passieren! Irgendwann sehen wir die ersten ausgebrannten LKW. Verlassen stehen sie mitten auf der Straße. Nur die Führerhäuser sind ausgebrannt. Wahrscheinlich Streikbrecher, die nachts, wenn´s rund geht, brutal überfallen, geprügelt und auch Schlimmeres wurden, wie wir später aus der Zeitung erfahren. Uns wird mulmig. Ein Fest für die Transport-Rikschafahrer. So viel hatten sie lange nicht mehr zu tun. Unglaublich, was sie alles auf ihren Dreirädern transportieren. Ganze Baumstämme, 6 Meter lange Stahlstrippen, einmal geknickt und lässig angebunden, Reis und Getreidesäcke bis zu 2 Meter hoch. Unmenschliche Lasten. Meistens wird nur noch unter größter Anstrengung geschoben. Auch die Motorradfahrer lassen sich etwas einfallen, um den Gütertransport am Leben zu erhalten.

Wir verlassen den Mahendra Highway Richtung Kathmandu auf einer - laut unserer Karte - Hauptverkehrsstrecke. Auch in der Hoffnung, dass der Streik dort nicht so ernst genommen wird. Die Straße wird bald zur Schotterpiste. Und wieder eine Straßensperre. Wir halten an und fragen den 300 Meter zuvor stationierten Polizisten, ob wir gefahrlos passieren können. Er versteht kein Wort und wir auch nicht, aber seine Körperhaltung rät eher ab. Wir müssen da durch! Ganz langsam rollen wir an die Absperrung, alles strömt zusammen. Plötzlich steht ein eher älterer Mann mit einem fußballgroßen Stein vor uns, schreit irgendwas und droht unsere Frontscheibe einzuschmeißen. Ein paar jüngere halten ihn schnell ab, würgen ihn dabei. Vorsichtig kommen ein paar Fragen, das Übliche, aber sehr ernst, bis sie uns schließlich passieren lassen. Puh! Die Piste wird immer derber, schmaler und bergiger. Wir erreichen nach ca. 30 Kilometern eine Stadt, die alles andere als zum Übernachten einlädt, und verstecken uns zwischen den parkenden Bussen. Nachdem die erste Neugier der Einheimischen gestillt ist, gibt's eine ruhige Nacht.

Am nächsten Morgen weiter hoppeln. Und auf einmal wie aus dem Nichts eine perfekt geteerte Straße, die sich in den nächsten Kilometern zu einer vorbildlichen, von höchster Ingenieurskunst erschaffenen Passstraße entwickelt. Da würden selbst die Schweizer neidisch! Wir sind total baff, kein einziges Schlagloch, Drainagen, Entwässerungsgräben, fünf bis sechs Meter breite Fahrbahn und dann ein Schild: nepalesisch-japanisches Gemeinschaftsprojekt. Ein Hochgenuss! Wer schon in Nepal unterwegs war, weiß, was ich meine. Rauf auf 2.600 Meter, endlich mal Sightseeing für den Fahrer. Runter, wir freuen uns auf die nächsten 120 Kilometer. Und dann? So wie es angefangen hat, hört es auf. Von einem Zentimeter auf den anderen, finden wir uns auf einer knapp zwei Meter breiten Dreckstraße und wenig später in einem Flussbett wieder. Haben wir uns verfahren? Unmöglich, es gab nie irgendwo eine Abzweigung! Die Piste, die folgt, zwingt uns zur Umkehr. Extrem steile, tiefe Sandpassagen, Löcher, so tief, dass eine Kuh rein passt. Wir setzen auf, unsere Bodenfreiheit reicht nicht aus. Aber bevor wir zurückkehren, verbringen wir zwei Tage in diesem wunderschönen Tal. Helga tauft es „Schmetterlingstal". Wir haben tolle Begegnungen mit den Einheimischen, waschen uns wie alle anderen im Fluss, werden mit Orangen beschenkt und verschenken Seife, eine Brille und Stofftiere für die Kinder. Wir genießen das Leben und die Natur, mal abgesehen von der Maus, die sich in den wirren Gängen unseres Orangetrotters eingenistet hat. Die Jagd in dieser langen Nacht ist erfolglos, obwohl wir uns immer wieder mal in die Augen schauen können. Eigentlich ganz putzig. Helga hat allerdings diese Nacht kein Auge zugemacht. So zieht der mehrtägige Streik an uns vorbei, hier interessiert das niemanden. Irgendwann wird dieses Straßenbauprojekt fertig gestellt, dann ist´s vorbei mit der Ruhe. Aber so, wie es aussieht, dauert das noch sehr, sehr lange.

So stelle ich mir das Paradies vor. Dieses Tal ist so bezaubernd. So viele verschiedene Schmetterlinge in allen Größen und Farben. Bunte Blumen, der leise vor sich hin plätschernde Bach, in den sich ein kleiner Wasserfall ergießt. Ideal zum Wasser holen. Die unglaubliche Stille in der Nacht, die angenehmen Menschen. Es spricht sich schnell herum, dass sich Fremde am Fluss niedergelassen haben. Eine ältere Frau, barfuß, in rote Tücher gekleidet, setzt sich vor unseren Bus auf den Boden und schaut. Sie beobachtet uns, sagt nichts. Ein komisches Gefühl. Sie bietet uns Pistazien an, wir geben Kekse zurück. Staunend und bewundernd zeigt sie zuerst auf meine weißen, glat-

Unsere Nachbarn im „Schmetterlingstal"

ten Füße, dann abwertend auf ihre eigenen. Dunkelbraun, ledrig, ausgegerbt von der Sonne und dem vielen Barfußlaufen. Das Ganze wiederholt sich mit unseren Händen. Ihre faltig, mit tiefen Furchen von der harten Arbeit auf dem Feld. Meine weiß und glatt, europäische Bürohände eben. Sie signalisiert, dass sie auch schlecht sieht. Uns fällt die Brille ein, die wir irgendwo in der Türkei gefunden haben. Ich hole sie aus dem Auto und gebe sie ihr. Sie setzt sie auf, betrachtet erstaunt ihre Hände. Ob sie mit der Brille besser oder schlechter sieht, können wir nicht wirklich in Erfahrung bringen. Doch bei unserer Wanderung durch das Tal am nächsten Tag, kommen wir am Haus der Frau vorbei. Sie führt uns in ihr bescheidenes Heim. Ein kleiner Raum, drei große Vorratssäcke mit Reis, Mehl und Korn stehen an der einen Wand und ihr Bett an der anderen. Stolz hebt sie das Kopfkissen und zeigt auf ihren neuen Schatz. Dort liegt die Brille, die sie von uns bekommen hat.

Am nächsten Tag besucht sie uns wieder am Orangetrotter. Begleitet wird sie von einer jungen, hochschwangeren Frau. Ihre Tochter oder die Nichte? Genau ist das in Zeichensprache nicht herauszufinden. Hoffentlich bekommt sie ihr Baby nicht direkt vor unserm Bus. Überhaupt taucht da die Frage auf, wo sie ihr Baby bekommen wird. Zu Hause oder im Krankenhaus? Der Weg in die nächste Stadt ist weit. Was, wenn es Komplikationen gibt? Auf einmal erscheint das wunderbare, abgelegene Idyll sehr bedrohlich.

Dann kommen noch ein paar andere Menschen und gesellen sich zu uns. Wir schauen uns schweigend an, gestikulieren wild mit den Händen, bekommen Orangen geschenkt, verschenken Seife. Oft ringen wir nach Worten, wir würden uns so gerne unterhalten, fragen, wie sie das Leben hier empfinden, was sie schon alles erlebt haben und was sie sich von ihrer Zukunft erwarten. Auch sie sind neugierig, fragen, zeigen, lachen. Da kommen die Schulkinder in ihren blauen Uniformen gerade recht. Sie sprechen teilweise englisch, doch für all die vielen Fragen und Geschichten reicht es leider noch nicht.

Sehr wohl fühlen wir uns hier und nur wenn man sich und den Menschen die Zeit gibt, sich etwas anzunähern, erlebt man Situationen wie diese. Das sind unbezahlbare, tief prägende Begegnungen.

Nur die Maus, die bringt mich tatsächlich ziemlich aus der Fassung. Dass wir sie nicht fangen können, macht mich sehr unruhig. Ich kann nicht mit einer Maus im Bus schlafen, das geht einfach nicht. Die Vorstellung, dass die mir nachts über die Bettdecke läuft, ertrage ich einfach nicht. Als wir diesen friedvollen Platz verlassen, besorgen wir uns in einem kleinen Städtchen zwei Lebend-Mausefallen. Ich bestehe darauf, die nächste Nacht in einem Gästehaus zu verbringen. In Hetauda quartieren wir uns günstig ein. In der Küche besorge ich etwas Käse. Wir stellen die Fallen auf und hoffen,

Täglich begrüßen uns die Kinder auf ihrem Schulweg

dass das nepalesische Mäuschen auch auf Käse steht. Die Nacht ist laut. Im Raum unter uns wird lautstark Hochzeit gefeiert und alle Gäste schlafen ebenfalls in dem Hotel. Die Gänge sind sehr hellhörig und wir wissen wieder einmal zu schätzen, was wir an unseren zweieinhalb Quadratmetern Essen, Wohnen, Schlafen mit Bad haben. Das Mäuschen ist uns leider auch nicht in die Falle gegangen, aber auf noch eine Nacht im Hotel haben wir beide keine Lust. Und irgendwann verschwindet die Maus dann so, wie sie gekommen ist - unbemerkt. Noch einige Nächte schlafe ich unruhig, weil ich nicht recht glauben kann, dass sie nicht mehr bei uns wohnt. Außerdem habe ich Sorge, dass sie irgendwo im Bus gestorben ist und sich bald Verwesungsgeruch breit macht…

Wir fahren weiter Richtung Kathmandu. Als wir in der Hauptstadt ankommen, sehen wir im Vorbeifahren einen kleinen, einladenden Parkplatz, der zum Hotel Vayra gehört. Spontan beschließen wir, dort nachzufragen, ob wir für die Nacht oder sogar für ein paar Tage hier stehen bleiben können. Beim Betreten verlässt uns schon fast der Mut, da unverkennbar ist, dass es sich hier um die gehobene Preisklasse handelt. Aber wo wir schon mal da sind… Und wir haben Glück. Die Hotelmanagerin ist eine Deutsche und wir dürfen für 100 Rupien pro Nacht stehen bleiben. Das ist umgerechnet nicht mal ein Euro. Als wir abends vom Stadtbummel zurückkommen, haben wir einen Zettel an der Windschutzscheibe. „Wenn ihr duschen wollt: Zimmer 305, Ihr seid herzlich willkommen." Der Deutsche, den wir kurz vor unserem Abendspaziergang getroffen haben, weiß, was Leute wie wir brauchen. Dieses Angebot nehmen wir gerne an und haben eine sehr anregende Unterhaltung. Karl hat früher in der Gegend Mountainbike-Touren organisiert. Als wir ihm von unserem bevorstehenden Abenteuer erzählen, äußert er Bedenken. Er hält die Aktion zu dieser Jahreszeit für unberechenbar, die Höhe und die Probleme, die die Höhe mit sich bringen kann, seien nicht zu unterschätzen. Er bringt uns mit seinen Gedanken noch einmal ganz schön ins Grübeln. Ist die Entscheidung richtig? Ist das Risiko wirklich so groß? Doch zu sehr freuen wir uns auf diesen Abschnitt der Reise, hat sie doch fast schon Expeditions-Charakter. Was soll´s. Wer nicht wagt, der nicht gewinnt. Und außerdem ist es sowieso schon zu spät. Die Kosten für die chinesische Agentur, die uns die Papiere beschafft hat und den vorgeschriebenen Guide, ohne den wir gar nicht durch China reisen dürften, sind schon überwiesen. Die Schneeketten, die in Lhasa/Tibet extra für uns angefertigt werden, sind bereits bestellt und ebenfalls bezahlt. Und die anderen rechnen auch fest mit uns. Apropos die anderen, auf die sind wir auch schon sehr gespannt. Wir wollen uns alle in ein paar Tagen in Bodnath, einem Stadtteil von Kathmandu treffen.

Zuvor möchten wir uns unbedingt noch Bhaktapur ansehen, die drittgrößte Stadt des Kathmandu-Tals auch „Stadt der Gottergebenen" genannt. Nur ca. 16 km müssen wir bis dorthin fahren. Schon am Eingang werden wir abgefangen. Es ist ein sehr touristischer Ort, der motorisierte Verkehr darf nicht in den Stadtkern. Es muss eine „Eintrittskarte" gekauft werden, auf der die Anzahl der Besuchstage notiert wird. Der Großteil der Eintrittsgelder wird zum Erhalt der alten Stadt verwendet. Der junge Nepali, der uns aufgehalten hat, lotst uns in den Innenhof einer Art Kaserne. Er sagt, dass er mit dem Chef gesprochen hat, und der sagt, dass es in Ordnung geht, dass wir hier übernachten. Wenn uns jemand fragt, sollen wir nur sagen, dass wir bei der Drogenhilfsorganisation im Krankenhaus an einem Kurs teilnehmen. Wir verstehen kein Wort von dem, was er uns eigentlich sagen will. Bevor wir noch einmal nachfragen können, drückt er uns einen Zettel mit seinem Namen und der Telefonnummer des Krankenhauses in die Hand, wir sollen ihn unbedingt morgen dort anrufen. Und weg ist er. Kaum dass er fort ist, schließt sich das große Tor, und wir sitzen in der Falle, sind umzingelt von Soldatinnen und Soldaten in der Ausbildung, die sich intensiv für unser Fahrzeug interessieren. Nur mit viel Mühe schaffen wir es, auch den letzten Neugierigen wieder aus unserem Bus zu bekommen. Wir schließen die Schiebetür von innen und holen erst einmal tief Luft. Was machen wir hier eigentlich? So überrumpelt sind wir schon lange nicht mehr worden. Wir kommen gar nicht zum Überlegen, denn schon klopft es wieder an der Tür. Der Oberchef der Einrichtung möchte wissen, was wir hier wollen. Wir zeigen brav den Zettel, den uns der junge Unbekannte gegeben hat, der Oberchef gibt seinem Kollegen irgendwelche Anweisungen und schickt ihn mit dem Zettel weg. Noch bevor wir überlegen, ob es eine gute Idee ist, von der Teilnahme an dem Kurs im Krankenhaus zu berichten, kommt sein Gehilfe zurück. Er hat im Hospital angerufen, dort kennt uns keiner, welch Wunder. Bevor wir hier in Erklärungsnot kommen, beschließen wir die Wahrheit zu sagen. Dass wir, ehrlich gesagt, keine Ahnung haben, was wir hier sollen, dass der Junge uns geraten hat, das mit dem Kurs zu sagen, und wir gar keine Chance hatten uns zu wehren. Daraufhin ruft der Boss selbst im Krankenhaus an. Als er zurückkommt, ist der Ansatz eines Lächelns zu erkennen. Der Junge arbeitet in dem Krankenhaus und ist einschlägig bekannt. Er will uns wohl am nächsten Tag dort vorstellen um evtl. etwas zu spenden oder irgend etwas in der Art. Hier auf dem Militärplatz können wir jedoch auf gar keinen Fall übernachten. Der Arzt im Hospital hat aber angeboten, dass wir vor dem Krankenhaus parken können. Hier werden ständig Dinge über unseren Kopf hinweg für uns entschieden. Das macht uns ganz nervös. Ich muss vielleicht erwähnen, dass es nicht einfach ist, in dieser Stadt überhaupt irgendeinen Parkplatz für die Nacht zu kommen, darum beschließen wir, die Sache einfach laufen zu lassen. Weiterfahren können wir ja immer noch, wenn uns der nächste Platz nicht gefällt. Das Ganze endet mit einer unglaublichen Kurverei durch die engen, verschachtelten Gassen der nahezu intakten mittelalterlichen Stadt. Wir fühlen uns so was von fehl am Platz, dass es schon wieder Spaß macht. Nur noch eine schmale Gasse müssen wir meistern. Die jedoch hat es in sich. Mehrere Kurven, steil abfallend, nur zwei erhöhte gemauerte Streifen, jeder gerade so breit wie einer unserer Reifen, wir fahren wie auf Schienen. Dazwischen tiefe Rinnen, in denen das Wasser abfließen kann. Wenn Jürgen jetzt nicht genau auf dieser Spur bleibt, nur ein paar Millimeter abkommt, in die Rinnen rutscht, dann stecken wir fest. Und wie wir aus diesem Dilemma dann jemals wieder herauskommen sollen, dafür fehlt sogar mir die Phantasie. Ich sitze verkrampft, tief in den Beifahrersitz gedrückt und versuche den Mund zu halten, was mir sehr schwer fällt. Denn als ob die ganze Situation nicht schon kniffelig genug wäre, kommt jetzt auch noch Gegenverkehr. Ein alter Mann, der einen Karren vor sich her schiebt, will unbedingt an uns vorbei. Meine Nerven liegen blank. Dass auch Jürgen nervös ist, macht mich nur noch zappeliger. Irgendwie schafft er es auch diesmal, den Orangetrotter und uns da heil durchzubringen und dann stehen wir auf dem Parkplatz des Krankenhauses. Dort will keiner etwas von uns wissen und einen Ansprechpartner gibt es nicht. Egal. Hier bleiben wir jetzt, schauen uns die Stadt an und verlassen sie dann wieder. Hoffentlich etwas leichter, als wir hinein gekommen sind.

Das Bild der Stadt wird bestimmt von der Landwirtschaft, der Töpferkunst und besonders von einer lebendigen traditionellen Musikszene. Die Einwohner von Bhaktapur gehören ethnisch zu den Newar und zeichnen sich durch einen hohen Anteil an Bauern der Jyapu-Kaste aus. Sie sind zu ca. 90 Prozent Hindus, der Rest Buddhisten. Bhaktapur hat drei große Plätze, den Durbar Square, den Taumadhi Square und den Tacapal Square, die durch alte Straßen und Gassen miteinander verbunden sind. Die 172 Tempelanlagen und die vielen alten, mit Holzreliefs verzierten Wohnhäuser bieten einiges an Geschichte. Deshalb beschließen wir ausnahmsweise Geld für einen ortskundigen und gut englisch sprechenden Stadtführer auszugeben. Ein großes Erdbeben 1934 verursachte viele Schäden an den Gebäuden, doch konnten diese wieder so instand gesetzt werden, dass Bhaktapurs architektonisches Erbe bereits seit 1979 auf der Unesco-Liste des Weltkulturerbes steht. Nicht nur die Stadt selbst ist beeindruckend, besonders das Leben, das hier stattfindet, zieht uns in seinen Bann. Wie in einem Ameisenhaufen laufen die Menschen durcheinander. Kleine Gruppen von alten Männern oder Frauen haben sich im Schatten der Tempel niedergelassen und unterhalten sich angeregt, man sieht Gemüsekarren, die durch die Straßen gezogen werden, Träger, die Waren transportieren, Kinder, die von Tauben umzingelt sind und kreischend vor Freude versuchen, die Vögel einzufangen. Unser Führer Palden Lama überrascht uns mit seinem Wissen über die Stadt und noch mehr, als er uns die übliche Frage stellt: „Where do you come from?" Und wir sagen: „From Germany." „Which town?", will er wissen. „From Memmingen, nowbody knows this town." Er: „Oh, I know. I lived there for some years, I know." Wir denken, er will uns veräppeln, doch als er die Ortschaften Heimertingen, Pless und Bonlanden aufzählt, die nur ein paar Kilometer von unserer Heimatstadt entfernt liegen, müssen wir ihm wohl glauben. Er hat bei einer Baumschule gearbeitet und in Bonlanden gewohnt. Er hat geschafft, was nicht viele von sich behaupten können. Er hat uns beide sprachlos gemacht!

Die große Zusammenkunft steht bevor!

In den nächsten Tagen werden wir die anderen Teilnehmer des Unternehmens „Tibet/China" kennen lernen. Zuerst müssen wir uns aber eine Bleibe suchen, denn bis zum Abfahrtstag dauert es noch fast eine ganze Woche und wir müssen noch viel erledigen. In und um Bodnath dürfte das etwas schwierig werden. Bekannt ist Bodnath wegen des großen Stupa. Stupa bedeutet so viel wie Denkmal, ein Symbol für den Buddha. Seit Jahrhunderten ist dieser Stupa Ziel buddhistischer Pilger aus Nepal und den umliegenden Regionen des Himalaya. Bis in die achtziger Jahre stand die große Stupa von Bodnath in einem eigenen kleinen Dorf mitten zwischen Feldern. Mittlerweile staut sich der stinkende und lärmende Verkehr fast rund um die Uhr in der Hauptverkehrsstraße und die ganze Gegend ist dicht mit mehrstöckigen Häusern

Die Bodnath Stupa zieht uns in ihren Bann

bebaut. Hier einen Stellplatz zum Wohnen zu finden, ist eine Herausforderung. Wir beschließen, auf die bewährte Methode „Hotelparkplatz" zurückzugreifen. In einer schmalen Nebenstraße, nicht weit von der Stupa entfernt, werden wir fündig. Das Ti-Se Guest-House, unter tibetischer Führung, hat einen schnuckeligen kleinen Innenhof. Sie sind sehr freundlich, überlassen uns für einen fairen Preis von zwei Euro pro Nacht, einen Stellplatz, Benutzung der Dusche inklusive.

Magisch angezogen von der Stupa führt unser erster Erkundungsgang direkt dorthin. Das Denkmal, das sich auf einem großen Platz befindet, ist nach den vier Himmelsrichtungen ausgerichtet. Auf drei Terrassen erhebt sich die 15 m hohe große Kuppel. Mit dem Sockel hat man so vier Ebenen, welche die Erde symbolisieren, die Kuppel symbolisiert das Wasser. Darüber erhebt sich der gemauerte Turm (Feuer) mit der Krone (Luft). Die allwissenden Augen blicken in alle vier Himmelsrichtungen. Buddhisten finden sich vor allem im Morgengrauen und zur Abenddämmerung bei dem Bauwerk ein, um es ganz nach der alten Tradition im Uhrzeigersinn zu umrunden. Dies wird auch Cora genannt. Gebetsmühlen werden geschwungen und das heilige Mantra gesprochen: „Om Mani Padme Hum", was soviel bedeutet wie „Heil dem Juwel im Lotus". Eine Metapher für das Mitgefühl, das jedem Wesen gebührt.

Viele haben eine Perlenkette dabei, und bei jeder Wiederholung des Mantras gleiten die Finger eine Perle weiter, manche drehen jede der Gebetsmühlen, die in die Wand des Sockels eingelassen sind. Es herrscht eine Stimmung der Ehrfurcht. Wir sind zwar keine Buddhisten, lassen uns von dem Schauspiel jedoch anstecken und mischen uns für ein paar Runden unter das bunt gemischte Volk. Die Idee der Gebetsfahnen wie auch der -mühlen finde ich wunderschön. Die Symbolik, dass jede Fahne, die im Wind flattert, und jede Mühle, die gedreht wird, gute Wünsche für alle Menschen dieser Erde in alle Himmelsrichtungen entsenden, bringt mein Herz zum Singen.

Heute ist es soweit, wir treffen uns zum Abendessen mit den Leuten, mit denen wir bedingt durch das Gruppenvisum die nächsten Wochen quasi unzertrennlich sein müssen. Der Platz vor der Stupa ist der beste Treffpunkt. Nacheinander trudeln sie ein: Alexandra, die extra aus Deutschland eingeflogen ist, sie hat kein eigenes Fahrzeug und wird bei jedem von uns mal mitfahren. Heini, der schon seit über einem Jahr mit seinem Motorrad durch die Welt fährt. Jens und Erika, die seit über acht Monaten in ihrem Truck unterwegs sind und uns alle zusammen gebracht haben. Wir verbringen einen angenehmen Abend zusammen, beschnuppern uns gegenseitig und haben alle ein recht gutes Gefühl. Es gibt noch Einiges zu organisieren. Zuerst muss ein Termin ausgemacht werden, an dem ein Mitarbeiter der chinesischen Agentur, der hier vor Ort ist, alle unsere Pässe abholt, damit er in der Botschaft das Gruppenvisum beantragen kann. Dies ist wiederum gar nicht so einfach, da in Nepal mal wieder gestreikt wird und viele Behörden geschlossen haben. Jeder muss diverse Wartungsarbeiten an seinem Fahrzeug vornehmen, und warme Klamotten müssen auch noch besorgt werden. So geht jeder in den nächsten Tagen seinen Besorgungen nach und ab und an treffen wir uns abends zum Essen.

Auch der Orangetrotter muss noch fit gemacht werden. Wir müssen den Frischwassertank, die Wasserpumpe und den -filter, die Rohre, die zur Toilette führen, und den Tank der Toilette mit Dämmmaterial isolieren. Es wäre fatal, wenn uns das Wasser einfrieren würde. Ein Ölwechsel steht auch noch an. Dafür fahren wir vor die Tore der Stadt, auf ein freies Feld, wo nicht so viele Menschen sind, damit Jürgen in Ruhe arbeiten kann. Doch daraus wird wieder einmal nichts. Denn wo der Orangetrotter auftaucht, da ist man nie lange alleine. Ein junges Mädchen, begleitet von ihrem Bruder, macht die ersten Fahrversuche auf dem Motorrad. Brav zieht sie ihre Kreise, immer schön um uns und den Bulli herum. Auch noch andere Schaulustige trudeln nach und nach ein, bieten Hilfe an, stellen Fragen. Shree Ram, der Bruder der Fahrschülerin, ihr Name ist übrigens Shanti, fragt uns, ob wir mit ihnen und ihrer Mutter zu Mittag essen wollen. Wir sagen, dass wir noch nicht mit der Arbeit fertig sind und dass es noch eine ganze Weile dauern kann. Kein Problem, meint er, ruft seine Mutter an und macht das Essen für uns klar. Durch schmale, lehmige Straßen, geht es unter Stromleitungen durch, die ich mit Hilfe unserer Markisenstange hoch halten muss, um hindurchzukommen, einen leichten Berg hinunter, wo wir vor dem Haus eines Verwandten parken. Zu Fuß geht es über eine Treppe in das Heim unserer Gastgeber. Wir sind überrascht, wie groß es ist. Ein stattlicher Topf mit Dahl und Reis steht schon für uns bereit. Die Mutter ist die einzige, die hier noch traditionelle Kleidung trägt. Sohn und Tochter sind modern in Jeans, Pullover und Parka gekleidet. Nur Jürgen und ich essen, die anderen haben bereits vor Stunden zu Mittag gegessen. Extra für uns wurde das nepalesische Mahl noch einmal aufgewärmt. Nach dem Essen ziehen wir uns mit den Geschwistern noch für eine Weile in das Zimmer des Bruders zurück, unterhalten uns über ihr Studium und ihre Zukunftspläne. Es ist immer wieder schön, einen so privaten Einblick in das Leben der Einheimischen zu bekommen. Würden wir das tun? Ein ausländisches Paar, das auf einem Platz vor der Stadt einen Ölwechsel an seinem Fahrzeug macht, zum Essen einladen. Ins eigene Haus mitnehmen. Würdet ihr das machen?

Der Start rückt näher, doch ein großes Problem haben wir alle noch. Der Sprit wird knapp. Durch die langen Streiks fehlt der Nachschub. LKW dürfen seit Tagen nicht mehr fahren. Wo bekommen wir jetzt noch ausreichend Sprit her? Ein Tipp von Einheimischen: Fürs Militär gibt es eine Tankstelle in der Stadt, dort dürfen auch alle Mopeds tanken, damit der Verkehr nicht komplett zum Erliegen kommt. Vielleicht bekommen wir dort auch noch etwas ab. Versuchen müssen wir es auf jeden Fall. Kreuz und quer durch Kathmandu erreichen wir die Tankstelle dann auch und sind geschockt: Eine nicht enden wollende Schlange von Mopeds steht vor den Toren der Zapfsäule. Und welch Wunder… Sie winken uns alle an sich vorbei. Womit haben wir das verdient? Egal, es erspart uns auf jeden Fall stundenlanges Warten. Wir tanken den Bulli mit 25% Benzin und Rest Diesel voll. Die Ersatzkanister füllen wir mit demselben Gemisch. Der Tankwart schaut etwas irritiert. Wir erklären ihm, dass wir vorhaben, über Tibet zu fahren, und nicht wollen, dass uns der Sprit bei unter Null Grad sulzig wird. Vielleicht hat er so seltsam geschaut, weil er im Gegensatz zu uns schon wusste, dass der Diesel bereits gepanscht war. Wir wurden darauf erst aufmerksam, als der Orangetrotter in den Tagen nach dem Tanken einfach nicht mehr richtig laufen wollte. Auch ist er nicht mehr gut angesprungen und das schon bei Plusgraden. Wie soll das dann bei Minusgraden werden?

Es ist der 24. Dezember, Heiligabend. Um 9:00 Uhr verabschieden wir uns vom Team des Ti-Se Guest-House. Tags zuvor ist der Chef des Hotels zu Jürgen gekommen und hat gefragt, ob er unser Auto nicht noch mal richtig waschen will, bevor es los geht. Das hat sich Jürgen nicht zweimal sagen lassen und ist gleich mit dem Gartenschlauch angerückt. Und so ist der Orangetrotter fürs Abschiedsbild auch strahlend schön.
Wir haben wieder einmal das Gefühl, uns von alten Freunden zu verabschieden. Bevor wir endgültig den Hof verlassen, bekommen wir zum Abschied noch den traditionellen weißen Schal geschenkt, was in diesem Fall „Gute Reise!" und „Viel Glück!" bedeutet. Gerührt ziehen wir von dannen.

Frisch geputzt...

TIBET / CHINA

Kalt, hoch und hart - aber ein Freiflug für die Seele

Wir fahren bis zum Grenzort Kodari, ein kleiner, eher ungemütlicher Sammelplatz für alle, die nach Tibet wollen oder von dort kommen. Überfüllte Reisebusse mit müden Fahrgästen, die auf die Abfahrt warten. Grüppchen von Kindern, die sich mit Hilfe von allem, was in den Straßen zu finden ist, ein Lagerfeuer zum Aufwärmen machen. Jens und Erika sind inzwischen auch angekommen und haben sich in den Truck zurückgezogen. Jürgen und ich gehen noch in eine kleine Kneipe, draußen wird Billard gespielt. Als es uns zu kalt wird, gehen auch wir zurück in unser eigenes Heim. Wir kochen uns einen Gemüseeintopf, essen gemütlich, lesen noch ein bisschen und legen uns dann schlafen. Wann in der Nacht Alexandra und Heini ankommen, bekommen wir nicht mit, doch am Morgen sind sie rechtzeitig zur Stelle.

Um acht Uhr öffnet die nepalesische Seite des Grenzübergangs zu China… heißt es! Pünktlich für die Zollabfertigung dort angekommen, erfahren wir, dass heute erst um zehn Uhr geöffnet wird. Nach einigem Hin und Her und Heinis Frage an einen der anwesenden Nepalesen: „Do you want coffee?" geht es dann auf einmal recht zügig. Sieben Männer, die keine Ahnung haben, aber anscheinend alle Durst auf „Kaffee", versammeln sich in einem Büro. Zuerst holen sie eine Schachtel mit zig Stempeln aus dem Schrank, probieren einen nach dem anderen auf einer Zeitung aus, um herauszufinden, welcher denn der passende ist. Dann müssen wir ihnen erklären, wie sie die Carnets für die Fahrzeuge auszufüllen und wo zu stempeln haben. Nach ca. 20 Minuten können wir passieren. Jens muss Maßarbeit leisten, um mit seinem LKW durch das dichte Gedränge von Trucks, Autos und Menschen auf die andere Seite zu gelangen. Ich bin nicht sicher, ob zwischen der Felswand und seinem Truck noch ein Blatt Papier durchgepasst hätte. Nepal und China werden durch die Freundschaftsbrücke miteinander verbunden, auf dieser herrscht ein Tumult wie auf einem Basar.

Alexandra, Erika und ich müssen zu Fuß einlaufen, während die Männer mit den Fahrzeugen die Desinfektions-Schleuse und die Fahrzeugkontrolle durchqueren. Und dann ist wieder Warten angesagt. Erst nach über sieben Stunden dürfen wir endlich die chinesische Seite betreten. Hätten wir das geahnt, hätten wir uns das „Kaffee-Geld" für die Jungs sparen können. Ein Gutes hatte die Warterei aber: Sie hat uns ausreichend Gelegenheit gegeben, uns noch etwas besser kennen zu lernen. Und auch das Beobachten des regen Schmuggel-Verkehrs hat uns gut unterhalten. Die nepalesischen Frauen kaufen in Tibet/China günstig Alkohol, binden sich mit Hilfe eines Tuchs, ca. 10-15 Flaschen aneinander gereiht um die Hüften, darüber kommen dann wieder die üblichen Klamotten, das Kleinkind wird auf den Arm genommen, und so geht es dann über die Grenzbrücke. In gleichem Stil wird auch mit Jeans und T-Shirts verfahren. Jeder weiß es, keiner sagt was. Ob auch dafür „Kaffee-Geld" zu bezahlen ist? Die Zollabfertigung verläuft auch für uns sehr zügig und problemlos, was wohl daran liegt, dass die Grenzschließung und damit auch der Feierabend unmittelbar bevor stehen. Selbst die Motor-Nummer der Fahrzeuge will nach erstem großen Interesse kein Beamter mehr in Augenschein nehmen. Unser tibetischer Guide Lakbar ist inzwischen auch zu uns gestoßen und versorgt uns mit Funkgeräten, die uns noch sehr nützlich sein sollen.

Spät am Abend kommen wir in Zhangmu (2.400 m), der Grenzstadt in Tibet, an. Und früh am nächsten Morgen geht die Fahrt weiter nach Nyalam (3.770 m). Auch auf dem Weg dorthin müssen wir wegen einer Baustelle ca. acht Stunden warten. Diese Warterei nervt uns alle, vor allem als klar wird, dass wir erst bei Dunkelheit passieren können. Jeder vertreibt sich die Zeit anders, es wird gelesen, Briefe geschrieben, fotografiert, den Wachposten beim Brettspiel zugesehen, gegessen, getrunken, geschlafen, spazieren gegangen. Und endlich, endlich dürfen wir los.

Die Piste ist eine Katastrophe: Geröll und Dreck, Staub macht die Sicht schlecht und was am Schlimmsten ist – Eis. Wasserfälle, die über die Straße laufen, sind gefroren, Heini gibt einen Funkspruch raus, warnt uns: „Vorsicht! Es ist spiegelglatt an der nächsten Kurve. Und ich bräuchte dann auch Hilfe, um mein Motorrad wieder aufzuheben." Sein Motorrad ist ihm einfach unterm Hintern weggerutscht. Er hat richtig Glück gehabt und wir auch. Schlimmeres konnte er durch seine gute Reaktion zu unser aller Wohl vermeiden.

Nach einer wirklich anstrengenden Fahrt kommen wir total erschöpft am typisch tibetischen Gasthaus an. Essen will heute keiner mehr, wir wollen nur noch schlafen. Durch ein großes, bunt bemaltes Doppeltor aus Holz fahren wir in den Innenhof unseres Übernachtungsplatzes. Zu allem Übel ist auch noch unsere Toilette voll. Jürgen opfert sich und macht sich auf, sie zu entleeren. Doch die Gemeinschaftstoiletten, die aus einem Loch in der Erde bestehen, sind total zugefroren. Wohin also mit dem Scheiß? Es hilft ja nix, oder?

Eigentlich auch egal, in einer Stunde ist auch das gefroren. Auf Körperpflege muss heute ebenfalls verzichtet werden, da auch das Wasser an den Waschbecken eingefroren ist. Das kann ja heiter werden die nächsten Wochen. Auf dieser Höhe wird es schon richtig kalt, nachts haben wir -7 Grad Außentemperatur und im Orangetrotter noch 4 Grad Plus. Gut, dass wir unsere Nepalmützen haben. Wir heizen uns ein wenig ein. Mit unserer Gasheizung versuchen wir die Temperatur über Null zu halten, damit die Wasserleitungen nicht einfrieren. Wir packen uns in zwei Schichten Klamotten und zwei Schlafsäcke, so schlafen wir irgendwann ein. Richtig ekelig ist es, wenn die Nacht vorüber ist und wir aus den einigermaßen warmen Schlafsäcken wieder raus müssen. Schnell ziehen wir uns wieder Skihose und -jacke an und gehen in die Gaststube zum Frühstück.

Die Küche ist schwarz, über die Jahrhunderte verrußt vom Holzfeuer, dessen Rauch sich dort mit dem Fett des Buttertees vermischt, der stundenlang über der Flamme köchelt. Ein Ort mit wunderbarer Atmosphäre, wie das Labor eines Alchimisten. Überall am und im Haus sind alte Holzschnitzereien und Fensterbemalungen. Es gibt kein fließendes Wasser, keine Zentralheizung. In der Mitte der Küche, die auch als Speisezimmer dient, steht ein großer Lehmofen, der den langen, kalten Winter über die einzige Wärmequelle ist. Auf ihm wird auch gekocht. In einer Ecke des Zimmers sitzt eine alte Tibeterin, ihr Gesicht zerfurcht von tiefen Falten. Sie lassen uns erahnen, wie hart und beschwerlich das Leben hier oben ist. Zum Schutz gegen die Kälte ist auch sie in viele Schichten Kleider gepackt, in der rechten Hand hält sie ihre Gebetsmühle, die sie unermüdlich antreibt. Was für ein Bild. Jürgen und ich können es nicht glauben. Wir sitzen in Tibet und fünf Meter von uns entfernt dieses faszinierende Großmütterchen. Eine Unterhaltung ist leider nicht möglich. Wir verstehen sie nicht, sie uns nicht und außerdem ist sie so in ihr Gebet vertieft, dass wir sie auch nicht stören wollen.

Den Tag verbringen wir mit diversen Wartungsarbeiten und ein bisschen Laufen, um uns an die neuen Lebensbedingungen zu gewöhnen. Die Luft ist dünner hier oben und ich merke im Laufe des Nachmittages, dass es mir gar nicht mehr so gut geht. Kopfschmerzen und die Kälte treiben mich in den Bus. Ich will ein bisschen schlafen. Dann kommt noch Übelkeit, Erbrechen und Durchfall dazu. Sind das schon die ersten Anzeichen für einen Höhenkoller?

Die kommende Nacht stehen wir zur besseren Höhenanpassung auf 4.221 m (-13 Grad / im Bus +2 Grad), bevor es am darauf folgenden Tag über den ersten richtig hohen Lalung Pass auf 5.050 m geht.

Es ist ein Härtetest für Fahrzeug und Mensch. Die Kälte und Höhe machen uns ganz schön zu schaffen. Jeden Morgen fiebern wir um unseren Orangetrotter, der sehr seltsame Geräusche von sich gibt, bis er endlich nach vielen Versuchen anspringt. Er braucht dann lange, um warm zu werden, doch dann leistet er uns treue Dienste, wie immer. Wir sind so stolz auf ihn. Die Minusgrade stellen Toilette und Wasserleitungen auf eine harte Probe, mit regelmäßigen Heizschüben versuchen wir das Einfrieren auf ein Minimum zu reduzieren.

Die ungewohnte Höhe vertragen wir meistens ganz gut, doch als es immer näher an die 5.000er Grenze geht, wird es Jürgen auf einmal ganz schwindlig. Wir fühlen beide, wie der Druck auf Kopf und Augen zunimmt. Die Wahrnehmung verändert sich, als ob man einen 3D-Film ablaufen sieht und selbst gar nicht anwesend ist. Jens und Erika teilen uns über Funk mit, dass sie Schwierigkeiten mit dem Truck haben, sie fallen zurück. Aufgrund unserer gesundheitlichen Verfassung können wir sie im Moment leider nicht unterstützen. Wie wir später erfahren, haben sie Probleme mit einem Filter. Auf dieser Höhe kann ein banales Problem leicht zu einem großen werden, man weiß nie, wann einem die Luft zu dünn wird. Jeder Handgriff ist anstrengend und geht viel langsamer als unter normalen Umständen. Zügig überqueren wir die für uns kritische Höhe und mit den fallenden Metern geht es uns schnell wieder besser. Wir warten, und da kommt der Magirus der beiden auch schon um die Kurve. Alexandra und Heini sind inzwischen auch wieder bei uns. Gegen Abend erreichen wir gemeinsam Tingri auf 4.220 Meter.

Der Fünftausender tags darauf ist dann schon viel angenehmer und ein unvergessliches Erlebnis. Durch die karge Hochebene Tibets gleiten wir dahin, den Mount Everest im Rücken und den höchsten Pass unserer Reise vor uns. Bauern auf ihren Traktoren, Pferdekarren oder bunt geschmückte Motorräder, Yaks und Kinder in dicken Jacken und Mützen, die auf dem Eis spielen, ziehen an uns vorüber. Auf dem 5.220 Meter hohen Gyathso La angekommen, haben wir auch den richtigen Platz für unsere Gebetsfahnen gefunden. Tausende der bunten Fahnen flattern bereits im Wind, wir beschriften unsere Stoffquadrate mit guten Wünschen für unsere Familien und Freunde, hängen sie mit Hilfe unseres tibetischen Guides, Lakbar, quer

Gegenverkehr

über die Straße, damit vom Wind all die Gebete und Wünsche ins Universum hinaus getragen werden. Ein absolut unbeschreiblicher, wunderschöner und erhebender Augenblick. „Mögen die Götter siegen!" (Das traditionelle Gebet der Tibeter, wenn sie auf Reisen solche Pässe überqueren.) Tibet, seine Menschen, das Farbenspiel der ständig wechselnden Berglandschaft und die kristallklare Luft haben auf uns eine unbeschreibliche Wirkung. Hier ist man dem Himmel tatsächlich näher. Ein sehr schöner, entspannter Tag geht zu Ende und wir erreichen Shigatse.

Heute Nacht ist uns das Gas ausgegangen. Dieselbe Menge, die vom Start unserer Reise an bis nach Nepal gereicht hat, ist nun nach wenigen Tagen des Heizens aufgebraucht. Wir haben keine Ersatzflasche mehr und zum Auffüllen gibt es hier keine Gelegenheit. Für uns bedeutet das: Wasser ablassen, Toilette nicht mehr benutzen und wenn wir nachts im Bus schlafen noch ein paar Kleiderschichten mehr anziehen. Aus diesem Grund nutzen wir die Gelegenheit und mieten uns, wie Heini und Alexandra, im recht luxuriösen Hotel Manasarova für 10 Euro das Doppelzimmer inkl. Frühstück ein. Und was das Beste ist: Es ist ausnahmsweise wirklich warm und es gibt sogar ein heißes Vollbad. Und das ist wirklich nicht selbstverständlich. Meist sind die Unterkünfte in Tibet nicht oder sehr schlecht geheizt, das Wasser, wenn es denn nicht eingefroren ist, mehr kalt als warm und die Toiletten lassen auch oft zu wünschen übrig.

Jürgen, Jens und Heini müssen sich heute um ihre chinesischen Führerscheine, den TÜV und die Nummernschilder kümmern. Die Fahrprüfung sieht so aus, dass Jürgen und Jens mit ihren Fahrzeugen einem Polizeiauto hinterher fahren müssen, danach werden ihnen die wichtigsten Verkehrsregeln erklärt und einem Sehtest müssen sie sich auch noch unterziehen. Jürgens vorhandene Passbilder sind zu groß, jetzt muss er auch noch zum Fotografen. Der retuschiert fein säuberlich seine schönen Lachfalten weg, was man auf dem winzigen Bildchen dann gar nicht mehr erkennen kann. Heini bleibt, warum auch immer, von dem ganzen Theater verschont. Nach ein paar Stunden kommen die drei mit ihren chinesischen Nummernschildern zurück ins Hotel. Schade nur, dass sie alles vor der Ausreise wieder abgeben müssen. So ein chinesischer Führerschein würde sich gut im Fotoalbum machen.

Wenn man in Shigatse ist, ist das Tashi Lhunpo-Kloster Pflichtprogramm. Es ist die Residenz des Panchen Lama. Ich zögere zuerst, als Alexandra und Jürgen zu einem Besuch des Klosters aufbrechen, da ich immer noch etwas angeschlagen bin und Durchfall habe. Doch meine Neugierde ist zu groß. Wir parken unterhalb des Klosters und machen uns auf den Weg, einmal um

Wir lieben diese Ausblicke - dem Himmel so nah!

So offen und freundlich begegnen uns die Menschen in Tibet

das große alte Gemäuer. Doch wir machen einen großen Fehler, wir laufen gegen den Uhrzeigersinn. Dutzende von Pilgern kommen uns entgegen, nur ein paar wenige weisen uns darauf hin, dass wir verkehrt herum gehen. Keiner ist uns deshalb böse. Wir finden es klasse, denn so haben wir die Gelegenheit, den Entgegenkommenden direkt in ihre schönen charaktervollen Gesichter zu blicken. Alte runzlige, junge rotbackige, einzeln Pilgernde mit Gebetsmühlen, kleinere und größere Grüppchen. Mit einigen kommen wir ins „Gespräch", nicht mit Worten, doch mit Hand und Fuß schaffen wir es irgendwie doch, in Kontakt zu treten. Alexandra und Jürgen machen Fotos. Schön, dass Alexandras Display der Kamera noch funktionstüchtig ist, so kann sie den jungen Frauen und dem älteren Paar die Fotos zeigen, die sie von ihnen gemacht hat. Das sorgt immer für viel Spaß. Am beeindruckendsten ist jedoch die Gruppe Frauen, die wir auf dem grobschottrigen und über Stufen führenden steilsten Abschnitt des Weges treffen. Sie werfen sich der Länge nach in den Staub, messen so mit ihrem Körper den Weg, den sie bereits zurückgelegt haben, ab, legen vor sich einen Stein, stehen auf und an der Stelle, wo sie den Stein abgelegt haben, bleiben sie stehen und legen sich erneut auf den Weg. So pilgern sie viele strapaziöse Kilometer. Manche reisen sogar auf diese Art und Weise von ihren Heimatdörfern an, das können Hunderte von Kilometern sein. Sie sind schmutzig von oben bis unten, ihre Hände und Knie sind mit kleinen Kissen gepolstert, und sie tragen lange dicke Pilgerschürzen, damit sie sich nicht wund scheuern. Und bei der ganzen Tortur lachen sie noch in unsere Kameras. Was für Menschen!

Vom Hochland bis Lhasa und kein Winterdienst

Nun stehe ich da und bin übervoll mit Geschichten und Eindrücken. Wir sind in Tibet, die ersten 5.000er-Pässe sind überwunden. Und dann doch noch das Unverhoffte: Schneefall! Wir müssen unsere Route ändern. Es ist nicht viel Schnee, zu wenig für Schneeketten, aber es ist arschglatt. Und hier gibt es keinen Winterdienst. Die Kinder haben mächtig Spaß daran. Die Landschaft ist überwältigend! Bizarr, bedrohlich und doch wunderschön. Wir bewegen uns weiter, immer um die 4.000 Höhenmeter. Überall liegen Autos in den Gräben oder umgestürzt auf der Seite. Zweimal sind es Polizei-Jeeps. 30 bis 40 km/h und beim Aussteigen merken wir selbst, das ist noch zu schnell. Und da ist ja noch das Motorrad: Heini und Alexandra kämpfen sich vier Stunden mit Schrittgeschwindigkeit über das tibetische Hochland. Respekt! Selbst nachdem sie von einem Jeep von der Straße gedrängt worden sind, steigen beide wieder auf und weiter geht's. Inzwischen haben wir Walkie-Talkies und Jens und Erika - eine Stunde voraus - berichten uns von einer Bergabwärtsstrecke mit purem Eis. Jens schnappt sich seine Schaufel und schippt Erde aufs Eis während andere rutschend an ihm vorbei gleiten. Bis wir ankommen, ist Stau. Jeder tastet sich in Zentimeterschritten abwärts. Und trotzdem, es rutscht! Unten drei gecrashte Autos und wieder ist Polizei involviert. Keine Ahnung, wie Heini mit dem Moped da runter kommt, aber alles geht gut! Wenige Kilometer und ein paar Höhenmeter tiefer läuft´s wieder. Zügig geht's auf Lhasa zu. Was wir bisher von Tibet mitbekommen haben, hat so gar nichts mit Lhasa zu tun. Erst in den Bergen begegnen wir den tief in ihrem Glauben verwurzelten Tibetern, die in den Hauptstädten eher spärlich anzutreffen sind. Sie sind herzlich, sehr herzlich! Ihre Gesichter erzählen von dem harten, entbehrungsreichen Leben. Es ist Winter, geheizt wird bestenfalls der zentrale Kochofen, fließend Wasser gibt es nicht. Und wenn doch, ist es im Winter eingefroren. Wir bekommen einen minimalen Eindruck davon, was es bedeutet, jeden Tag 24 Stunden ununterbrochen der Kälte ausgesetzt zu sein: kein kuscheliges Kaminfeuer nach dem Sonntagnachmittagsspaziergang, das auf einen wartet. Und trotzdem: Neben allen anderen Herausforderungen dieses Lebens strahlen diese Menschen eine derartige Freundlichkeit, Ruhe und Ausgeglichenheit aus. Selbst als wir einen Pilgerweg am Tashi Lhunpo Kloster in Shigatse in der falschen Richtung beschreiten, bekommen wir nur freundliche Hinweise und verständiges Lachen. Wie wäre das bei uns?

Dies wird besonders deutlich mit den Erfahrungen, die wir in Lhasa selbst machen. Nein, die Chinesen sind nicht unfreundlich, aber scheinbar gleichgültiger, unaufmerksamer, beschäftigt. Lhasa ist eine fein herausgeputzte Metropole, mit breiten Straßen, buntem Firlefanz und teuren Einkaufspromenaden, übersät mit chinesischen Schriftzeichen. Alles, was wir bisher in Tibet erlebt haben, ist vollkommen anders als alles, was zuvor war. Insbesondere der Potala Palast ist sehr beeindruckend, obwohl wir schon tausend Bilder zuvor gesehen hatten. Und unsere kleine Reisegemeinschaft entwickelt Teamgeist. Allen Problemen und Verzögerungen zum Trotz - oder gerade deshalb - sind wir als Team gewappnet, egal, was uns noch erwartet. Gemeinsam begehen wir den Jahreswechsel auf dem Dach der Welt!

Ja es ist Silvester und wir sind in Lhasa, der Hauptstadt Tibets. Obwohl wir alle ziemlich geschafft sind von der anstrengenden Fahrt, freuen wir uns auf das heutige Abendprogramm. Hot-Pot-Essen, ähnlich wie Fondue, nur sind die Zutaten, die man hier in die scharfe Brühe gibt, etwas exotischer. Wir alle haben einen Bärenhunger nach den Anstrengungen des Tages und sind gespannt, was uns erwartet. Der große heiße Topf steht in der Mitte eines runden Tisches. Ein Tablett mit den Zutaten wird gebracht. Viele Pilze, viel Grünzeug, Gemüse und Kartoffelscheiben. Etwas Fleisch. Alles wird auf einmal in die Brühe geworfen, ein paar Minuten warten und dann kann es los gehen. Jeder kann sich herausfischen, was er möchte. Ziemlich doof gucken wir, als uns von Jens Löffel der Kopf eines Hahns anstarrt. Da bleibt einem ja das Essen im Halse stecken. Und das… Was ist das? Da sind auch noch die Füße dazu! Wie eklig ist das denn?! So unerwartet und gewöhnungsbedürftig wir diesen Anblick im Moment noch empfinden, so normal wird er im Laufe der nächsten Tage, Wochen, sogar Monate. In Asien sind Hühnerfüße ein willkommener Snack für zwischendurch. Die gibt es in jedem Supermarkt. So richtig satt sind wir trotz der Vielfalt nicht geworden, doch dafür trinken wir in einer netten kleinen Bar noch ein paar Gläschen. Gemeinsam mit den anderen lassen wir dieses Jahr gemütlich ausklingen. Ein Jahr, das wir niemals vergessen werden! Was wir in den letzten fünf Monaten schon alles erlebt haben, das erleben andere ihr ganzes Leben lang nicht. Und was uns noch alles erwarten wird! So verabschieden wir uns dankbar vom alten und begrüßen erwartungsvoll das neue Jahr. Jahreswechsel auf dem Dach der Welt, das hat schon was…

Die Mädels und ich beginnen das neue Jahr mit einem Spaziergang zum Markt, auch Barkhor genannt. Er ist rings um den großen Jokhang Tempel aufgebaut. Wir lassen uns treiben, tauchen ein in eine fremde, unglaublich faszinierende Welt, folgen dem Strudel der Pilger. Ich kann gar nicht genug bekommen von diesen Menschen. In ihren traditionellen Gewändern, der Chuba, den dicken Felljacken und -mänteln, den warmen gefütterten Hüten. Unermüdlich drehen sie ihre Runden um den Tempel, treiben ihre Gebetsmühlen an, lassen die Gebetsketten durch ihre Finger gleiten. Auf einem großen Platz vor dem Eingang zum Jokhang haben sich Hunderte von Pilger versammelt, die andächtig und eintönig ihre Niederwerfungen wiederholen, wiederholen, wiederholen…

Dass wir überall so viele Pilger antreffen, überrascht mich ein wenig. Erika erzählt, als sie vor ein paar Monaten schon einmal in Tibet waren, dass das Land vor Touristen wimmelte und nur wenige Pilger dagewesen seien. Doch

Blick vom Jokhang, rechts der Potala Palast

Der Potala in voller Pracht

jetzt im Winter meiden die Ausländer Tibet, es ist einfach zu kalt und ungemütlich. Die Einheimischen jedoch haben nur jetzt Zeit, denn die Ernte
ist beendet und auf den Feldern kann erst im Frühjahr wieder gearbeitet
werden.

Am nächsten Tag besichtigen wir den Potalapalast. Lakbar musste uns bereits
einen Tag vorher anmelden, es ist nur eine begrenzte Besucherzahl pro Tag
gestattet. Das imposante Gebäude wurde vom fünften Dalai Lama errichtet,
und alle Reinkarnationen haben über die Jahrhunderte hinweg hier gelebt.
Auch der jetzige 14. Dalai Lama hat die ersten Jahre seiner Amtszeit hier
verbracht, bis er aus Tibet flüchten musste. Der Palast thront auf einem
Hügel über der Stadt. Er hat tausend Zimmer, und hinauf führt eine riesige
Steintreppe mit zweitausend Stufen. Das ist ganz schön anstrengend. Drin-
nen ist es ziemlich düster, doch tausende Butterlampen hellen das Ambiente
wieder etwas auf, machen es freundlicher. Auf den heutigen Dalai Lama weist
nichts hin, nicht ein Bild können wir entdecken. Es ist sogar verboten, seinen
Namen auszusprechen.

Heini geht es nicht gut, er hat sich nachts übergeben und kann heute nicht
fahren. Unser strenger Zeitplan, den wir sowieso schon sehr strapaziert

haben, lässt es nicht zu, noch einen Tag in Lhasa zu bleiben. Es wird diskutiert und beratschlagt. Heinis Vorschlag, die schwere Maschine auf unseren Orangetrotter hinten drauf zu spannen, wehre ich massiv ab. Jürgen wäre, wenn es denn praktisch möglich gewesen wäre, bereit dazu gewesen, doch ich hab unseren Bulli schon vor meinem geistigen Auge zusammenbrechen sehen. Wir brauchen ihn ja noch länger. Wir müssen einen Transport für sein Motorrad organisieren. Lakbar hat einen Bekannten, der sich bereit erklärt, das Motorrad bis nach Linzhi zu transportieren. Noch am Abend wird die BMW auf den Pickup aufgeladen, denn am nächsten Morgen soll es schon um 4:00 Uhr los gehen.

Zur Abwechslung ist die Fahrt bis auf ein paar eisige Passagen recht entspannt. Die Landschaft verändert sich. Die kargen Täler und Berge werden immer grüner, klare türkisblaue Flüsse schlängeln sich entlang der Straße. Ab und an, aber doch viel zu selten, halten wir für eine kleine Fotosession. Die letzten Fahrtage und die immer wieder geführten Diskussionen, wann und ob am nächsten Tag weitergefahren wird, die Einhaltung des strengen Zeitplans und die Verspätungen bei der Abfahrt fangen langsam an, etwas an den Nerven zu nagen.

Unserem Motorradfahrer geht es am darauffolgenden Tag nicht viel besser, es gibt jedoch keine Transportmöglichkeit für sein Fahrzeug und so nimmt er nach langer Diskussion all seine Kräfte zusammen und wir können starten. Es ist bereits kurz vor 14 Uhr, und schon jetzt ist klar, dass wir in die Nacht hinein kommen werden. Und auch die Streckenbeschreibung, die wir von der Reiseagentur bekommen haben, stimmt wieder einmal überhaupt nicht. Die Straße ist sehr kurvig, wir müssen immer auf der Hut vor eisigen Stellen sein. Plötzlich hört die geteerte Straße auf und es geht über einen Schotterpass, teilweise richtig grobe Steine. Wir werden heftig durchgerüttelt. Mittlerweile ist es stockfinster, und wir geraten mit dem Orangetrotter kurz vor der Passhöhe an eine Stelle, an der wir nicht mehr weiter kommen. Ein kleiner Steilhang liegt vor uns, den wir aufgrund des Geröll und mangels Power nicht überwinden können. Und mit der Ölwanne könnte es auch knapp werden. Jens, der uns spielend über diesen Teil der Straße hätte ziehen können, ist hinter uns. Die Straße ist zu schmal zum Überholen, auch Gegenverkehr darf jetzt auf gar keinen Fall kommen, es ist einfach zu eng. Eine lange Wagenkolonne hinter uns, die schon nervös wird. Wir steigen aus, sehen uns das Problem an. Wir stehen mit unserem Bus direkt an einer Stelle, an der vor

Kurzem eine Gesteinlawine abgegangen ist. Wir fangen an, Steine heranzu-
schleppen, wollen die Straße auffüllen, damit die Steigung besser zu schaffen
ist. Alle helfen mit, auch die Einheimischen, die sich mittlerweile neugierig um uns versammelt haben, sind tatkräftig dabei. Mit viel Schwung und
Anfeuerungsrufen versucht Jürgen sein Glück - und ja, er hat es geschafft.
Auch die Bodenfreiheit hat gerade noch so gereicht. Es kann weiter gehen.
Erst kurz vor Mitternacht erreichen wir unser Etappenziel Bome. Wir haben
aber noch ein anderes Problem: Unser Bulli stirbt immer wieder ab, nimmt
das Gas nicht an, bekommt zu wenig Sprit. Irgendetwas stimmt nicht mit
ihm. Schon mehrmals mussten wir uns von Jan anziehen lassen. So auch am
nächsten Tag. Nach ca. 70 zurückgelegten Kilometern geht der Orangetrotter
aus und ist nicht mehr anzubekommen. Jens schleppt uns an, doch auch dann
tut sich nichts. Wir stehen mitten in der tibetischen Pampa auf knapp 4.000
Höhenmetern. In zwei Stunden verschwindet die Sonne hinterm Berg und es
wird eiskalt. Ratlos stehen wir da. Abschleppen? Es geht über hohe Pässe und
gefrorene Flüsse, pures, bis zu 30 cm dickes Eis. Zu gefährlich! Jürgen hat die
Vermutung, es könnte die Dieselpumpe sein. Heini hat eine Telefonnummer
von einem befreundeten Motor-Spezialisten in Deutschland. Jürgen fachsim-
pelt eine Weile am Telefon und der Verdacht wird bestärkt. Die Begeisterung
hält sich in Grenzen. Wen wundert's? Es ist eiskalt. Kein Hotel oder Gasthaus
in der Nähe und Heini ist immer noch sehr schwach. Während Jürgen kurzerhand zur Tat schreitet und sich an den Austausch der Pumpe macht, diskutieren die anderen noch, wo sie die Nacht verbringen wollen. Die nächste
Stadt ist über 100 km entfernt und liegt noch höher. Irgendwann entschließen sie sich, bei uns zu bleiben. Heini wird auf dem Fußboden des LKW einquartiert und für Alexandra wird mit Hilfe unserer Sandbleche ein Bett im
Führerhaus auf den Sitzen errichtet. So haben die vier wenigstens alle einen
warmen Unterschlupf für die Nacht.
Jürgen ist inzwischen dabei, die Dieselpumpe auszubauen und die alte, die wir
noch von der Türkei dabei haben, einzubauen. Den Dichtring, der bei dieser
defekt war, kann er von der neuen verwenden. Bis spät in die Dunkelheit, bei
Minus 12 Grad, arbeitet er konzentriert und ohne Unterlass, seine Hände
sind aufgerissen und blutig, aufgrund der Kälte merkt er es aber überhaupt
nicht. Mein Held! Ich stehe ziemlich verfroren und hilflos neben ihm, versuche eine moralische Unterstützung zu sein. Ich kann nur da stehen, Kaffee
kochen, auf dem Spirituskocher, da das Gas ja schon seit ein paar Tagen aus

ist. Es ist eine Katastrophe! Um im Motorraum arbeiten zu können, muss das Bettzeug, die Matratze und all das andere Zeug nach vorn ins Auto gepackt werden. Es ist kein Platz, man kommt kaum mehr in den Bus, ich kann mich nicht rühren, geschweige denn die Schränke öffnen, in denen das ganze Zeug ist, das ich benötige. Ich könnte heulen. Was, wenn es nicht die Dieselpumpe ist und die ganze Energie, die Jürgen gerade in die Reparatur steckt, umsonst ist? Wie kommen wir dann jemals wieder hier weg? So schön es im Himalaya ist, scheint unter den momentanen Umständen auf einmal alles nur noch bedrohlich. Die Höhe, die Kälte, der Schnee, die Einsamkeit… Doch diese Überlegungen helfen jetzt nicht weiter. Wir müssen positiv bleiben. Ich bringe Jürgen einen heißen Kaffee und stelle mich wieder neben ihn. Er schraubt und macht, ohne sich auch nur einmal zu beklagen.

Der Austausch ist vollbracht, ob das wirklich das Problem war, können wir erst am nächsten Tag testen. Unsere Batterie ist bei der Kälte heute nicht mehr stark genug, um jetzt einen Startversuch zu machen. Auch Jürgen und ich sind durchgefroren und gehen jetzt zum Aufwärmen zu den anderen. Sie warten im warmen Truck von Jens und Erika. Dort bekommen wir lecker Essen und Tee. Das tut gut! Dafür sind wir den beiden sehr dankbar! Erika gibt uns noch eine Wärmflasche mit und wir verziehen uns in unser kaltes Heim. Erschöpft wie wir sind, schlafen wir trotz der Kälte schnell ein.

Alle sind gespannt, ob die Reparatur erfolgreich war, doch es dauert bis zum frühen Nachmittag, bis alle Fahrzeuge aufgetaut und startklar sind. Lakbar, der für die Nacht per Anhalter zurück an den Ausgangspunkt des gestrigen Tages gefahren und mit dem öffentlichen Bus an diesem Morgen wieder hier angekommen ist, hat inzwischen ein kleines Lagerfeuer zum Aufwärmen gemacht. Jürgen überprüft noch einmal alle Schrauben und hofft, dass er nichts Wichtiges vergessen hat. Jens macht ebenfalls Feuer, aber nicht für uns, sondern unter Heinis BMW. Alexandra kratzt unsere Scheiben frei und Jens zieht den Bulli ein paar Mal im Kreis. Unter lautem Applaus springt der Orange mit vielen dunklen Wolken aus dem Auspuff an. Gott sei Lob und Dank und natürlich und vor allem auch Jürgen!
Ich bin wieder einmal stolz und dankbar, jemanden wie Jürgen an meiner Seite zu haben. Und endlich setzt sich unser kleiner Konvoi wieder in Bewegung. Lange sind wir allerdings nicht unterwegs, vielleicht gerade mal 60 Kilometer, als wir im Rückspiegel Rauchschwaden sehen. Was ist jetzt schon

wieder!? Wir stoppen, springen zum Heck des Bullis, es dampft und qualmt. „Scheiße, ich hab irgendetwas falsch gemacht!", hör ich Jürgen verzweifelt rufen. Heckklappe auf und nachgeschaut. Große Erleichterung, es ist nur der Kühlwasserschlauch, der ein Loch hat. Noch einmal Glück gehabt! Ganz so einfach ist es dann doch wieder nicht, denn das Leck ist direkt am Knick des Schlauchs. Nicht einfach zu flicken. Wo bekommen wir jetzt einen Ersatzschlauch her? Wir sind in Ranwu auf 3.950 m. Nur wenige Häuser säumen die einzige Straße des Orts. Wir durchsuchen eine kleine Werkstatt vergeblich nach einem Ersatzschlauch. Dann finden wir eine Art Schlosserei. Aus einem Teil von einem Fahrradrahmen wird ein Winkelstück geschweißt, das Jürgen im Schlauch einsetzt. Währenddessen liegt Heini, dem es immer noch nicht besser geht, im Truck. Nachts möchte er nicht fahren und so kümmert sich der Rest unseres Trupps um eine erneute Transportmöglichkeit für sein Motorrad. Jedem Einzelnen von uns ist die immer größere Anspannung anzusehen. Auch unser Guide Lakbar hat´s nicht leicht mit uns, ihm sitzt die Polizei im Nacken, die ihn immer wieder wegen unserer Verspätung im Reiseplan unter Druck setzt. Ich glaube, er kann es kaum erwarten, uns in den nächsten Tagen an seinen Nachfolger zu übergeben.

Das Gruppenreisen ist für uns alle jeden Tag aufs Neue eine Herausforderung. Sind wir es doch alle gewohnt, nur für uns entscheiden zu müssen, wie und wo es für uns weiter gehen soll. Und nun sind wir sechs Leute und sechs Meinungen. Einfach ist anders, das wird schnell klar.
Doch noch ist es nicht überstanden, noch einmal haben wir einen extremen Tag vor uns. Heini ist immer noch sehr angeschlagen. Irgendwie Glück im Unglück, nachdem unser Versuch, gemeinsam mit einem tibetischen Alleskönner eine abenteuerliche Konstruktion für den Mopedtransport mit dem Truck zu bauen, fehlgeschlagen ist, wird das Motorrad wieder auf einem Pickup transportiert. Das Ganze kostet Heini richtig viel Geld. Doch im Nachhinein ist auch er froh, die kommende Strecke nicht fahren zu müssen. Jürgen telefoniert zwischendurch noch mit Günther Schneidewind vom SWR 1 Radio und gibt ein Interview, dann kann es los gehen. Der Streckenplan für diese Etappe hört sich gut an. Zwei Drittel der Strecke gut geteerte Piste, der Rest Baustelle. Doch leider ist es gerade anders herum. Und Baustelle ist leicht untertrieben, zum Teil wieder grober Schotter und was noch dazu

kommt: Es geht über zwei Vier- und einen Fünftausender Pass. Wir erreichen den tiefsten Punkt seit Tagen und müssen dann wieder auf viertausend Meter hoch. Noch einmal müssen wir über gefrorene Flüsse, diese Eispassagen sind die Hölle. Wir haben gedacht, die schlimmsten Tage hätten wir hinter uns, doch dieser toppt noch einmal alles. Nach knapp 16 Stunden kommen wir in Markam an und haben nun endgültig die Schnauze voll von diesem Wahnsinn.

Gruppenreisen in Tibet

Ehrlich gesagt die bisher größte Herausforderung auf unserer Weltreise. Gerade werde ich mir sehr bewusst, wie entspannt und schön unser Abenteuer bis zum Beginn der Tibet/China-Reise war. Jürgen und ich waren ausgeglichen und meist die Ruhe selbst. Haben jeden Tag genossen. Der Gruppenzwang macht mir sehr zu schaffen. Ich bin kein Einzelgänger und kann mich schon in Teams und Gruppen integrieren, das fällt mir meist leicht. Doch über mehrere Wochen ständige Diskussionen um Kleinigkeiten: Wollen wir hier essen oder dort? Weiterfahren oder bleiben? Und nicht zu vergessen das ständige Warten, bis der Letzte endlich bereit ist, um loszufahren. Dann wieder warten, wenn man essen gehen will, warten wenn einer was kauft oder anschaut. Ein paar Tage geht das, da ist man tolerant, hat kein Problem damit. Jeder ist anders, ein Individualist eben, aber über Wochen, das stresst mich echt ungemein. Ich kann es kaum erwarten, endlich wieder mit Jürgen allein unterwegs zu sein, sehne mich nach meiner Ausgeglichenheit, meiner inneren Ruhe und meinem Freiraum. Einfach mal in den Tag hinein leben, ohne irgendeinen Treffpunkt für irgendetwas auszumachen. Wow, das kostet alles so viel Kraft!

Es sind alles nette Leute in unserer Gruppe und ich glaube, ihnen geht es wie mir. Wir haben einiges gemeinsam. Wir lieben es, selbstbestimmt und selbstorganisiert zu reisen, wir machen gerne neue Erfahrungen, wir treffen gerne Menschen aller Länder, wir genießen die Natur. Jeder auf seine Art, und genau das ist das Problem.

Eine spannende Erfahrung ist es auf jeden Fall, und für jeden von uns steckt viel Lernpotential in dieser gemeinsamen Zeit.

Durch Himmel und Hölle ins Paradies

O.k., es ist geschafft. Wir haben den Himalaya überquert, und als schon alles gegessen scheint, geht es noch einmal richtig zur Sache. Eine Etappe mit 354 km reibt uns auf. 16 Stunden auf Schotter durch tiefe Täler, hohe Pässe, Eis und Schnee, bis wir endlich den Mekong erblicken. Natürlich kommen wir in die Nacht. Ich bin schon einiges an Schotterpässen mit meiner Enduro gefahren, aber diese Piste...

Eng, zerfallen, Schotter- und Felsabgänge, Kurven ins Nichts machen ein Passieren fast unmöglich. Also aussteigen und Steine schleppen, Hilfsrampen bauen. Fünf Mann, Alexandra, und ein paar Einheimische. Dann Kupplung quälen, schieben und wieder rauf auf 4500 Höhenmeter. Dort kommt dann wieder das Eis, pures Eis. Abzweigungen, an denen selbst die Einheimischen nicht wissen, wie es weitergeht; also ablaufen, dann doch nach links, rechts ist nur Eis. Gefrorene Flüsse queren! Eine Eisrinne als einziger Halt. Hoffen, dass die Fuhre nicht zu rutschen beginnt, sonst gibt es kein Halten mehr. Hier hat auch Jens mit seinem Allradtruck Probleme und ihm rutscht das Herz in die Hose. Irgendwann, in fünf bis zehn Jahren wird auch diese Strecke geteert sein, und die Truckfahrer werden sich freuen, dass ihr Job um einiges leichter wird. Es sind Hauptverbindungsrouten, man glaubt es kaum.

Zwischendurch wird auch mal gegessen. Bestellen in den einfachen einheimischen Küchen funktioniert nur, wenn wir gemeinsam die Küche durchschreiten und unter den unzähligen, offen aufgebahrten Zutaten selbst auswählen. Was dabei raus kommt, schmeckt meistens erstaunlich gut!

Alles in Allem, es hat sich gelohnt! Diese Bergwelt, ihre Menschen, dieses komplett andere Leben hat uns begeistert und erstaunt. Eine Erfahrung, die ich nicht missen will, und die mir keiner mehr nehmen kann. Leider ist Kommunikation mit diesen Menschen bestenfalls in Zeichensprache möglich, dabei hätten wir doch so viele Fragen und sie wohl auch. Und die Zeit läuft uns davon. Schade!

Für den Zusammenhalt der Gruppe, trotz aller Schwierigkeiten, bin ich dankbar. Für unseren 30-jährigen Orangetrotter wäre an manchen Stellen echt Schluss gewesen. Besonderer Dank gilt hier Jens und Erika. Dank ihrem bulligen Truck und allerlei Hilfsmitteln konnten wir uns immer wieder aus dem größten Schlamassel befreien. Hätte ich vorher gewusst, was ich unserem Orangetrotter und Helgas Nerven zumuten muss, wäre es wohl nie zu dieser Tibet-Tour gekommen.

Wir tauchen ganz allmählich in die wärmeren Gefilde der Provinz Yunnan ein und freuen uns über jedes wärmere Grad in der Nacht. Wir haben immer noch kein Gas im Bus. Es geht durch Shangri-La, am Yangtse entlang, in die Tigersprungschlucht und schließlich zum UNESCO-Weltkulturerbe Lijiang. Sehr schöne und unzählige Gebäude im traditionellen Baustil, aber total „vertouristet". Nicht unbedingt unser Geschmack. Die Chinesen vollbringen einiges, um Touristen anzulocken. Tempel, die eher an Disney-World erinnern, und ganze Stadtteile im alten Stil, mit Bächlein und allem, was nötig ist. Dazu Souvenir-Shop an Shop, tausende! Alt und Neu sind nicht zu unterscheiden. Oder gibt es nur Neu? Vielleicht auch, weil der Großteil der Strukturen nach einem Erdbeben 1995 verloren ging. In Dali dasselbe: kitschig, überladen, künstlich und kein Stein, der vor mehr als 20 Jahren verbaut wurde. Die Shops? Nach 15 Minuten tun mir die Augen weh. Nichts scheint echt hier. Doch, die berühmten drei Pagoden! Inzwischen haben die Chinesen eine acht Meter hohe Mauer drum herum gezogen, Eintritt 13 Euro pro Person… Die spinnen! Für chinesische Verhältnisse ein astronomischer Preis. Eine Bedienung in einem besseren Restaurant verdient umgerechnet ca. 200 Euro im Monat. Also platzieren wir den Orangetrotter, steigen auf einen Fels und versuchen, ein Foto zu erhaschen.

Es wird chinesisch

Reisterrassen von Yunnan

Dann nach Kunming, in eine Fünf-Millionen-Stadt. Mal sehen, was die zu bieten hat. Von dort aus sehen wir zumindest eine Sonnenfinsternis. Der Stone Forest bei Shilin ist endlich mal keine Enttäuschung, trotz hohen Eintrittsprei-ses. Wenn man sich vorstellt, dass diese bis zu 70 Meter hohen bizarren Fels-strukturen die letzten 200 Millionen Jahre durch Wasser geformt wurden! Was wäre das für ein Tauchspot gewesen…

Auch wirklich spektakulär sind die Reisterrassen auf der nächsten Etappe, die uns weit über 200 Kilometer begleiten. Nicht grün, es steht kein Reis, aber genau das ist das Besondere! Sie sind mit Wasser gefüllt und die Spiegelungen im Spiel mit den Wolken geben ein ganz beeindruckendes, fremdartiges Bild ab. Sehr schön!

Meter um Meter verlieren wir nun an Höhe, bis wir die laotische Grenze errei-chen. Ein paar Kilometer und wir fühlen uns wie in einer anderen Welt, fast schlagartig. Auf Anhieb finden wir einen genialen Platz, wie wir ihn seit Langem ersehnen, am Fluss Nam Tha. Die Menschen kommen abends zum Waschen, sich und ihre Wäsche. Mit reichlich Waschpulver. Nicht so toll für die Umwelt…

Die entspannte Atmosphäre erschlägt uns fast. Hier werden wir runter fahren, vom Gruppen- und Zeitstress. Unseren gewohnten Reise-Rhythmus finden. Endlich wieder unabhängig!

LAOS

Sabai Dee in Laos... eine Zeitreise

Mit mehr als 60 verschiedenen Volksgruppen und bis zu 120 Untergruppen sind in Laos mehr Ethnien zu Hause als in jedem anderen Land Südostasiens. Das lässt die individuellen Traditionen erahnen, die es hier zu entdecken gibt. Teilweise fühlen wir uns hier um Jahrhunderte zurückversetzt. Bambushütten auf Holzstelzen mit Dächern aus mühevoll geflochtenen Rattanmatten. Kochstellen mit offenem Feuer, das Wasser muss in Schwerstarbeit vom Fluss herbeigeschafft werden. Holz wird auf dem Rücken von Mann, Frau und Kind aus dem Urwald geholt. Auf dem Lehmboden der Dörfer scharren Hühner, Hunde liegen in der Hitze des Tages unter den Holzverschlägen, bis sie irgendwann im Kochtopf landen. Ja, Hunde werden hier auch gegessen, so wie übrigens fast alles, was nicht schnell genug ist. Traditionell gekleidete Frauen gehen ihrem Tagesgeschäft nach, flechten, weben, sticken, kochen und hüten nebenbei noch die zahlreichen Kinder. Scharen der Kleinen treiben sich am Fluss herum und toben im Wasser, es ist eine wahre Freude sie zu beobachten. Schreiner und Schmied arbeiten mit Geräten, wie man sie bei

Ursprüngliches Familienleben

Ein seltener Genuss - gefrorenes Wasser mit Sirup

uns nur noch im Museum zu sehen bekommt. Viele der Dörfer haben noch immer keine Elektrizität.

Gemeinsam mit Allen und Dwang, einem in Thailand lebenden Amerikaner und seiner laotischen Frau, genießen wir eine selbstorganisierte Tour durch die interessanten Urwalddörfer. Wir besuchen auch einen speziellen Markt, der nur einmal im Monat stattfindet und Anziehungspunkt für die weitläufige ländliche Bevölkerung ist. Allen fotografiert für sein Leben gern. Mit Jürgen sucht er sich einen gemütlichen Platz und sie lassen das Leben genussvoll an ihren Linsen vorbeirauschen. Das ist der erste sehr untouristische Eindruck, den wir von Laos haben. Hier entstehen mit die schönsten Bilder unserer Reise.

In Luang Prabang angekommen - diese Stadt wurde 1995 von der UNESCO zum Weltkulturerbe erklärt - lernen wir auch noch eine der anderen Seite kennen. Über 30.000 Einwohner leben hier und in der Hochsaison kommen bis zu 17.000 auswärtige Besucher im Monat hinzu. Die Stadt hat mit ihren zahlreichen Wats (Tempeln) und historischen Bauwerken direkt zwischen den mächtigen Flüssen Mekong und Nam Kahn liegend auch wirklich Charme. Sie war der Sitz der Könige Lane Xangs, des ersten laotischen Großreichs, das die Geschichte von Laos begründete, und bietet durch die Vielzahl von Outdoor-Aktivitäten, wie Kajaken, Trekking, Biken und Elefanten reiten, für jeden Geschmack etwas. Wir haben hier mehr Zeit verbracht als geplant. Noch einmal ganz speziellen Dank an Markus vom Elephant Village für seine Gastfreundschaft. Der sympathische Deutsche hat wirklich ein sehr gutes Händchen und hier schon einiges auf die Beine gestellt. In seinem Camp kann man sich zum Mahout (Elefantenführer) ausbilden lassen. Jürgen und Alexandra, die wir hier wieder getroffen haben, genießen den Tag mit den grauen Riesen und haben viel Spaß beim Abschrubben der Tiere im Fluss. Klatschnass kommt Jürgen von diesem Event zurück. Sein Elefant ist einmal komplett abgetaucht und hat ihn gleich mit genommen.

Auch ich habe ein Bad genommen. Wie man das in Laos so macht, in einen Sarong, ein großes Tuch, gewickelt, mache ich mich auf zur Körperpflege. Duschen gibt es hier nur in Hotels, also ist meine Badewanne der Fluss, wie für alle Einheimischen auch. Die Strömung ist relativ stark und tollpatschig, wie ich mich anstelle, rutsche ich auf einem nassen Stein aus und falle vornüber mit dem Gesicht voraus, der Länge nach hin. Halb im Wasser halb am Ufer, hab ich mir gleich mal anständig die Brille verkratzt. Auch das Waschen im Fluss will gelernt sein…

Bei den vielen Menschen aus aller Welt ist klar, dass man viele Bekanntschaften machen kann, und auch wir, „unauffällig" wie wir mit unserem Orangetrotter sind, lernen sehr viele interessante Menschen kennen. So zum Beispiel auch Heimo und Ben. Die beiden arbeiten auf Ko Samui, in Thailand, in einem Spa-Center. Wir haben sie sicher nicht zum letzten Mal getroffen.

Für uns geht es weiter und wir landen in Vang Vieng und erleiden einen hammerharten Kulturschock. Diese kleine Stadt mit idealer Lage am Fluss, umgeben von märchenhaften Karstkegeln und Höhlen, hat eine ganz andere Art Tourismus hervorgebracht. Auf unserer Suche nach einem ruhigen Platz für die Nacht fahren wir zur Organic Farm. Suanmone, der Besitzer hat zahlreiche Projekte zum schonenden Umgang mit der Natur am Laufen und tut viel für die Kinder. Dort angekommen, empfängt uns ein dröhnendes Bass-Durcheinander. Was ist denn da los? Wir laufen zum Fluss runter und sehen den Ursprung des Lärms: meterhohe Holztürme direkt am Wasser, von denen man ins kühle Nass springen kann. Die Musik und das laute Gegröle der sich hier Vergnügenden und Betrinkenden hat in den letzten zwei Jahren die Gäste von der Organic Farm vertrieben. Für die Ruhe suchenden Naturliebhaber ist hier nun kein Platz mehr. Der schwer verzweifelte Besitzer stößt auf taube Ohren und dem illegalen Treiben wird wohl auch in Zukunft kein Einhalt geboten. Da dieses Land noch immer sehr arm ist, ist die Gefahr groß, dass diese auf lange Sicht sicher nicht wünschenswerte Art von Vergnügungsurlaub hier Schule macht. Und wie schwer es ist, dies rückgängig zu machen, zeigt das Beispiel von Mallorca. Auch und gerade weil die Bildung der Kinder dem Besitzer der Farm eine Herzensangelegenheit ist, können wir sehr gut verstehen, dass er so verzweifelt ist. Das Bild, das sich dem laotischen Nachwuchs hier zeigt, ist sicher nicht vorbildlich. Es wird Whisky aus Eimern gesoffen, gekotzt und weiter gesoffen. Überall in der Stadt stinkt es nach Erbrochenem. Die Touri-Mädels radeln mit Bikini durch die Dörfer - und das in einem Land, in dem sich Frauen nur komplett in ein Tuch gehüllt am Fluss waschen dürfen und Mann und Frau sich in der Öffentlichkeit nicht berühren, das ist hier ein ungeschriebenes Gesetz. Es wird den Bewohnern des Landes und ihrer Tradition kein Respekt entgegengebracht. Ganz zu schweigen von den Drogen, die wie selbstverständlich konsumiert werden. Sogar auf der Pizza kann es ungefragt zu dieser Zutat mit Folgen kommen.

Uns hält hier auf jeden Fall nichts, wir fahren weiter und verbringen die Nacht direkt im Dschungel. Abgelegen am Fluss Nam Lik, finden wir das vom Franzosen Richard und seiner Frau geführte Nam Lik Eco Village. Hier können wir kostenlos stehen, bekommen leckeres Essen und haben mal wieder die Geräuschkulisse, die wir so lieben. Hier lebt der Dschungel noch. Das ist unser Platz. Richard ist begeisterter Insektenforscher, zahlreiche Terrarien mit Spinnen, Schlangen, Echsen, Schmetterlingen, Motten usw. sind hier zu bewundern. Sein Freund Thomas, der sich ein Jahr frei genommen hat, um dieses Getier zu fotografieren, ist auch gleich so nett, Jürgen mit auf seine nächtliche Expedition einzuladen. Das lässt sich Jürgen nicht zweimal sagen. Tja, und dann passiert es auch schon: Gleich die erste Echse, die sie zu Gesicht bekommen, knabbert mal kurz an Jürgens Hand und so haben wir unsere erste Bisswunde zu verbuchen. Ist aber ehrlich gesagt nicht schlimmer als ein Mückenstich. Diese Art ist ungiftig. Und wer wird schon gerne in die Hand genommen und untersucht? Da würde ich auch zubeißen!

Ja, wir sind im Land der unzähligen Kriech- und Krabbeltiere angekommen. Ich hatte auch schon das Vergnügen, bei einer Wanderung wäre ich beinahe auf eine ca. zwei Meter lange grau/braune Schlange getreten, es war echt knapp, hab sie gerade noch gesehen. Wir sind uns nicht ganz sicher, aber es könnte eine Kobra gewesen sein. Davon gibt es hier jede Menge. Kurz und gut: Es ist sehr abenteuerlich hier.

Wir haben auch ein Gespräch mit dem Besitzer des Eco Village, einem Laoten, der vor zwanzig Jahren in Lyon studiert hat. Er ist der Begründer des EcoTourismus hier in Laos. Nach dem Studium erfolgreich im Beruf, erkannte er damals schon, dass es mit der Rente in Europa Probleme geben wird. So beschloss er, zurück in sein Geburtsland zu gehen. Hier etablierte er Schritt für Schritt den umweltverträglichen Tourismus und hat heute schon die Gewissheit, dass ihm sein Altersteil sicher ist.

Übrigens müssen wir ziemlich unangenehm riechen, denn wir bekommen immer wieder Duschmöglichkeiten von Travellern angeboten. Vielen Dank an Willem & Mieke, Luang Prabang und Jeffrey & Freia, Vientiane!

Die letzte Stadt in Laos, in der wir uns aufhalten, ist Vientiane, die Hauptstadt der Demokratischen Volksrepublik. Sie erstreckt sich inmitten einer üppigen Landschaft über mehrere Kilometer am Ufer des Mekong, der die Landesgrenze zu Thailand ist. Hier, etwas außerhalb der Stadt, macht Jürgen einen Ölwechsel, der Keilriemen und die Kühlwasserpumpe müssen auch gewechselt werden. Nach getaner Arbeit liegen wir bereits gemütlich in unserem Bett bei offener Schiebetür und Heckklappe, um die kühle Abendluft noch ein wenig zu genießen. Zu dieser Zeit sind wir allein auf dem Parkplatz. Auf einmal sind wir umzingelt von einer Gruppe Polizisten auf Motorrädern. „You can´t park here over night." Bitte nicht, denken wir beide, wir sind müde, wollen unsere Ruhe und ganz bestimmt nicht jetzt noch nach einem anderen Platz für die Nacht suchen. Wir versuchen zu argumentieren, dass wir morgen ganz früh weg sind, dass wir keinen Lärm und keinen Müll machen. Doch es hilft alles nichts. Wir müssen weg. So fahren wir in die Stadtmitte und parken an der Hauptverkehrsstraße, daran stört sich niemand.

Bis auf dieses kleine Zwischenspiel ist Laos wirklich sehr entspannt. Wir haben diese relaxte Atmosphäre sehr genossen und wieder zu uns selbst gefunden, sind froh, uns wieder treiben lassen und unser Ding machen zu können.

Von einem der schönsten Erlebnisse in Laos möchte ich aber unbedingt noch berichten, bevor es weiter geht nach Thailand.

Es war eine Kajakfahrt mit Homestay, will heißen, man übernachtet bei Einheimischen in deren Privathaus. Der Fluss hat zu dieser Jahreszeit wenig Wasser, gemütlich lassen wir uns den Strom entlang treiben. Gegen Mittag besuchen wir ein ursprüngliches Dorf, vom Ufer aus wandern wir einen schmalen steilen Hang hoch und stehen schon mitten auf dem Dorfplatz. Ausschließlich

Holzhäuser, teilweise auf Stelzen gebaut, die Wände aus geflochtenen Bambusmatten. Frauen, die ihren Handarbeiten nachgehen, Kinder, die im Sand sitzen und spielen, Männer, die sägen und hämmern. Ein richtiges Idyll. Wir beobachten einige Minuten die Entstehung eines gewebten Stoffes. Danach werden wir von ein paar Kindern in ein Haus geführt, das heute eingeweiht wird. Ca. 50 Männer, Frauen und Kinder haben sich dort versammelt. Die Männer sitzen sich in zwei Reihen gegenüber, zwischen ihnen stehen große Tontöpfe, jeder mit mehreren langen Trinkhalmen. Jürgen nehmen sie gleich in ihre Mitte auf und animieren ihn zum Mittrinken. Das lässt er sich nicht zweimal sagen, nimmt einen kräftigen Schluck und macht ein recht zufriedenes Gesicht. Der Hochprozentige scheint ihm gut zu schmecken. Ich als Frau werde von den weiblichen Feiernden in ihren traditionellen Tanz eingeschlossen. Alle stehen im Kreis, jede hat ein langes, breites Bambusrohr in der Hand, das sie rhythmisch und lautstark auf den Holzboden stößt. Im Uhrzeigersinn bewegend und einen kleinen Becher durchreichend, komme auch ich in den Genuss des allgegenwärtigen Reisschnapses. Unter lautem Gelächter verzieh ich nach dem ersten Schluck das Gesicht. Der hat es wirklich in sich. Leicht beschwipst geht es für uns mit den Kajaks weiter. Viel länger hätten wir diesem Gesöff auch nicht mehr standgehalten.

Abends legen wir wieder am Ufer an und ziehen in unsere Unterkunft für die Nacht. Das Dorf ist viel kleiner als das von heute Mittag. Nur ein paar einfache Holzhäuser, ein etwas größeres wieder auf Stelzen, eine steile Treppe führt hinauf. Wir stehen in einem großen Raum, unsere Nachtlager sind bereits gerichtet. Dünne Bastmatten säumen den Bretterboden, darauf sind leichte Matratzen ausgelegt, Decken und Kissen liebevoll darauf ausgebreitet. Ein Moskitonetz ist über jeder einzelnen Schlafstätte befestigt. Es ist sehr einfach, sieht aber den Umständen entsprechend ganz kuschelig aus. Ob ich diese Nacht viel schlafen werde, weiß ich noch nicht. Breite Ritzen befinden sich am Boden und in den Wänden, ich entdecke einige Spinnweben in den Ecken und an der Decke. Das lässt sich in solchen Häusern wohl kaum vermeiden. Mal sehen wie das wird… Doch zuerst setzten wir uns mit den Bewohnern der kleinen Gemeinde draußen auf dem Lehmboden zusammen. Wir spielen mit den Kindern, versuchen uns irgendwie mit den Erwachsenen zu unterhalten. Englisch spricht hier niemand. Es herrscht eine gute Stimmung, alle Anwesenden fühlen sich wohl. Später gibt es Abendessen, unsere Gastfamilie führt uns in einen kleinen Raum in einem extra Haus: die Küche. Gegessen wird auf dem Boden, schön dekoriert mit kleinen Schälchen und Bechern. Es gibt eine köstliche Suppe, Gemüse, Fleisch und natürlich Reisschnaps. Gut gesättigt legen wir uns schlafen. Ich geh noch mal für kleine Mädchen, ein kleiner Bretterverschlag am Ende des Dorfes, ein Loch im Lehmboden, kein Licht. Hoffentlich muss ich heute Nacht nicht raus. Alle schlafen schnell ein, nur ich natürlich nicht. Ich glaube, ich habe die ganze Nacht keine ganze Stunde Schlaf zusammengebracht. Meine Phantasie spielt mir wieder mal einen ordentlichen Streich. Es ist stockfinster in dem Raum, ständig höre ich etwas scharren, kratzen und rascheln. Die Tür zum Zimmer ist offen, einmal schrecke ich hoch, ich bin mir sicher, ein Hund oder irgendetwas Größeres springt durch den Raum. Ständig bilde ich mir ein, dass etwas über mein Gesicht läuft. So sehr ich es liebe, die Ursprünglichkeit zu erleben, so naturverbunden ich immer zu sein glaube, solche Situationen machen mir immer wieder zu schaffen. Ich wünschte, ich wäre nicht so ein Angsthase. Wie viel entspannter könnte ich durchs Leben gehen. Doch ich sehe auch das positiv, denn so intensiv wie ich hat diese Nacht sonst niemand erlebt, die ganzen Geräusche des Dschungels um uns herum, die nachts so viel intensiver sind, die habe nur ich erlebt. Ja, sich alles schön reden, darin bin ich Meister, meine ganz persönliche Überlebensstrategie! Auf der Weiterfahrt am nächsten Tag zaubern unsere beiden Guides noch ein richtig leckeres Mittagessen. Selbst gefangenen Fisch auf Bambusspießen gegrillt, Gemüsesalat und Reis, alles auf einem Bananenblatt am Ufer des Flusses angerichtet. Wie schön das Leben ist und wie glücklich einen die einfachsten Dinge machen können! Da sieht man dann sogar über die allgegenwärtigen Ameisen, die immer wieder über die Beine und das Essen laufen, hinweg.

THAILAND

Ein Land, um unbeschwert zu leben?

Siam empfängt uns mit offenen Armen. Zu unserem Erstaunen und wegen des rückläufigen Tourismus, gibt es das 60-Tage-Visum gleich mal kostenlos.

Zuerst steuern wir Loei im komplett vom Farang(Ausländer)-Tourismus verschonten Nordosten Thailands an. Die erste Nacht, direkt im Mekong Kiesbett, ist nur möglich, weil der Fluss in der noch vorherrschenden Trockenzeit bis zu 15 Meter weniger Pegel hat. Helga traut der Sache natürlich nicht, und ich muss noch einmal umparken. Fünf Meter höher. Die Erinnerung an unser Tsunami-Erlebnis 2004 ist noch zu präsent!

Wir treffen endlich Toi und Aloi, einen vor fünf Jahren ausgewanderten Allgäuer und seine thailändische Frau. Toi arbeitete schon länger in Deutschland. Sie haben sich kurioserweise in Garmisch getroffen und nach einem gemeinsamen Urlaub in Tois Heimatland, gab es nichts mehr, was Aloi zurück in das stressige Germany lockte. Ein Stück Land für wenig Geld, ein schmuckes Häuschen drauf, zwei - drei Mopeds im Stall und die bergige Natur im Isan reichen dem passionierten Motorradfahrer vollkommen aus. Toi hat einen grünen Daumen und verwandelt den zu dieser Zeit knochentrockenen Boden in einen Prachtgarten. Heute gibt es Erdbeerkuchen, natürlich aus eigenem Anbau. Aloi erzählt uns viel über die Leichtigkeit des Lebens in Nordthailand. Über das gemäßigte Klima hier in den Bergen. Und wenn es erst wieder regnet, wird's prächtig grün und bunt! Einzig die ständigen Brandrodungen stören am Ende der Trockenzeit. Manchmal hängt die Luft voller Rauch, so dass die Sonne es kaum schafft durchzubrechen.

Kurzerhand empfiehlt er uns, ein Stück Land zu kaufen, Kautschuk oder Macadamia anbauen zu lassen oder auch gar nichts damit zu machen. Er meint, wer so lange auf Reisen ist wie wir, kann sowieso nicht mehr in Deutschland leben, und so hätten wir schon günstiges Bauland. Und ich muss zugeben, viele dieser Überlegungen hatte ich so oder so ähnlich auch schon mal. Besonders was das Leben im Pensionsalter in Deutschland betrifft. Alles, was ich bisher in der kurzen Zeit von der thailändischen Lebensart mitbekommen habe, gefällt mir sehr gut. Man könnte es mit „sehr tolerant, freundschaftlich, unkompliziert und preiswert" grob umreißen. Thai-Style eben! Und den scheint es wirklich zu geben. Aber so weit ist es noch nicht. Außerdem fehlt mir dazu noch das not-

wendige finanzielle Polster. Jetzt gibt es erst mal noch viel zu sehen und zu erleben. Einiges davon eben hier, im unbekannten Nordosten. Aloi überrascht uns täglich mit neuem Programm. Dinner auf der schwimmenden Hütte beispielsweise. Wir werden mit dem Boot hinausgeschoben, genießen frischen Fisch, dösen rum. Irgendwann Flagge hissen, und wir werden wieder abgeholt. Dann geht es zu einer befreundeten thailändischen Familie, Geburtstag nachfeiern. Es wird spät und nicht nur das… Also schlafen wir gleich im Garten der Familie von Song. Hier werden wir die nächsten Tage festgehalten und aufs Beste verwöhnt. „Alois' Freunde sind auch unsere Freunde."

Ach ja, und dann gehen wir öfters zum kostenfreien, örtlichen Yoga-Training. Tut echt gut. Mal sehen, ob wir das beibehalten. Rung, die Trainerin, gibt uns ihr Yoga-Handbuch, einen 200-Seiten-Wälzer, zum Kopieren mit, während der Sohn von Song mit seinen Kontakten versucht, einen Fernsehtermin für uns zu arrangieren, damit wir unsere Reisekasse auffüllen können. In ein paar Tagen sollen wir Bescheid bekommen. Heute können wir sagen, es wurde nichts daraus, aber der Wille zählt.

Wir starten mit Aloi eine Rundtour durch den Nordosten. Die schönsten Viewpoints, die leckersten Einheimischen-Restaurants, die schönsten Nationalparks und Wildlife Reserves stehen auf dem Programm. Und von all dem gibt's hier

Mit dem Boot wird die Hütte auf den See hinausgezogen

reichlich. Und wie gesagt, die ganze Zeit treffen wir keinen einzigen Farang. Im Thung Kamang Wildlife Reserve fahren wir 25 km tief in den Dschungel und überreden den Chef-Ranger, dass wir die Nacht dort verbringen dürfen. Sonst nur mit Permit und Voranmeldung möglich. Ein vielversprechender Platz zur Tierbeobachtung am See ist schnell gefunden. Ich döse erst mal ´ne Runde, aber es dauert nicht lange, bis Helga laut schreit: „Riesen-Kaimane!" Mich reißt´s bei so was blitzschnell aus dem tiefsten Schlaf. Wo, wo, wo? Ich bin total baff, als ich sehe, wie ein zweieinhalb Meter langer Bindenwaran zehn Meter neben unserem Bus aus dem Wasser steigt. Und es bleibt nicht bei dem einen. Bei meinem kurzen Rundgang treffe ich auf ein ebenfalls ausgewachsenes Exemplar dieser Gattung. Er verharrt genauso angewurzelt wie ich, als wir uns bemerken. Ich versuche, ihm etwas näher zu kommen... noch ein Stück... ein bisschen geht noch. Uns trennen jetzt nur noch knapp zwei Meter. Er reagiert schlagartig und pfeilschnell. Ich auch! Wir beide rennen wie von der Tarantel gestochen, glücklicherweise in entgegengesetzte Richtungen.

Nach Einbruch der Dunkelheit wird Helga sehr ungemütlich. In der Nähe gibt es ein gewaltiges Buschfeuer. Baumhohe Flammen schlagen 500 Meter von unserem Bus entfernt aus dem Wald. Das Feuer ist sehr schnell wieder unter Kontrolle, und wie sich später herausstellt, ist es, aus welchen Gründen auch immer, von den Park-Rangern selbst gelegt worden. Helga fühlt sich dennoch nicht wohl. Ihre Freude ist groß, als uns der Chef-Ranger mit dem Roller aufsucht und uns bittet, wieder ins Hauptquartier zu fahren, um dort die Nacht sicher zu verbringen. Schade!

Nachts hören wir Tiger brüllen. Überall Chang-Scheiße von den wilden Elefanten. Zu Helgas Glück treffen wir keinen an. Rehe und Hirsche gibt es ohne Ende, im Hauptquartier sind sie teilweise zahm, Schmetterlinge in allen Formen und Farben, ebenso Vögel. So etwas lieben wir!

Jetzt wollen wir noch ein Fest geben, zum vorläufigen Abschied. Könnte gut sein, dass wir nach Myanmar noch mal hier aufkreuzen, um gemeinsam mit Aloi und dem Loei Enduro-Team die Gegend zu er-fahren. Ein Traum-Enduro-Land, aber zur Zeit viel zu trocken und staubig. Apropos Myanmar: Unser Rucksackausflug dorthin ist erst mal auf das Ende der Regenzeit verschoben. Jetzt wäre es reine Quälerei, viel zu heiß und die Natur nur halb so schön. Also fahren wir zunächst weiter in den Norden. Dort werden wir Claudia und Joachim treffen. Die weit gereisten Overlander (7 Jahre) sind mit ihrem Jeep

*irgendwie in der Nähe von Chiang Mai hängen geblieben, mit Häuschen und
so... Mehr wissen wir noch nicht. Aber wir werden es hoffentlich erfahren!
Und dann geht's endlich ans Meer - mit hoffentlich frischer Seebrise. Dort wollen
wir die folgenden, extrem heißen Monate überstehen, bis es uns wieder weiter
treibt. Wohin auch immer. Planen zwecklos!*

Dicke Luft und das Geschäft mit der Armut

*Wir treffen Claudia und Joachim. Die erfahrenen Overlander sind seit sieben
Jahren mit Landrover und zwei dicken BMWs im Anhänger unterwegs. Bereits
in Australien und Neuseeland zugange, legen sie jetzt eine längere Pause in
Thailand ein, haben sich ein nettes Häuschen mit Garten gemietet. Claudia
findet schnell einen für Thailand gut bezahlten Job und Joachim plant akribisch
die Weiterreise mit Open End Ticket. Spätestens in 3 Jahren soll es weitergehen.
Wir saugen die Zwei natürlich aus und Joachim hat wertvolles Kartenmaterial
für unsere Weiterreise. Danke noch mal!*

*Die Gegend um Chiang Mai bietet viel, sowohl kulturell als auch bezüglich ihrer
überwältigenden Natur. Ja, wenn man sie denn sehen könnte, also wenn man
zur richtigen Zeit hier wäre (eher Oktober bis Februar). Dort wo sich sonst
unter glasklarem, blauem Himmel tiefgrüner Dschungel endlos über die Berge
und Nationalparks erstreckt, herrscht jetzt nur Hitze, Trockenheit und Nebel.
Die immer währenden Buschbrände machen uns schwer zu schaffen. Über
weite Strecken fahren wir durch abgebrannte Steppen. Dicke Rauchschwaden
hängen über uns und scheinen uns zu erdrücken. Kein klarer Himmel, nur
Qualm und diese Schwüle. Wir ringen um Sauerstoff. Ja, ich weiß, Aloi, Du
hast uns gewarnt.*

*Fasziniert sind wir von der riesigen Tham Lot Cave, einer wunderschönen, sehr
großen Tropfsteinhöhle. Drei große Säle, teilweise nur über abenteuerliche Treppen zu erreichen. Kein Licht, nur die Öllampe, die die Höhlenführerin bei sich
hat, mit dem Boot über einen See, der vor hungrigen Fischen, die an der Wasseroberfläche nach Futter schnappen, zu brodeln scheint.*

*Über Pai, Mae Hong Son, Mae Sariang folgen wir dem Fluss Maenam Moei
immer entlang der Grenze zu Myanmar. Die Straße führt vorbei an kleinen,
sehr einfachen Dörfern, die uns eher an Laos erinnern. Die ganze Gegend ist
geprägt von den Flüchtlingen des Nachbarlandes. Wir kommen an einer nicht*

Vor dem burmesischen Flüchtlingslager verkaufen Kinder Blüten

enden wollenden, mit Stacheldraht eingezäunten Siedlung vorbei. Einfachste Holzhäuser, die Dächer mit Laub gedeckt. Das bunte Treiben der freundlichen Leute unterschiedlichster Religionen - wie man unschwer an den Kleidungsstilen erkennen kann - fasziniert uns. „Was ist das hier?" Auf der Karte ist nichts verzeichnet außer Dschungel.

Wir versuchen mehr zu erfahren, doch niemand spricht Englisch. Einfach rein marschieren halten wir für nicht angebracht. Resigniert fahren wir weiter. Da… ein Tuk Tuk mit einem Europäer drauf. Beim nächsten Stopp fragen wir ihn, ob er etwas weiß, uns davon erzählen will. Er steigt bei uns zu, nicht unglücklich über den komfortablen Sitzplatz für die nächsten 50 km bis Mae Sot. Bruce ist Englisch-Lehrer und unterrichtet in dieser Stadt im Nirgendwo. Wie bereits vermutet, handelt es sich um ein Flüchtlingslager. Hauptsächlich ethnische Gruppen der Karen suchen hier Zuflucht vor der schwierigen Situation in Burma. Circa 50.000 Menschen raufen sich hier zusammen. Mehr oder weniger geduldet und illegal. Das werden sie wohl auch immer bleiben. Einige die wollen, erhalten Thai- und Englischunterricht. Manche schaffen auch eine Art Schulabschluss. Jeden Tag verlassen Hunderte das Camp, um illegal zu arbeiten, bis sie abends wieder zurückkehren. Inzwischen sind sie ein Wirtschaftsfaktor in der Gegend weit um Mae Sot. Sie verrichten all die Arbeiten, die der Thai nicht

gerne macht. Natürlich unterbezahlt, aber inzwischen nicht mehr wegzuden-
ken. Wir erkundigen uns, wie wir helfen können. Bruce meint: Direkte Hilfe vor
Ort geht nicht. Alles läuft über die drei großen ausländischen Hilfsorganisatio-
nen, die dieses Camp verwalten. Dort müssten wir auch die Erlaubnis einholen,
das Lager zu betreten. Dann erzählt er uns viel über Korruption im Dschungel
des Spendenwesens ganz allgemein und dass viele Spendengelder oft nicht dort
und in der Höhe ankommen, wie sie sollen. Natürlich auch ganz allgemein.
Allerdings scheint hier für das Nötigste und etwas Schulbildung gesorgt zu sein.
Ich denke, wir werden uns eher ein sinnvolles, überschaubares Projekt für das
uns anvertraute Geld suchen. Unsere Neugier auf Burma ist aber durch diese
Begegnung noch größer geworden.

Mae Sot selbst ist ebenso ein buntes Völkergemisch aus Thai, Burmesen,
Karen, Shan, Chinesen und Indern. Es herrscht eine angenehm entspannte
Atmosphäre. Auch der „locker" gehandhabte Grenzverkehr am Fluss lässt
uns staunen. Die Einreise über die Freundschaftsbrücke ist recht teuer, und
so nehmen viele die kostenlose und natürlich illegale Variante mit einem auf-
geblasenen LKW-Schlauch über den verdreckten Fluss. Dabei wird natürlich
auch kräftiger Warenhandel betrieben. Alles unter den Augen der gelangweilt
wirkenden Grenzbeamten auf beiden Seiten.
Unser Weg führt in die alte Hauptstadt Siams, Ayutthaya. Für Kulturbegeis-
terte ein Traum. Wir entschließen uns aufgrund der Hitze für eine Bootsfahrt mit Fahrtwind einmal rund um die historische Insel. Dann noch eine
Sightseeingtour mit dem Orangetrotter quer durch die Stadt. Es gäbe noch
viel zu entdecken und zu besichtigen, doch wir merken, wie sehr wir eine
„Reiseauszeit" brauchen, und so geht es direkt weiter Richtung Meer.

Acht Monate Weltreise und (k)ein bisschen müde

Wir sind auf Koh Chang, einer Insel im Golf von Thailand, 30 km lang und 8
km breit mit nur einer Hauptstraße. Der ideale Platz, um runter und eine Zeit
lang anzukommen. Die Hitze ist auch hier heftig. So heiße Nächte hatten wir
noch nie in unserem Bus. 30 Grad und mehr rauben uns den Schlaf. Die Idee,
einen Bungalow oder ein Zimmer mit Klimaanlage zu mieten, verwerfen wir
nach ein paar Versuchen schnell wieder. Ein Luxus, den wir uns nicht leisten

wollen. Jetzt gilt es, einen schönen Stellplatz am Strand zu finden. Wir versuchen unser Glück bei den KP Huts. Eine nette Anlage mit auf Stelzen gebauten, einfachen Holzhütten, ganz im Robinson-Stil. Auf unsere Frage, ob wir hier für längere Zeit stehen können, wird gleich abgewunken. „The boss is in Bangkok." Jürgen und ich diskutieren ein bisschen und versuchen, unseren Charme spielen zu lassen: „This is so a nice place, we love it, we would like to stay here, what can we do?"

Die Angestellte ruft den Boss an. „Sorry, that´s not possible." Wir sind enttäuscht. Niedergeschlagen setzen wir uns und überlegen, was wir tun sollen. Es ist wirklich ideal hier, direkt am Meer und im Schatten der Palmen. Irgendwie scheint die nette junge Dame uns zu mögen. „I´ll call again, o.k.?" Als sie ihren Chef am Telefon hat, drückt sie Jürgen das Handy ans Ohr. „O.k., you can stay, you can use the water, depends on you, what you want to give. Anyway, I give it to the tempel as donation." Sie einigen sich schnell auf 200 Baht pro Tag. Ein paar Tage später lernen wir den Chef persönlich kennen, wieder ein paar Tage später teilt er uns mit, dass wir nichts bezahlen müssen und bleiben können, so lange wir wollen, auch ein Jahr. Thank you very much, Mr. B.!

Wir brauchen diese Pause. Unsere Köpfe und Herzen sind voll. Sind nicht mehr aufnahmefähig. Zu viel zieht einfach unbemerkt an uns vorbei. Wen wundert´s? Nach acht Monaten, knapp 25.000 Kilometern, 15 Ländern, zigtausend Höhenmetern und Temperaturschwankungen von -16 bis +42 Grad. Und vielen bereichernden Begegnungen. Wie war das im Iran mit Farideh und ihrer Familie? Wie hoch war noch mal der höchste Pass in Tibet? Und der Getriebeschaden in der Türkei, wie lange ist das jetzt schon her? Und Pakistan... Ach, und wie wunderschön war Nepal. Unglaublich, wie schnell die Zeit verfliegt! Es gibt so viel zu entdecken, man will nichts verpassen, meint alles sehen und aufnehmen zu müssen. Ein Highlight folgt dem anderen. Irgendwann wird einem bewusst, dass das Erlebte nicht mehr verarbeitet werden kann. Dann gilt es, Prioritäten zu setzen. Schau ich mir dieses Wat oder jenen Palast auch noch an? Oder gehe ich lieber zum Wasserfall, lasse die Seele baumeln und beobachte die Schmetterlinge? Oder mache ich einfach gar nichts?

Ich muss lernen, dass ich nicht alles auf dem Weg sehen kann, mich an jeder Kreuzung für eine Richtung entscheiden muss, was mir auf dieser Strecke dann begegnet versuchen, mit allen Sinnen wahrzunehmen und zu genießen.

Auch oder gerade auf Reisen, ist das Leben im Hier und Jetzt eine große Herausforderung. Als ob es davon nicht schon genug gäbe. Eine Weltreise, dachte ich, ist eine gute Möglichkeit, sich selbst besser kennen zu lernen. Alles, was einem auf einer solchen Fahrt begegnet, bedeutet aber auch Ablenkung. Es gilt, die Einflüsse von außen und die zart aufkeimenden inneren Aspekte gleichermaßen zu beachten. Ein Balanceakt, der mir nicht ganz leicht fällt. Und ich muss aufpassen, dass ich mich auf der Suche nach mir selbst nicht noch mehr - oder wieder - verliere.

Warum erzähle ich das alles?

Es gibt so viele Beweggründe, solch eine Reise zu machen, wie es Menschen gibt, die dies tun. Und ich bin mir sicher, keiner von ihnen wird die Entscheidung jemals bereuen! Denn es ist unbeschreiblich. Es sind die Menschen, die einem begegnen, die Landschaften und Tiere, die man zum ersten Mal mit eigenen Augen sieht. Die Gerüche, Klänge und natürlich die kulinarischen Genüsse. Die technischen und organisatorischen Dinge. Die vielen skurrilen Situationen. Aber eben auch noch mehr, viel mehr...

Manchmal ertappe ich mich dabei, dass ich ein schlechtes Gewissen habe, weil es uns, die wir das Glück haben, in Deutschland geboren und aufge-

Endlich relaxen...

wachsen zu sein, so gut geht. Wir haben eine Heimat von der wir nicht flüchten müssen, weil wir verfolgt werden, oder es keine Zukunftschancen gibt. Wir kommen aus einem Land in das wir jederzeit wieder problemlos einreisen können. Was für ein unbeschwertes Leben wir führen. Und im Gegensatz dazu zu sehen, mit welchen Entbehrungen und Härten die Menschen in vielen Teilen unserer Erde zurecht kommen müssen. So selbstverständliche Dinge wie sauberes, fließendes Wasser, ordentliche gesundheitliche Versorgung, im Grundgesetz verankertes Recht auf Bildung, um nur einiges zu nennen. Und dann wiederum stelle ich fest, dass ich diese Menschen beneide und bewundere. Denn sie machen oft einen so viel zufriedeneren und ausgeglicheneren Eindruck, als viele Mensch in unserer Heimat. Die schwierigen politischen Situationen in denen die verschiedensten Länder oft feststecken, ebenso die Schwierigkeiten die religiöse und kulturelle Prägungen mit sich bringen. Wäre es nicht wichtig, dass ich viel mehr über diese Probleme und Zusammenhänge schreibe? Doch wie soll ich über etwas berichten, was sich einem Durchreisenden mit einem kurzen Seitenblick gar nicht erschließen kann. Jeder Versuch in diese Richtung, würde an der komplexen Realität vorbei gehen. Und doch passiert es mir immer wieder, dass ich urteile oder sogar verurteile, ohne dass ich diese Realität durchschauen könnte. Das möchte ich mir nicht anmaßen. Was ich jedoch glaube, beurteilen zu können, ist, egal wo wir hin kommen, und egal wie fremd und exotisch die Menschen anfangs auf uns wirken, so schnell zeigt sich, wie vertraut und ähnlich sie und wir denken, fühlen und hoffen.
.

Die Tage auf Koh Chang streichen gemächlich vorüber. Vor lauter Hitze gibt es viele Stunden, in denen wir nur faul vor unserem Bus sitzen. Wir lesen, essen, freunden uns mit den „Nachbarn" an. Nur der Russe, der sich bei den Schweizer Urlaubern erkundigt: „Ch-how many Ch-kilometers they drive from Germany to here?", der will sich einfach nicht mit uns persönlich unterhalten. Ab und an mal eine kleine Spritztour mit dem Mofa oder ein bisschen planschen im badewannenwarmem Wasser. Es ist nicht einfach, auch nur den Ansatz einer Abkühlung zu bekommen. Nachts helfen nur noch nasse Socken oder T-Shirts, um irgendwie in den Schlaf zu finden.
Die anhaltende Hitze macht uns wirklich zu schaffen, es ist einfach alles zu anstrengend. Da kommt uns das alljährliche Songkran-Festival gerade recht. Das ist das traditionelle Neujahrsfest in Thailand. Es findet im April statt und

kündigt auch den Übergang der Trocken- zur Regenzeit an. Die rituellen Waschungen, die ursprünglich an diesen Festtagen stattfinden, haben sich im Laufe der Geschichte dahingehend entwickelt, dass sich zu Songkran alle Leute gegenseitig mit Wasser bespritzen oder sich ganze Eimer mit Wasser über die Köpfe leeren. Manchmal auch Eiswasser, was dann schon fast wieder zu erfrischend ist, ein richtiger Schock, so eine Ladung eiskaltes Wasser über den Kopf zu bekommen. Dieser Brauch, der bereits vor dem eigentlichen Fest beginnt und auch über dieses hinausgeht, wird vor allem in größeren Städten exzessiv betrieben, auch als unbeteiligter Tourist kann man leicht nass werden. Auf den Straßen entstehen spontan regelrechte Umzüge von offenen Wagen, auf denen die Feiernden gefüllte Wassertonnen (häufig auch mit Eisblöcken) transportieren, um Wasserpistolen, Eimer und Flaschen immer wieder nachzufüllen. Außerdem wird man mit Puder bestäubt bzw. im Gesicht damit bemalt. Bei uns auf der Insel ist dieses Fest ein wirklicher Spaß, auch wir wollen es uns nicht entgehen lassen und fahren mit dem gemieteten Moped die Straßen rauf und runter, bis wir klatschnass sind. So weit wir mitbekommen, ist hier alles friedlich abgelaufen. In den Großstädten kommt es durch viel Alkohol, der ebenfalls in Strömen fließt, oft zu Unfällen, vor allem im Straßenverkehr.

Songkran - endlich Abkühlung!

Das ist ein trauriger Aspekt, vor allem in Jahren wie diesem, in denen das Land sowieso schon unter den länger als sonst anhaltenden Demonstrationen der Redshirts in Bangkok leidet. Es gibt halt immer mindestens zwei Seiten.

Nicht, dass ihr jetzt denkt, wir sind nur faul. Etwas Sinnvolles tun wir auch.

Dr. Dolittle auf Koh Chang?

Durch einen Tipp von Mr. B., der uns die letzten drei Wochen so großzügig beherbergt hat, erfahren wir von Lisa. Die gebürtige Amerikanerin kam im Jahr 2000 nach Koh Chang. Für die ersten Jahre als Tauch-Lehrerin. Die Tierliebhaberin mit langjähriger Erfahrung in der Veterinärmedizin, sah sich allerdings bald berufen, den unzähligen, halb wilden Haustieren in teilweise erschreckendem Zustand zu helfen. Wir besuchen sie und werden umgehend eingespannt. Ist gar nicht so geplant, eigentlich wollen wir uns das nur ansehen und - wenn es passt - eine Spende machen. Aber ihr Mädchen hat sich abgemeldet, weil es Probleme mit seinem Freund hat. Und ehe wir uns versehen, entferne ich Zecken, behandle den Haushund mit Anti-Laus-Puder, entsorge die tierischen Überreste vom Vortag. Helga putzt und desinfiziert den Operationsraum. Die Wäsche muss gewaschen werden und der Falke braucht eine Dusche und ein Stück Fleisch. Irgendwann finden wir Zeit zum Quatschen. Lisa hat in den ersten Jahren alles aus ihrer eigenen Tasche finanziert (um die 150.000 $). Doch der Zulauf war enorm und nicht mehr zu finanzieren, zumal viele, die ihre Tiere vorbei bringen, nicht bezahlen können. Lisa hilft trotzdem. Oft können gerade mal die Kosten für die Medikamente beglichen werden und vielleicht noch eine Draufgabe in Form von Reis oder Früchten. Und dann ist da noch der verkommene Straßenköter und das herrenlose Kätzchen, dessen Rücken gebrochen ist, und das Äffchen, das seine Mutter verloren hat, und die unzähligen Sterilisationen, damit das Leid nicht noch größer wird. Mit der Unterstützung einiger lokaler Geldgeber und Spenden von Urlaubern und Bekannten aus aller Welt entwickelte sich die Idee zu einer Foundation, die aber leider durch den extrem langsamen Bürokratismus und Papierkram seit über drei Jahren auf sich warten lässt. Da Lisa also die staatliche Unterstützung fehlt, ist sie umso mehr auf die privaten Spenden angewiesen. Allein der Medikamenten-Vorrat, der vorgehal-

ten werden muss, macht einige tausend Dollar aus, und wenn dann noch der Strom für mehrere Stunden ausfällt wird's kritisch, weil sie keinen Generator hat. Immer wieder melden sich zu ihrem Glück Veterinäre, Schwestern und Volontäre, die auch in den schönsten Wochen des Jahres etwas Sinnvolles tun wollen und Lisa für einige Tage helfen. Und da klingelt ihr Handy. Sie ist überglücklich, eben hat eine Volontärin aus England für eine ganze Woche ihre Hilfe angeboten. Viele etablierte Foundations lassen sich inzwischen Volontärstellen teuer bezahlen. Lisa schüttelt den Kopf, und ist einfach nur dankbar für jede Unterstützung. Wir sind dankbar für diesen interessanten Tag und spenden rund 100 $ des uns anvertrauten Geldes für diese tolle Arbeit. Wer mehr über Lisas Arbeit erfahren will: www.kohchanganimalproject.org.

So schnell können wir gar nicht schauen, wie die ersten zwei Monate in Thailand vergehen. Sehr haben wir die Zeit in diesem unkomplizierten Reiseland genossen. Das Essen ist lecker, die frisch gepressten Fruchtshakes einfach traumhaft und günstig, die Menschen zuvorkommend und gastfreundlich. Und wir haben seit langer Zeit mal wieder eine richtig italienische Brotzeit. Auf der Fahrt nach Koh Chang müssen wir an Pattaya vorbei, dem wohl bekanntesten Ort in Siam. Berüchtigt für den Sextourismus und ein leichtes Leben, strömen hierher jedes Jahr unzählige Touristen. Für uns ist dieser Platz absolut ungeeignet und für Thailand sehr untypisch, ganz im Gegenteil zur landläufigen Meinung. Im Norden sieht man keine Europäer, kein Schild ist auf Englisch, und auch sonst hat diese Region nichts mit dem zu tun, was der „Normalo" sich unter Thailand vorstellt. Wir sind noch einmal sehr froh und dankbar, dieses eher unbekannte Siam so intensiv erlebt zu haben.

Vorbei an den voll belegten Stränden passieren wir, bevor wir diesen so gar nicht in unsere Reisevorstellung passenden Ort hinter uns lassen, einen großen Supermarkt. Das ist einer der positiven Aspekte, wenn sich an einem Ort viele Europäer niederlassen. Es gibt alles, was das westliche Herz begehrt. Und zugegeben, auch wir vermissen inzwischen Leberkässemmeln, Weißwurst, gutes Brot und Co. Wir decken uns ordentlich mit vielen Leckereien ein, fahren nur ca. 20 bis 40 Kilometer weiter und kommen an einen wunderschönen Strand, an dem sich ausnahmslos einheimische Urlauber aufhalten. Hier fühlen wir uns wohl, richten Schinken, Salami, Weißbrot, Brie und Weintrauben an und schlemmen wie Gott in Frankreich.

Thailands Ostküste

Um uns noch weitere zwei Monate in Thailand aufhalten zu können, müssen wir zuerst das Land verlassen und noch einmal einreisen. Dies nutzen wir für einen Besuch des benachbarten Kambodscha. Von der Insel Koh Chang ist das nur ein Katzensprung.

Wir fahren nach Hat Lek, der Grenzstadt in Thailand, lassen unseren Bus stehen und kümmern uns um die Einreiseformalitäten. Wir brauchen auch noch ein Visum. Das sei aber kein Problem, wurde uns immer wieder bestätigt, nur mit den korrupten Beamten könnte es Probleme geben. Wir sind also gewarnt, als die zuerst freundliche Grenzbeamtin 1.200 Baht (ca. 28 €) pro Person für das Visum abkassieren will. Wir wissen aber, dass es nur 20 US$ kosten darf (ca. 15 €). Wir sagen: „Kein Problem, wenn wir eine Quittung dafür bekommen." Einen Beleg kann uns die Dame jedoch nicht ausstellen, da sie leider keinen Belegblock mehr hat. „Ja, Pech, dann können wir auch nur je 20 $ bezahlen." „Das geht aber nicht, denn die Visa kosten eben 1.200 Baht." So geht es bestimmt fünfzehn Minuten hin und her. Irgendwann nimmt Jürgen das Handy und tut so, als würde er die Botschaft anrufen. Er legt auf und sagt: „Die Botschaft bestätigt den Preis von 20 Dollar." Zuerst scheint die Dame unbeeindruckt, ein Herr mit ein paar Abzeichen am Oberarm ruft ihr aus dem hinteren Teil des Raumes etwas zu. „O.k., dann geben sie mir eben je 20 Dollar". Na also, geht doch. Das funktioniert in diesem Fall gut, weil wir wirklich aus mehreren, sehr zuverlässigen Informationsquellen die aktuellen Kosten wissen. Wäre dem nicht so gewesen, hätten wir vielleicht, oder sogar ziemlich sicher den höheren Preis bezahlt. Wenn es sich nicht gerade um Unsummen handelt, neigt man manchmal dazu, größeren Problemen aus dem Weg zu gehen, indem man etwas mehr bezahlt. Weil die Dame uns so ärgert, weigern wir uns dann auch noch, die 40 Baht für die angebliche Desinfektion des Fahrzeuges und die 100 Baht für das Öffnen der Schranke zu bezahlen, obwohl das wirklich kleine Beträge sind. Einen kurzen Moment müssen wir dann allerdings noch bangen, ob sich unsere Weigerung nicht doch noch rächt. Beim Zoll geht es darum, ob wir das Carnet de Passage abstempeln lassen müssen. Der Zollbeamte weiß das jedoch selber nicht und nach einer kurzen Rücksprache winkt er uns durch. Dann müssen wir noch eine andere Kontrolle passieren, die, bevor sie irgendetwas gemacht hat, erst mal 100 Baht haben will. „Wofür?", wollen wir wissen. Irgendwelche fadenscheinigen Begründungen, die wir immer wieder hinterfragen, werden vorgebracht. Bis der Beamte endlich sagt: „Für die Kaffeekasse." Da ist für uns klar, dass wir nichts bezahlen. Doch genau dieser Beamte ist dafür zuständig, dass wir endlich ausreisen können. Er will dann unser Zollpapier sehen, wir erklären, dass wir bereits beim Zoll gewesen sind und alles geklärt haben. Daraufhin eilt er zu dem Zollhäuschen, diskutiert lautstark mit seinem Kollegen, und wir haben Angst, dass er uns jetzt richtig Probleme macht. Doch wir haben Glück. Der Einzige, der in diesem Fall evtl. noch Probleme bekommt, ist wohl der Herr vom Zoll.

KAMBODSCHA

Nichts, aber auch gar nichts lässt darauf schließen, dass hier wieder Rechtsverkehr herrscht. Erst als uns das erste Fahrzeug entgegenkommt, bemerken wir, dass hier wohl etwas anders ist. So lange fahren wir jetzt auf der linken Seite, dass uns die ungewohnte rechte zuerst verunsichert. Doch der Mensch ist ein Gewohnheitstier und schnell ist Jürgen wieder im „alten Trott".
Die erste Stadt im neuen Land ist Krong Koh Kong. Wir machen eine kleinen Bummel und sind überrascht, wie einfach hier alles ist, Thailand ist dagegen hochmodern. Wir fühlen uns erinnert an die Dörfer in Laos. Man sieht sofort, dass wir in einem sehr armen Land angekommen sind. Doch die Menschen begegnen uns freundlich, Männer sitzen im Schatten ihrer Hütten und spielen Karten, Frauen tragen ihre Kinder auf dem Arm, die älteren Kinder spielen, werfen mit Wasser gefüllte Tüten aufeinander, auch hier ist Songkran. Weil es immer noch so heiß ist, machen wir uns auf die Suche nach einem Zimmer, doch wegen des Neujahrsfestes ist alles ausgebucht. Wir beschließen, weiter Richtung Phnom Penh zu fahren. Zuvor müssen wir aber noch etwas essen. Ein kleines Guesthouse, geführt von einem Deutschen, sieht recht einladend aus. Wir bestellen und quatschen ein bisschen. Er will wissen, wie es mit dem Fahrzeug an der Grenze gelaufen ist. Wir erzählen unsere Geschichte und er ist entsetzt. „Was? Ihr seid ohne Carnet de Passage hier? Dann ist euer Fahrzeug illegal im Land und wenn ihr in eine Polizeikontrolle kommt, könnt ihr richtig Ärger bekommen." „Und was können wir tun? Die Grenzbeamten haben gesagt, wir brauchen keine Papiere." Er erzählt uns von einem Motorradfahrer, der dasselbe Problem hatte. Er konnte das Land nur an dem Grenzübergang verlassen, an dem er eingereist war. Das könnte tatsächlich ein Problem für uns werden, da wir komplett durch Kambodscha fahren wollen und es an einem anderen Übergang verlassen wollen. „Und wie schaffen wir es, dass wir legal im Land sind?" Er erklärt: „Es gibt ein Formular, das man in der Hauptstadt Phnom Penh bekommt, das muss man normalerweise ausfüllen bevor man ins Land einreist. Das müsst ihr euch besorgen, zurück an den Grenzübergang fahren, es abstempeln lassen und dann ist alles korrekt." So weit, so gut. Blöd nur, dass die Hauptstadt ein paar hundert Kilometer entfernt liegt, die Straßen nicht besonders toll sind, die Behörden die nächsten Tage wegen Neujahr geschlossen sind und wir überhaupt keine Lust auf diesen ganzen Zirkus haben. Wir beschließen, erst

einmal gemütlich nach Phnom Penh zu fahren und uns vor Ort noch einmal zu erkundigen.

Am selben Abend kommen wir dort noch an. Eine quirlige Stadt, es ist bereits Nacht. Wegen der Hitze brauchen wir ein Zimmer, sind beide total genervt, müde und mürrisch. Auf langes Suchen haben wir keine Lust. Ein, zwei Zimmer schauen wir uns an, die einfachen Verhältnisse sind wir zum Schlafen nicht gewöhnt, haben wir es doch immer so schnuckelig in unserm Orangetrotter. Darum gönnen wir uns eine Nacht im Holiday Inn für fast 30 €, richtig viel Geld in diesem Land und viel zu viel für das, was geboten wird. Aber das ist uns heute und für diese eine Nacht vollkommen egal. Wir wollen nur noch schlafen.

Am nächsten Morgen finden wir ein nettes, gut gepflegtes Hotel für weniger als die Hälfte, immer noch teuer für Kambodscha, doch wir wollen uns diesen Luxus jetzt einfach gönnen. Eine funktionierende Klimaanlage und Internet auf dem Zimmer machen die ständige Hitze (40 Grad) und hohe Luftfeuchtigkeit erträglich.

Wir treffen einen netten Deutschen, Andreas, der früher viele Touren wie unsere gemacht hat. Mit ihm unterhalten wir uns über das Carnet-Problem und er nimmt uns alle Befürchtungen. Wir lassen alles, wie es ist, und ver-

Eine Tankstelle auf dem Weg nach Phnom Penh

trauen darauf, dass wir auch an einem anderen Grenzübergang ausreisen können.

Monsun in den Killing Fields - sua-sdey

Inzwischen sind wir seit ein paar Tagen in Kambodscha, mitten im Herzen von Phnom Penh, in einem günstigen Hotel. Die Hitze ist im Bus nachts echt unerträglich und wir leisten uns weiterhin den Luxus einer Klimaanlage. Es sind nur ein paar Tage in der City geplant. Doch wir lernen Ross und ein paar andere australische Rentner kennen, die ein Hilfsprojekt betreuen, das uns sehr anspricht. So entschließen wir uns, länger zu bleiben, um uns die Sache etwas genauer anzusehen. Wir wollen sicher gehen, dass das Geld unserer Sponsoren und Freunde auch dort ankommt, wo es gebraucht wird.

Unsere Hotel-Chefin Dara ist eine ganz nette und unterstützt uns, indem sie uns noch ein bisschen Discount auf den Zimmerpreis gibt, damit die längere Unterkunft unsere Reisekasse nicht so sehr belastet. Wir sind so dankbar, dass uns immer wieder so großzügige Menschen begegnen. Hier in Kambodscha und auch in den Nachbarländern beginnt ganz langsam die Regenzeit. Vor ein paar Stunden hatten wir sintflutartige Regenfälle. Innerhalb kürzester Zeit haben sich die Straßen in Flüsse verwandelt. Bei uns würden die Menschen ausflippen, doch hier gehört das irgendwie zum Alltag. Die Kinder springen raus, hüpfen im Wasser rum und haben Spaß. Die Autos fahren weiter, ebenso die Tuk Tuks und Cyclos (Fahrradrikschas). Nach einer Stunde ist der Zauber dann vorbei. Bis die Straßen wieder trocken sind, dauert es eine Weile, doch dann ist nichts mehr von den Wassermassen zu sehen. Und das ist erst der Anfang. Bin gespannt, wie viel Wasser wir noch abbekommen. Vor ein paar Tagen haben wir uns das Genozidmuseum Toul Sleng (das Gefängnis S-21, das die Roten Khmer zwischen 1975 und 1979 unterhielten) angetan. Laut Reiseführer „Eines der bedrückendsten Erlebnisse einer Kambodschareise." Dem kann ich nur zustimmen. Mehr als 13.000 Menschen – anderen Schätzungen zufolge sollen es über 20.000 gewesen sein – wurden hier bestialisch ermordet. Über mehrere Räume erstrecken sich zig Schautafeln mit Schwarzweiß-Fotos. Wir schauen in unzählige Gesichter von Gefangenen. Ebenso finden wir dort original Foltergeräte und Bilder, die zeigen, wie grausam und qualvoll die Menschen zu Tode gefoltert wurden. Wir gehen durch Gänge,

Zelle an Zelle, dunkel, bedrohlich, so winzig klein, dass ein ausgewachsener Mensch keinen Platz hatte, um sich auszustrecken. Unbegreiflich!

Auf den Killing Fields, 12 km vor den Toren Phnom Penhs, befinden sich die Massengräber derer, die das S-21 nicht überlebten oder hier, an diesem heute so friedlich wirkenden Ort, grausamst hingerichtet wurden. Noch heute werden nach einem kräftigen Regenschauer Kleidungsstücke der Toten an die Erdoberfläche geschwemmt. Unbeschreiblich!

Parallel lese ich gerade „Der weite Weg der Hoffnung" von Loung Ung, einer jungen Frau, die erzählt, wie sie es mit ihren damals fünf Jahren erlebt hat, als Phnom Penh im April 1975 von den Roten Khmer „evakuiert" wurde. Ich sitze da, mitten in der Hauptstadt von der Loung Ungs erstes Kapitel handelt. Sie erzählt von einer unbeschwerten, glücklichen Kindheit, beschreibt das Treiben in den Straßen der Stadt, wie sie mit ihrer Mutter im Tuk Tuk zum Markt fährt, wie sie mit ihren Eltern im Restaurant um die Ecke Nudelsuppe isst, wie sie mit ihren Freundinnen vor ihrer Wohnung spielt. Ich fühle mich zurückversetzt ins Jahr 1975, lese, wie sie und ihre Familie vertrieben werden, tagelang zu Fuß in sengender Hitze in eine bedrohliche Zukunft laufen. Wie Hunger, Angst, Krankheit und Ungewissheit sie über Monate und Jahre zerfressen und verändern. Wie ein kleines Kind Hass- und Rachegefühle ent-

Ein beklemmendes Gefühl beschleicht uns beim Blick in diese Gesichter

wickelt, um den Schmerz über den Verlust seiner ermordeten Eltern und Geschwister zu verdrängen, um die Kraft zum Weiterleben aufzubringen. Das Buch hier in Phnom Penh, am Original-Schauplatz zu lesen, ist eine sehr intensive Erfahrung für mich, die mich sicher auf der gesamten Reise durch dieses Land begleiten wird.

An einem Tag sind Jürgen und ich sehr geschockt: Beim Blick aus dem Hotelzimmer - wir sind im dritten Stock - sehen wir einen großen Menschenauflauf unten auf der Straße. Sie stehen um einen am Boden liegenden Mann. Zuerst denken wir, es handelt sich um einen Verkehrsunfall, später wird klar: Der Ausländer, ein Engländer oder Amerikaner, so sicher weiß es niemand, hat sich aus dem vierten Stock auf die Straße gestürzt. Vielleicht ist es auch ein Versehen gewesen… ein Unfall, als er auf der Dachterrasse auf das Geländer gestiegen ist, um etwas zu befestigen. Wir werden nie erfahren, was wirklich passiert ist. Doch wie hier mit dem Verunglückten umgegangen wird, das bewegt uns tief. Stundenlang lässt man ihn dort auf der Straße in der sengenden Hitze liegen, deckt ihn nicht einmal mit einem Tuch ab. Passanten bleiben stehen, machen Fotos. Nach einer nicht enden wollenden Zeit kommt die Polizei, bedeckt den Toten. Ein anderer Polizist deckt ihn wieder auf, stellt ihn wieder zur Schau. Bis endlich, endlich ein Krankenwagen kommt und ihn wegbringt. Hier wird anders umgegangen mit dem Tod. Das haben wir in diesen Ländern schon öfter erlebt. Doch zur Zeit sind es uns zu viele Tote. In Thailand sind wir an einem schweren Unfall auf der Autobahn vorbeigekommen. Drei Rollerfahrer - alle ohne Helm… Wir wissen nicht, ob von den Beteiligten einer überlebt hat. In Laos haben wir mitbekommen, wie ein Tourist von einer Mopedfahrerin umgefahren wurde. Sie war total unter Schock und auch bei diesem Mann wissen wir nicht, ob er es überlebt hat. In Deutschland ist der Onkel einer Freundin gestorben. Dies alles geschieht im Laufe einiger weniger Monate und stimmt uns etwas nachdenklich.
Und dann noch die junge Geschichte Kambodschas. Manchmal ertappt man sich dabei, wie man eine alte Frau oder einen alten Mann anstarrt und über dessen Geschichte nachdenkt. Eine Geschichte, die von so viel Schmerz, so viel Leid geprägt ist. Auf welcher Seite sie wohl gestanden haben? Und die Parallelen zu unserer eigenen Geschichte, die so viel mehr Menschenleben gefordert hat - und nicht weniger grausam war! Ich bin etwas melancholisch in dieser Zeit. Vieles geht mir durch den Kopf. Die Fehler, die die Menschheit

macht, immer und immer wieder, und einfach nicht daraus lernen will, die Dummheit, die in der Geschichte der Menschen so präsent ist. Oder ist es doch nur die Macht- und Geldgier? Können wir Menschen wirklich nicht dauerhaft friedlich miteinander oder wenigsten nebeneinander leben?

Und noch etwas, das uns in diesen Tagen sehr bewegt: Die Organisation C.H.O.I.C.E., die tolle Arbeit leistet und die wir ein wenig begleitet und unterstützt haben.

C.H.O.I.C.E. und Orangetrotter in Aktion

Wir haben in der Nähe von Phnom Penh/Kambodscha ein tolles Projekt gefunden. Es geht zu den Ärmsten und wir sind erstaunt, wie lebensfroh diese Menschen sind. Dank C.H.O.I.C.E. können wir unmittelbar helfen. Das sind zwei Tage voll herzzerreißender Momente und großer Erfahrungen. C.H.O.I.C.E., das sind Ross, Robin, Ron, Rudi und Tony, um nur einige der in Kambodscha lebenden, ausländischen Rentner zu nennen. Sie unterstützen die ärmsten der Armen. Diese findet man einige Kilometer vor den Toren der Hauptstadt Phnom Penh. In einfachen Bambushütten am Rand der schmalen, steilen, roten Lehmstraße. Kein Strom, kein fließend Wasser, sie leben unter widrigsten Bedingungen. Sie leben illegal hier und werden nur geduldet. Doch sobald die Straße geteert wird - und das kann jederzeit der Fall sein - sind sie Heimatlose. Wieder einmal! Sie haben kein eigenes Land, können nichts anbauen. Die angrenzenden Felder werden von anderen bewirtschaftet und in der Regenzeit werden sie zuweilen komplett überflutet. Das Wasser macht dann auch vor den Hütten nicht Halt. Trinkwasser, sauberes Trinkwasser ist ein großes Thema. In manchen der von C.H.O.I.C.E. unterstützten Dörfern gibt es Brunnen. Diese wurden von UNICEF gebaut, eine gute Sache, doch niemand kontrolliert die Wasserqualität. Auf den Feldern wird fleißig gedüngt und Toiletten gibt es hier nicht. Das heißt, alles geht ins Grundwasser und über den Brunnen landet es in den Trinkbehältern, Kochtöpfen und Waschschüsseln. Viele der Dorfbewohner leiden an Durchfall. Ross und seine Freunde haben den Familien Wasserfilter bereitgestellt. Diese wurden anfangs oft verkauft. So ein Wasserfilter kann 10 $ einbringen. Was macht man nicht alles, um Geld für Essen aufzutreiben, wenn die Kinder Hunger haben. Das Wasser sieht ungefiltert klar und sauber aus, das Verständnis fehlt. C.H.O.I.C.E. hatte die Idee, nur den Familien Essenspakete

Orangetrotter bei der Aktion mit C.H.O.I.C.E.

zu geben, die ihren Wasserfilter auch nutzen. Es funktioniert! Als wir im Dorf sind, haben bis auf zwei Haushalte alle ihre Filter im Einsatz. Ein Erfolg! Wir sehen viele Kinder mit üblen Hautausschlägen, entzündeten Insektenstichen, kleineren und größeren Verletzungen. Schürfwunden, wie sie bei Kindern oft vorkommen, können hier schnell zu problematischen Infektionsherden werden. Sehr bewegt hat uns das Schicksal eines blinden Babys. Bei seiner Geburt hatte die Mutter Diarrhoe. Wenn ein Neugeborenes damit in Berührung kommt und nicht unmittelbar behandelt wird, ist es für den Rest seines Lebens blind. Uns wird schmerzhaft bewusst, dass wir in einem der ärmsten Länder unserer Erde sind. Viele Krankheiten, viele Todesfälle sind überflüssig. In Deutschland kein Problem. Doch hier sterben Menschen noch an Blinddarmentzündung und Banalerem.

Was wir hier schreiben, ist leider nichts Neues, jeder von uns kennt solche Berichte. Zu Hause eingebunden im Alltag, hört und liest man davon. Für einen kurzen Moment ist man bewegt und betroffen, denkt kurz darüber nach, was man tun könnte, kommt oft zu der Erkenntnis, dass man nichts ändern kann und das Geld nicht dort ankommt, wo es gebraucht wird. Wir kennen das! Darum sind wir so glücklich, diese Menschen gefunden zu haben. Angela (25), eine Khmer und in Kambodscha aufgewachsen, führt mit der Unterstützung von C.H.O.I.C.E. das Erbe ihrer Eltern fort. Diese haben vor Jahren angefangen, ihren Landsleuten zu helfen. Mit Angelas Anleitung ist es für C.H.O.I.C.E. viel einfacher. Sie kann übersetzen, vermitteln und manchmal auch ein Machtwort mit den Dorfbewohnern sprechen. Sie sind ein super Team. Mit Lebensmitteln, Kleidung oder was gerade wichtig ist, helfen sie, so weit es ihre Mittel zulassen. Ziel ist es, irgendwann eine Schule zu bauen; mit einem „guten" Lehrer für die Kinder. Dafür müssen noch viele Hürden genommen werden. „Es ist viel Papierkram und wir sind auf die Unterstützung von Behörden angewiesen, das ist schwierig in unserem Land", erzählt uns Angela. Sie meint damit die Korruption. Das offen anzusprechen ist hier nicht ungefährlich.

Rudi ist Apotheker und kümmert sich gemeinsam mit einer kambodschanischen Krankenschwester um die kleinen und großen Patienten. Er tut, was er kann. Sie arbeiten mit anderen Organisationen zusammen, die im Notfall auch Ärzte bereitstellen können. Unser Eindruck: C.H.O.I.C.E. ist ein Segen für die rund 150 davon betreuten Leute. Nicht nur der Lebensmittel wegen, vielmehr das Gefühl, das sie vermitteln, nicht allein und vergessen auf dieser Welt zu sein. Dass es Menschen gibt, die für sie da sind und tun, was in ihrer Macht steht. Deshalb und auch weil bei C.H.O.I.C.E. jeder sehen kann, wie und wozu die Spendengelder eingesetzt werden. Gemeinsam haben wir eingekauft, gemeinsam haben wir die Lebensmittel gepackt und gemeinsam haben wir sie den Menschen, die sie brauchen, in die Hand gegeben. Wir haben in lachende und weinende Gesichter geschaut, in traurige und glückliche.

Es war eine bedrückende Erfahrung, aber auch eine wunderschöne, bereichernde. Dass wir das mit erleben durften, dafür danken wir Angela und dem Team von C.H.O.I.C.E. Und nicht zuletzt den Frauen, Männern und vor allem den Kindern, die uns so herzlich empfangen haben. Sie sind die wahren Helden. Nichts oder sehr wenig zu haben und diese Lebensfreude auszustrahlen, das ist wahrer Reichtum. Danke Thilo und Euch allen, die uns ihr Geld anvertraut haben, damit wir hier vorerst mit 500 US\$ helfen können. Übrigens C.H.O.I.C.E. unterstützt auch ein Waisenhaus (Love in Action). Auch dort fließt ein Teil des Geldes hin. Mehr über C.H.O.I.C.E. und deren Aktivitäten findet sich unter www.choice-cambodia.org.

Das Waisenhaus hat uns ebenfalls sehr bewegt. Es ist sehr einfach eingerichtet. Als wir dort ankommen, sind die älteren Kinder bei einem Ausflug, die kleinen beim Mittagsschlaf. Sie liegen auf dem Fliesenboden, sind gerade dabei aufzuwachen. Sie freuen sich über den Besuch. Manche sind ganz aufgeschlossen, andere zurückhaltend, schüchtern. Sie haben keine eigene Kleidung oder Spielzeug, alles gehört allen, sie müssen teilen. Mir hat es ganz besonders der kleine Joshua angetan. Er wurde eines Tage vor den Türen des Heims abgesetzt, niemand weiß, woher er kommt und wohin er gehört. Seine großen Augen, seine zurückhaltende, ängstliche Art treffen mich mitten ins Herz. So ein zartes Wesen… Ich kann nicht verstehen, wie man so einen süßen Fratz weggeben kann. Doch urteilen, verurteilen steht mir nicht zu, denn ich weiß nichts über die Umstände, nichts über die Schwierigkeiten und Hintergründe. Ross erzählt uns, dass viele Kinder sehr wohl Eltern haben, diese ihre Kinder aber trotzdem ins Waisenhaus bringen, weil das bisschen Geld, das sie haben, oft gerade so zum überleben reicht. Ich weiß nur, ich hätte ihn am liebsten mitgenommen, den kleinen Joshua. Einige Tage befasse ich mich mit dem Thema Adoption, nicht wirklich ernsthaft, es ist in Kambodscha auch gar nicht möglich, nicht erlaubt. Doch gerne hätte ich irgendetwas getan und wenigstens einem der vielen Kinder ein gutes Zuhause gegeben. Ob es ihm woanders wirklich besser ginge? Wie groß ist der seelische Schock, aus der gewohnten Umgebung, aus der eigenen Kultur herausgerissen zu werden und in eine neue hineinverpflanzt zu werden? Auch darüber habe ich mir bisher nicht sehr viele Gedanken gemacht. Wir wünschen jedem einzelnen dieser und aller anderen Kinder in Waisenhäusern, dass sie wenigstens ein paar Menschen um sich haben, denen sie vertrauen können und die dauerhaft für sie da sind.

Haben wir auch lange nach Möglichkeiten gesucht, wo wir das Spendenbudget gut anlegen können, in Ländern wie diesem gibt es sie. So auch noch folgendes Projekt.

Landminen-Museum und Schule in Siem Reap

„Ich möchte mein Land für meine Leute sicher machen!", sagt Aki Ra.
Er war fünf Jahre alt, als seine Eltern von den roten Khmern getötet und er gezwungen wurde, Landminen zu bauen und zu legen. Mit zehn Jahren bekam er das erste Gewehr und musste kämpfen, kämpfen für die Mörder seiner Eltern. Später für die Vietnamesen und die kambodschanische Armee. Er kannte nur Krieg und Töten, hat den Frieden nie erlebt.

Heute befreit er sein noch immer von Landminen verseuchtes Land, Schätzungen gehen bis zu 3 Mio.. Er entschärft und entfernt kostenlos und unermüdlich. Zig Tausende waren es die letzten Jahre und es nimmt kein Ende. 1999 eröffnete er das Landminen Museum Siem Reap, Angkor, das sich nur durch Spenden finanziert. Ebenso wie sein Leben und seine Arbeit für die Kinder, die Landminenopfer wurden. Aki Ra gibt ihnen ein Zuhause und schickt sie in die eigens errichtete Schule. Wir unterstützen ihn mit 60 $ aus dem Spendentopf. Danke!

Und nach all den zwischenmenschlichen Erfahrungen der letzten Wochen, geben wir uns nun Kultur satt: Tagelang erkunden wir das 1991 zum Weltkulturerbe ernannte Angkor Wat. Uns beeindrucken besonders die Tempelstätten, die vom Dschungel langsam aber beständig zurückerobert werden. Monströse Wurzeln verschlingen meterhohe Mauern, drücken Bodenplatten heraus, bringen ganze Gebäudekomplexe zum Einstürzen. Die hereinbrechende Dämmerung und das Gekreische der Papageien ziehen uns noch tiefer in dieses mystische Wunderland. Sehr beeindruckend!

Ein weiteres Highlight ist die Bootsfahrt zu den schwimmenden Dörfern auf dem See Tonle Sap. Bei niedrigstem Wasserstand, kurz vor der Regenzeit,

Mit dem Orangetrotter macht die Erkundung von Angkor richtig Laune

Das einzige Fortbewegungsmittel auf dem Tonle Sap

erstreckt sich der See über eine Fläche von 2.500 km². Wenn zum Schmelz-
wasser aus dem Himalaya noch die Niederschläge des Monsun hinzukom-
men, schwillt der Pegel des Mekong so rasch an, dass der Wasserdruck am
Zusammenfluss in Phnom Penh ausreicht, um den Fluss Tonle Sap, der den
See normalerweise entwässert, in die entgegengesetzte Richtung fließen zu
lassen. Infolge des Zustroms überschwemmt der See jährlich ein Gebiet von
über 10.000 km² und verwandelt sich in den größten Süßwassersee Südostasiens. Bewundernswert, wie die Menschen gelernt haben, damit zu leben. An
ihren schwimmenden Häusern haben sie auf dem Wasser treibende Gärten
und Ställe für die Enten und Gänse befestigt. Es gibt eine Schule, Wasserauf-
bereitung, Läden und sogar ein Basketballfeld, alles schwimmend.
Wir verlassen Siem Reap, fahren der kambodschanisch-thailändischen
Grenze entgegen und sind gespannt, ob bei der Ausreise alles klappt. Jürgen
macht sich da keine großen Sorgen, doch ich dränge darauf, ein paar Puffer-
tage einzuplanen, falls wir doch noch zurück zu dem Grenzübergang fahren
müssen, an dem wir eingereist sind. Ihr könnt euch vorstellen, dass ich überglücklich bin, als wir ohne die kleinste Schwierigkeit über die Grenze nach
Thailand einreisen können.

THAILAND - zum Zweiten

Unseren zweiten Aufenthalt in Thailand beginnen wir gleich mit einem Besuch der von uns so geliebten Nationalparks. Khao Yai, der drittgrößte des Landes, bietet sich an. Schnell zu erreichen und mit Übernachtungsmöglichkeit auf 700 Metern mit einer Garantie für etwas angenehmere Nachttemperaturen. Jedes Grad weniger ist in diesen Wochen pures Gold wert. Was wir hier an Wildtieren sehen dürfen, übertrifft alles, was wir bisher gehabt haben. Gleich am ersten Abend läuft ein Stachelschwein in ca. 15 Metern Entfernung an unserem VW-Bus vorbei. Affenherden überqueren die Wiese vor uns, Rehe und Hirsche liegen auf dem Hügel neben uns. Auf einer Wanderung durch den Dschungel begegnet Jürgen Krokodilen und Echsen. Während ich auf ihn warte, beobachte ich Schmetterlinge in allen Formen und Farben.

Hornbills, auch bekannt als Nashornvögel, sind spektakuläre Bewohner der Tropen. Wenn sie über uns hinweg fliegen, bleiben wir jedes mal mit offenen Mündern stehen und sehen ihnen nach, bis sie am Horizont verschwinden, so sehr ziehen uns diese prächtigen Tiere in ihren Bann. Genau so fasziniert sind wir von den Gibbons, einer Affenart mit unglaublich langen Armen, sie können weiß mit schwarzem Gesicht sein oder schwarzes Fell mit hell umrandetem Gesicht haben. Die sind zum brüllen! Wir haben das Glück, ein Pärchen mit Baby beobachten zu können. Laut schreiend springen und hangeln sie sich von Baum zu Baum. Im Hintergrund die übliche Geräuschkulisse, alle möglichen Vögel, Zikaden und vieles, das wir nicht zuordnen können. Es ist paradiesisch!

Doch der Dschungel hat nicht nur angenehme Seiten. Mit tückischen Bewohnern des Urwaldes kommen wir in Berührung, als wir einem Rundweg durch dichtes Gestrüpp folgen. Kurz zuvor hat es geregnet, der Boden ist noch feucht. Wir kommen uns vor wie richtige Entdecker, müssen unter Lianen hindurch, über Baumstämme hinweg, immer wieder raschelt es im Unterholz. „Iiihhh, was ist das denn?!" Lauter schwarze, winzig kleine Tierchen kriechen uns über die Schuhe und an den Hosenbeinen hoch. Leeches – Blutegel. So schnell können wir gar nicht schauen, wie sie über uns herfallen. Jetzt bloß nicht stehen bleiben. Sobald man sich nicht mehr bewegt, hat man gleich wieder zehn mehr auf dem Schuh. Ich versuche sie mit den Fingern wegzustreichen, doch dann saugen sie sich gleich an der Hand fest. Ekelhaft! Ich hetze den Pfad entlang, will hier nur noch raus. Jürgen lässt sich Zeit, ihn bringen diese Tierchen nicht so aus der Fassung wie mich. Dafür hab ich nach der Tour auch keine im Schuh, im Gegensatz zu ihm…

Spannend wird es auch am nächsten Tag, als wir einem im Reiseführer beschriebenen Pfad folgen, der uns zu einem Wasserfall bringen soll. Über einen Fluss, danach auf einem schmalen Trampelpfad in den dichten Dschungel. Wir sehen Elefantenkot und der Weg wird immer schmaler. Immer weiter weg vom Wasser sind wir uns nicht mehr sicher, ob wir uns noch auf dem rechten Weg befinden. Doch immer wieder sehen wir die blaue Markierung, die den Weg kennzeichnet. Jürgen hat sein GPS dabei, ohne das er, seit er sich im Norden einmal beinahe verlaufen hätte, auf keine Urwaldtour mehr geht. So wissen wir wenigstens, in welche Richtung wir zurück müssen, sollten wir die Orientierung verlieren, und das geht sehr schnell im tropischen Dickicht. Vor uns raschelt es im Busch. Wir halten inne, stehen mucksmäuschenstill, lauschen. Das Rascheln wird lauter, kommt näher. Irgendetwas Großes kommt direkt auf uns zu. Fünf bewaffnete Ranger. In ihren tarnfarbenen Uniformen erkennen wir sie erst, als sie direkt vor uns stehen. Sie sind nicht begeistert, uns hier zu sehen, wollen wissen, was wir hier machen. „Wir wollen zum Wasserfall." Sie schütteln die Köpfe. „Das ist nicht der richtige Weg, ihr müsst zurück, hier ist es gefährlich. Heute Morgen war hier ein einzelner Elefant, die können sehr aggressiv werden." Sie bestehen darauf, uns zurück zum Fluss zu begleiten. Während Jürgen sich den Wasserfall nicht entgehen lassen möchte und dem Weg folgt, den unsere Begleiter ihm beschrieben haben, ziehe ich es vor, am Bus auf ihn zu warten.

Da hab ich mich wieder einmal todesmutig durchgerungen, mit auf eine Dschungelwanderung zu gehen und dann das. Mir ist das wirklich nicht geheuer. Wenn man überlegt, dass die Besucher des Nationalparks ungehindert überall hineinlaufen können, das ist echt gefährlich. Tiger soll es hier zwar zur Zeit keine geben, aber wer weiß das schon so genau?

Im Informationscenter des Nationalparks sind zwei Tiger ausgestellt, die hier vor einigen Jahren ihr Unwesen getrieben haben und dabei nicht nur einen Menschen umgebracht haben. Wir haben gelernt, dass Tiger im Normalfall den Menschen meiden, wenn sie jedoch alt oder krank sind, zu schwach zum Jagen oder verrückt, wie sie hier auch gerne sagen, dann nehmen sie, was sie bekommen können, und da kommt ihnen so ein Ranger oder neugieriger Amateur Crocodile Dundee gerade recht. Und auch Elefanten darf man, wenn sie Junge haben oder eben Einzelgänger sind, nicht unterschätzen.

Davon können wir uns am nächsten Tag noch einen Eindruck verschaffen. Diesmal erkunden wir den Park im sicheren Auto. Wir fahren zu einem schönen Aussichtspunkt, genießen den weiten Blick über den unendlich erscheinenden Dschungel, beobachten Vögel, entdecken einen Nachtfalter, so groß wie meine Hand. Danach machen wir noch einen Abstecher in eine kleine Siedlung, ein Feriendorf für die wohlhabenderen Parkbesucher. Wir fahren ein bisschen herum und verlassen das Dorf, fahren um eine Kurve und da steht er. Fast hätten wir ihn übersehen, doch sein tiefes, dröhnendes Brüllen, lässt uns nach rechts in seine Richtung blicken, und wir sehen ein Prachtexemplar mit riesigen Stoßzähnen, nur der Kopf ist zwischen den großen Bäumen zu sehen. Vor lauter Schreck mach ich sofort das Fenster zu, schreie Jürgen an: „Fahr, gib Gas!"

Er ist wohl auch etwas erschrocken, sonst würde er bestimmt nicht auf mich hören. Nach dem Erlebnis vom Vortag sind wir etwas verunsichert, wie man mit so einem Einzelgänger umzugehen hat. Doch wer Jürgen kennt, weiß, dass es bei dieser Begegnung nicht bleibt.

Vor einem der Häuser sitzt eine Frau. Wir sagen ihr, dass dort hinten ein wilder Elefant ist, ein Einzelgänger. Dann fährt Jürgen wieder zu der Stelle, wo wir ihn gesehen haben. Ich protestiere: „Ich will nicht, der kann doch ganz

Ein handlicher Nachtfalter

einfach unseren Bus umstoßen. Hast Du nicht gesehen, was das für ein Riese ist?" Während wir noch diskutieren, kommt ein Thai auf seinem Moped, hält an Jürgens Fenster und fragt, ob wir den Elefanten sehen wollen. Ja, super, jetzt hab ich natürlich verloren. Jürgen meint: „Wenn der sich mit seinem Mofa vorbei traut, dann können wir in unserem Panzer das erst recht." Was soll ich da noch sagen? Wir fahren dem „Blödmann" hinterher. Ist ja nicht böse gemeint, aber ich mach mir echt in die Hosen! Er fährt um die Kurve, hält an, zeigt auf den großen Grauen, wendet sein Moped und fährt an uns vorbei, zurück in die Richtung, aus der wir gekommen sind. O.k., er hat also auch Angst, aber nicht mein Jürgen. Der Elefant ist inzwischen auf der Straße und läuft vor unserem Bus. Wie groß er ist. Ganz langsam fahren wir hinter ihm her, überholen wollen wir ihn aber auf keinen Fall, da sind wir mal einer Meinung. Und so fahren wir, nachdem wir ihn noch ein bisschen beobachtet haben, ganz langsam rückwärts aus der Gefahrenzone.

Bei mir wird's mal wieder Zeit für einen Haarschnitt und wir setzen um, was ich schon lange vorhabe. Jürgen darf mit seinem Rasierer ran. Dafür muss er ihn zuerst aufladen. Auf dem Campingplatz gibt es Steckdosen in Holzstämmen. Jürgen macht sich auf den Weg, um nach einem funktionstüchtigen Exemplar zu suchen. Ich höre in schreien: „Scheiße, tut das weh!" - „Ein elektrischer Schlag", denkt er zuerst. Und nochmal eins drauf. Im Baumstamm sind Bienen, die gleich mehrmals zustechen. Insgesamt vier Stiche im Daumen. Innerhalb einer halben Stunde bekommt Jürgen unter heftigem Jucken an den Augen, Ohren, unter den Achseln, der Leiste und der Hüfte kleine Blasen, die sich zu einer großen vereinigen. Dann auch noch wiederkehrenden, starken Druck auf dem Herzen. Ein allergischer Schock! Und nun? Erst mal in den Bus legen, kühlen, beruhigen. Aber das Herz? Irgendwas müssen wir unternehmen. Prednisolon, ein Medikament, das wir vorsorglich in unserer Reiseapotheke haben. Doch das alleine reicht nicht. Jürgen erklärt mir im Schnelldurchlauf, wie ich Wiederbeatmung und Herz-Lungen-Massage durchführen soll. Verdammt, es ist echt ernst, so etwas sagt auch Jürgen nicht zum Spaß. Was mach ich jetzt nur, so weit darf es einfach nicht kommen. Das traue ich mir nicht zu. Ich lasse ihn ungern alleine, aber ein Arzt muss her. Ich spurte zu einem Zelt unten am Fluss, die anderen Camper sitzen gerade beim Abendessen. „Bitte ruft einen Arzt, wir brauchen dringend einen Notarzt!" Der Thai zieht sofort sein Handy und gibt im Headquarter des Nationalparks Bescheid. Ich renne zurück zu Jürgen: „Bleib ganz ruhig, alles wird gut, der Arzt ist unterwegs!" Er ist relativ stabil, die Abstände zwischen den Herzattacken werden etwas größer. Jetzt stehen einige Leute vor unserem Bus, wollen sehen, was hier los ist. Es kommt ein Pickup vom Nationalpark. Wir sollen einsteigen, um dem Notarztwagen entgegenzufahren, der darf nicht in den Nationalpark. Das nächste Krankenhaus ist 40 km entfernt. Schnell packe ich das Nötigste zusammen und schließe den Bus ab, während Jürgen schon im Wagen des Rangers sitzt. Die kurvige Straße durch den Dschungel nimmt kein Ende. Am Ausgang wartet bereits der Krankenwagen und die Krankenschwester kümmert sich sofort um Jürgen. Sie bestätigt unsere Diagnose: allergischer Schock. Die bereits vorbereitete Infusion benötigt Jürgen nicht mehr. Im Krankenhaus angekommen, werden Herz und Pulsschlag überprüft und ein Antihistamin gegeben. Während er noch etwas liegen bleiben muss, kümmere ich mich um die Rechnung. Wir bekommen noch diverse Medikamente zur Nachbehandlung. Der Transport mit dem Krankenwagen, die ärztliche Versorgung… Ich bin gespannt, was das kosten wird. Alles in allem bezahlen wir dann rund sechs Euro! Der Krankenwagen ist frei, Serviceleistung, das ist Standard in Thailand.

Jürgen geht es wieder gut, der Druck auf dem Herzen ist weg und der Hautausschlag ist schon viel besser. Zur Sicherheit ruft er noch den Arzt vom ADAC an, der ihm bestätigt, dass die verschriebenen Medikamente in Ordnung sind. Er warnt Jürgen noch davor, dass er die nächsten zwei Wochen auf keinen Fall noch einmal gestochen werden darf. Dass könnte dann wirklich zu viel Gift in seinem Körper sein und nicht mehr so glimpflich ablaufen. Trotz des guten Endes beschäftigt uns dieses Erlebnis noch einige Tage. Es stimmt uns nachdenklich und wir sind wachsamer, was Insekten betrifft. Und die sind hier immer und überall. Jürgen hat wirklich Glück gehabt: „Als ich im Bus gelegen bin, habe ich mein Leben vorbeiziehen sehen, ich dachte wirklich, es könnte vorbei sein", erzählt er mir nachdenklich und wir sind beide aus tiefstem Herzen dankbar, dass er noch weiter an seinem Lebensfilm drehen darf.

Jürgen ist wieder wohlauf, jetzt kann er mir auch meine neue Frisur verpassen. Ich betrachte meine Haarpracht noch mal im Spiegel, doch bevor ich es mir anders überlegen kann, setzt er den Rasierer auch schon an. Von hinten nach vorn, einen schönen igeligen Streifen, es gibt kein Zurück mehr. Ziemlich ungewohnt, nur noch zwei Zentimeter auf dem Kopf zu haben. Doch ich gewöhn mich schnell daran, finde es ganz praktisch und stehen tut es mir wohl auch.

(Ge)(Er)fü(h)l(l)te Tage - 5 Wochen im Schnelldurchlauf

Bangkok brennt – Die Hauptstadt wollen wir meiden! Die bereits seit Wochen andauernden Unruhen und Proteste der Redshirts verunsichern uns. Um unsere Solar-Power aufzurüsten, ist ein Aufenthalt dort jedoch unumgänglich. Bevor es zu „heiß" wird, haben wir alles erledigt und verlassen die Stadt. Am gleichen Tag startet die Militäroffensive.

Die Redshirts sind schon ein Thema, seit wir das erste Mal in Thailand waren. Wir haben eine junge Deutsche getroffen, die in Bangkok lebt und arbeitet. Sie erzählt uns, dass diese Demonstrationen jedes Jahr stattfinden. Dass es sich dabei schon fast um ein Volksfest handelt und sie normal nur ein paar Wochen dauern. Diesmal scheint es etwas ernster zu sein. Uns wird auch erzählt, dass die Leute vom Land, besonders im Norden, von der Taksin-Gruppe dafür bezahlt werden, dass sie zu den Demos gehen. Das ist leicht verdientes Geld, da sind sie alle dabei. Ob die kriminellen Übergriffe dann tatsächlich von den friedlich Demonstrierenden ausgingen oder von jemandem, der sich unters Volk gemischt hat, dass kann wohl niemand sagen. Ich möchte an dieser Stelle nur erwähnen, dass wir uns zu keiner Zeit bedroht gefühlt haben. Nur eben in Bangkok war die Situation nicht so klar. Wir haben nicht viel mitbekommen. Was wir wollten, haben wir erledigt und sind jetzt mit doppelt so viel Solarzellen auf dem Dach gut gerüstet für die Weiterreise.

Leben im Auto – für immer. Wir treffen zwei nette Overlander. Schon seit fünf Jahren sind sie in ihrem Iveco unterwegs. Ihr Plan ist es, für den Rest ihres Lebens durch die Welt zu ziehen. Lena und Marco haben viele spannende Geschichten zu erzählen. Es macht Spaß, sich mit ihnen über Gott und die Welt zu unterhalten, und wir beschließen, ein paar Tage gemeinsam zu verbringen.

Die Beiden inspirieren uns, wir haben großen Respekt davor, wie sie leben, zeigen sie uns einmal mehr, dass man nicht unbedingt der Norm entsprechen muss. Begegnungen wie diese sind es, die wir sehr zu schätzen gelernt haben. Menschen, die es anders machen, uns zeigen, wie es auch geht.

Auch unsere radelnden Rentner aus der Schweiz treffen wir wieder, Ueli und Vreni. Das letzte Mal trafen wir sie in der Türkei. Respekt!

Thailand ist aber auch ein Blick in unsere Vergangenheit: Am 26. Dezember 2004 waren Jürgen und ich auf Phuket, einer thailändischen Halbinsel, und haben den Tsunami überlebt. Unseren Bungalow gibt es nach der Welle nicht mehr, doch wir haben den Schlüssel noch. Diesen wollen wir Sak, dem Besitzer der Anlage zurück bringen. Er hat sich damals den ganzen Tag um mich gekümmert, bis Jürgen mich wieder gefunden hatte. Und auch den Getränkeverkäufer, der Jürgen an besagtem Tag geholfen hat, wollen wir besuchen. Jürgen hat nach der Welle über Stunden versucht, mich bzw. Sak wiederzufinden. Doch niemand der Schaulustigen, die zum Unglücksort gekommen waren - darunter viele Deutsche - waren bereit, ihr Handy zur Verfügung zu stellen. Der nette Thai hatte es ihm gleich mehrmals gegeben und immer wieder. Es ist uns ein Anliegen, noch einmal „Danke" zu sagen.

Jürgens „Freund" suchen wir auf dem Hügel, auf dem Jürgen sich damals den ganzen Tag aufhielt. Und tatsächlich, dort ist noch ein Getränkeverkäufer mit seinem rollenden Laden. Doch er ist eindeutig zu jung. Wir fragen ihn, ob er weiß, wo der Mann ist, der vor einigen Jahren hier verkauft hat. „Das ist mein Chef", sagt er, „er kümmert sich jetzt um diese Windkraftanlage", und deutet mit der Hand auf ein kleines eingezäuntes Gelände hinter ihm. „Wann können wir ihn treffen? Und können wir hier für die Nacht stehen bleiben?" Er sagt uns, dass sein Boss abends kommt und wir ihn dann auch fragen können, ob wir hier schlafen dürfen.

Er kommt tatsächlich, doch Jürgen ist sich nicht ganz sicher, ob er es ist. Etwas verunsichert fragt er ihn nach dem Tag des Tsunami und ob er sich noch an ihn erinnern kann. Der mittlerweile grauhaarige Thai antwortet sofort: „oh yes I know!" Er erinnert sich. Jürgen freut sich, dass er es wirklich ist. Ein ganz besonderer Moment. Wir danken ihm noch einmal für seine Hilfe und er lädt uns ein, auf dem Gelände zu bleiben, so lange wir wollen. Das ist super, denn es gibt auch eine Dusche!

Um einiges schwieriger ist es, Sak zu finden. Wir fragen dort nach, wo damals unsere Bungalowanlage stand. Es wurde inzwischen neu gebaut, modern. Wir hatten damals nur ganz einfache Bambushütten. Wir gehen davon aus, dass Sak immer noch der Besitzer des Geländes ist und fragen an der Rezeption. Doch einen Sak kennt hier niemand. Als wir hinter den neuen Häusern laufen, entdeckt Jürgen im Gestrüpp noch Reste der Badezimmerfliesen, die damals in unserem Bungalow waren. Unglaublich, dass die nach so langer Zeit immer noch hier liegen. Das ist Asien.

Auch in den beiden benachbarten Anlagen und in der nächsten Bucht kennt keiner Sak. Nachdem wir mehrere Tage alle Unterkünfte abgeklappert haben, geben wir enttäuscht auf. Wir verabschieden uns von unseren vielen neuen Bekannten, die wir auf dem Hügel getroffen haben, dem netten Getränkeverkäufer Till, dem Schmuckverkäufer Leg und der örtlichen Motorflug- und Gleitschirmgemeinschaft, darunter auch ein paar deutsche Auswanderer, so kommt Jürgen noch in den Genuss eines Gratis-Tandemgleitschirmfluges. Über der Bucht, die vor ein paar Jahren beinahe sein Ende gewesen wäre. Was sagt man dazu? Sie alle haben diese Tage für uns bereichert.

Als wir aus der Bucht fahren, sehen wir einen älteren Herrn vor seinem kleinen Hotel sitzen. „Komm, lass uns den noch fragen, der weiß bestimmt, wo wir Sak finden!", sage ich zu Jürgen. Der fragt zum Fenster hinaus: „Sawadee krap, do you know Sak?" Der Mann stutzt, und im selben Moment, in dem er sagt: „Why do you know my name? I am Sak!", erkenne ich ihn bereits und springe aus dem Auto mit dem Schlüssel in der Hand. Ich bin wirklich überglücklich und sehr überrascht. Als sich unserer Blicke begegnen und auch er mich erkennt, verändert sich sein Gesichtsausdruck schlagartig. Es ist ein sehr emotionaler Moment, der mich tief berührt und der auch ein paar Tränen fließen lässt. Er staunt nicht schlecht, als wir ihm den Schlüssel zeigen. Sicherheitshalber fragen wir ihn noch, ob es in Ordnung ist, ihm den Schlüssel zurückzugeben. Die Thais sind ein sehr abergläubisches Volk. Doch für Sak ist es kein Problem, er nimmt den Schlüssel und lacht.

Ein neues Carnet ist fällig. Auf Ko Samui haben wir eine zuverlässige Post-Adresse für den Versand der Papiere: Heimo und Ben, die wir in Laos getroffen haben. Das ist der einzige Grund, warum wir überhaupt auf diese sehr touristische Insel wollen. Am liebsten würden wir sofort wieder fahren. Die zugebauteste Küste, die wir je gesehen haben. Die schönsten Strände, aber kein Weg dorthin, ohne ein Hotel oder Ressort durchqueren zu müssen. Overlanders Albtraum, was uns schlussendlich doch dazu treibt, der Insel fluchtartig den Rücken zu kehren. Es muss eine neue Versandadresse her!

Nachdem Ben und Heimo, die zu treffen wir uns sehr gefreut hätten, leider gerade nicht auf der Insel sind, gibt es nichts, was uns reizen würde zu bleiben. Das Schönste ist, dass wir vom Festland aus eine ganze Herde Delphine beobachten können.

Auf unserer Weiterfahrt kommen wir an einem wunderschönen Wat vorbei. Wat Phra Maha Tarat Woramaha Wihan bei Nakon Si Thammarat. Ein zauberhaftes, lichtdurchflutetes Gebäude. Nach der Besichtigung kommen wir zurück an unseren Orangetrotter, wir machen Abendessen und trinken ein paar Dosen Chang, typisches Thai-Bier. Als wir ziemlich müde ins Bett gehen wollen und ich gerade die Vorhänge zuziehe, entdecke ich einen großen schwarzen, sich bewegenden Fleck im Eck des Schiebefensters. Oh Gott, was ist denn das? Ohne meine Brille kann ich es nicht recht erkennen. „Jürgen!" Der liegt bereits und hat keine Lust mehr aufzustehen. Ich setze meine Brille auf, was Klarheit bringt. Wir haben wieder einmal Zuwachs bekommen. Eine ganze Ameisenarmee hat sich eingenistet. Als Jürgen doch noch einen Blick auf unsere neuen Mitbewohner wirft, sind wir uns einig. Die müssen sofort beseitigt werden. Da hilft nur die Chemiekeule. Wir sprühen ordentlich und sind froh, dass wir noch ein paar Dosen Chang übrig haben, denn an Schlafen ist bei diesem Gestank nicht mehr zu denken.

Weiter geht's an der wunderschönen Ostküste entlang. Schon seit China begleiten uns immer wieder diese bizarr-wundervollen Karstberge. Es handelt sich hier in Thailand um das fortlaufende Massiv von Yunnan. Ursprünglich ein Korallenriff, entstanden vor ca. 230 Mio. Jahren, war es weitaus größer als das Great Barrier Reef vor Australien. Durch Erdbewegungen wurde es aufgefaltet. Wir besuchen beeindruckende Tempel, baden einsam an den schönsten Wasserfällen, übernachten im Dschungel und beobachten stundenlang Termiten, die mit ihren Bahnen langsam unseren Bus zu umzingeln scheinen. Und wir trinken unsere erste Flasche Rotwein seit vielen Monaten. Jürgen hat Geburtstag!

Die Ostküste ist unerwartet schön und anders. Kaum Touristen und immer mehr Kopftuchträgerinnen, hier ist der Islam wieder mehr verbreitet. Irgendwo auf dem Weg nach Krabi bricht unser Ganghebel mal wieder. Das letzte bzw. erste Mal ist uns das in der Türkei passiert. Es war zu erwarten, dass sich das wiederholen würde. Es ist allerdings kein größeres Problem, eine Schlosserei, die ihn wieder zusammen schweißt, ist schnell gefunden. Überhaupt sind solch kleinere Reparaturen in Thailand ganz einfach zu lösen. Es findet sich immer jemand, der kann oder hat, was man gerade braucht. So sind wir auch zu tollen Moskitonetzen für unsere Schiebefenster gekommen.

Ebbe in Thailand

Nach einem Nickerchen an einem Traumstrand bei Krabi, werden wir wieder einmal angesprochen. „Nice car! Where do you come from?" Einer zückt sein Handy, uups! Eine deutsche Stimme? Stefan, ein Thai-Deutscher, betreibt einen Ersatzteilhandel für VW-Oldtimer. Er ist erst 15 Jahre alt. Eine neue Versandadresse für unser Carnet ist gefunden. Manchmal läuft es erstaunlich rund!

Wir stehen vor Wat Thum Sua bei Krabi. Hier ist bestens für uns gesorgt. Toilette, Dusche und gemeinsames Frühstück mit den Mönchen. Eher ein Ritual. Alles aus Spenden finanziert, wie alle buddhistischen Tempel in Thailand. Die Mönche leben im angrenzenden Dschungel, eingerahmt von 300 Meter hohen, fast senkrecht aufragenden Karstkegeln, inmitten von über 100 Jahre alten Bäumen. Ein paar Schritte über eine steile Treppe und Du bist in einer anderen Welt.
Peter, ein deutscher Unternehmensberater, lebte lange in den USA. Jetzt sieht er die Zukunft in Asien. Er besucht, so oft es der Job zulässt, für mehrere Tage diesen Tempel. Um den Mönchen zu dienen und in der meditativen Stimmung Kraft zu sammeln. Er kennt das Innenleben inzwischen sehr gut und wir lauschen gespannt.

Und noch eine schöne Begegnung haben wir im Wat. Bae, ein einheimischer Künstler aus dem Norden, ist in der Tigerhöhle, die sich im Kloster befindet, gerade dabei, den Tiger zu restaurieren. Er spricht nicht viel Englisch, ist aber sehr interessiert und besucht uns täglich nach der Arbeit am Bus.

Er porträtiert Jürgen und mich und sorgt dafür, dass die Abende hier am Kloster sehr abwechslungsreich sind. Im Gegenzug laden wir ihn ein, uns in den bekannten Nationalpark Phang Nga zu begleiten. Dort steht auch der berühmte James Bond–Felsen, von dem ich ziemlich enttäuscht bin. Doch der Bootsausflug an sich ist wunderschön, durch die bizarren Felsen hindurch zu einem Fischerdorf auf Stelzen mitten im Meer. Es sind zwar viele Touristen unterwegs, doch wir haben trotzdem Spaß. Bae ist total glücklich, und Jürgen und mir macht es Freude, ihn zu beobachten. Die ganze Zeit macht er Skizzen von der vorüber ziehenden Landschaft, strahlt über das ganze Gesicht. Es war eine gute Idee, diesen Tag gemeinsam mit ihm zu verbringen. Selbst hätte er sich diesen schon lang ersehnten Ausflug wohl nicht geleistet.

Vom Wat aus führt eine Treppe zu einem Tempel, der auf einem hohen Berg liegt. 1.237 Stufen, hohe Stufen, teilweise dreimal so hoch wie die Stufen, die wir normalerweise kennen, müssen wir uns hoch kämpfen. Doch der Ausblick lohnt sich.

Ach ja, und dann ist da noch die alte, geheimnisvolle Frau. Auf dem Vorhof des Klosters steht ein großer Baum, unter dem jeden Tag diverse Händler ihre Geschäfte machen. Auch eine kleine, alte Frau kommt jeden Tag. Sie breitet ihre Decke aus, stellt ein Köfferchen mit Bildern und Texten neben sich auf. Ich beobachte sie schon seit einigen Tagen, immer wieder setzen sich Passanten zu ihr, unterhalten sich mit ihr, und sie erzählt und schreibt und lacht. „Was macht die nur?", denk ich mir immer wieder. Eines Morgens beim Frühstück im Wat schenkt sie mir etwas Reis in einem Tütchen, das ist so Brauch. Am Nachmittag dann kommt sie zum Bus, möchte ihn sich mal genauer ansehen, das ist nur gerade ganz schlecht, weil Jürgen gerade auf dem „Häuschen" sitzt. Ich versuch ihr irgendwie klar zu machen, dass ich es ihr später gerne zeige. Sie versteht nicht, was ich meine, läuft um den Bus auf die geöffnete Heckklappe zu, von wo man den besten Blick auf unsere Toilette hat. Um Jürgen vor ihren Blicken zu schützen, knalle ich ihr die Klappe vor der Nase zu. Das muss ziemlich unhöflich auf sie gewirkt haben; das wollte ich nicht, doch wie erklärt man das, wenn man nicht die gleiche Sprache spricht. Sie geht. Mir ist das Ganze peinlich. Deshalb gehe ich später zu ihrem Arbeitsplatz, nehme sie an der Hand und führe sie zu unserem Bus. Sie bekommt eine exklusive „Führung" durch den Orangetrotter. Sie ist glücklich und schwer beeindruckt, besonders vom Kühlschrank und der Kochstelle. Als Gegenleistung nimmt sie mich nun an der Hand und führt mich an ihren Platz unter dem Baum. Sie deutet mir, dass ich eine „Karte" aus ihrem Koffer ziehen soll, anhand derer sie in einem zerfledderten Ordner blättert und mir auf Thai erzählt, was sie da jetzt über mich erfahren hat. Schade eigentlich, so etwas liebe ich, doch wenn man nichts versteht, ist das schon doof. Sie merkt, dass ich nur „Bahnhof" verstehe, nimmt einen Zettel und schreibt mir jetzt alles auf, natürlich auch auf Thai. Wir haben trotzdem unseren Spaß und lachen die ganze Zeit. Was soll man sonst auch tun, wenn man sich nicht verständigen kann? Die Zettel habe ich auf jeden Fall heute noch. Nachdem auch Bae mir das Geschriebene nicht übersetzen konnte, hoffe ich immer noch, irgendwann jemanden zu treffen, der mir übersetzt, was mir die Wahrsagerin mitteilen wollte.

In der Nähe von Krabi gibt es mehrere heiße Quellen, eine davon besuchen wir. Schön gelegen umgeben von dichtem Dschungel, doch bei der Hitze wäre uns ein kühler Wasserlauf eigentlich lieber. Viele Menschen liegen trotzdem in dem schwefelhaltigen heißen Fluss, der sich über einen kleinen Wasserfall in ein großes Becken ergießt. Die Frauen sind alle in voller Montur. Richtige Thailänderinnen wird man nie im Bikini oder Badeanzug im Wasser sehen, außer wenn sie mit Europäern zusammen sind oder selbst im Ausland leben. Es gehört sich nicht. Die Frauen gehen nur mit T-Shirt und kurzer Hose ins Wasser. Ein Anblick, an den wir uns inzwischen gewöhnt haben, und auch ich behalte mein T-Shirt an Badestellen wie diesen an. Aus Respekt den Menschen gegenüber und weil ich mich als Einzige im Bikini auch splitternackt fühlen würde.

Das Carnet ist inzwischen angekommen und wir verlassen etwas wehmütig das Wat Thum Sua. Die Schwestern, Mönche, Händler und auch die vielen Katzen und Hunde, die hier Zuflucht suchen, haben uns so selbstverständlich in ihrer Mitte aufgenommen, dass wir vom ersten Tag an das Gefühl hatten, irgendwie dazuzugehören.

Unser Weg führt uns an der Westküste entlang, im Khao Panom Bencha Nationalpark verbringen wir die Nacht. Dieser relativ kleine Park liegt im Zentrum des weitgehend naturbelassenen Regenwaldes um den Panom Bencha Gebirgszug herum und ist bekannt für seinen Wasserfall. Inzwischen regnet es immer öfter, deshalb verbringen wir den Abend im Bus, spielen Kniffel und Letramix, unsere Lieblingsbeschäftigung, wenn wir nichts Besseres zu tun haben. Am nächsten Morgen regnet es immer noch, Jürgen schaut sich den Wasserfall trotzdem an. Ich schenke mir das, nachdem ich gestern auf einem kleinen Spaziergang während einer Regenpause total von Moskitos zerstochen worden bin.

Es geht uns sehr gut! Wir sind inzwischen über zehn Monate unterwegs und sind uns einig, dass wir auf keinen Fall im Winter zurück nach Deutschland wollen. Nach der Hitze hier wäre das wirklich unerträglich. Wir schmieden Pläne, wie wir es mit unserem verbleibenden Budget bis ins Frühjahr schaffen können und recherchieren schon mal das Ein oder Andere für unseren Australienaufenthalt. Das einzige was wir im Moment sicher wissen, Myanmar werden wir auf dieser Reise nicht mehr sehen. Das sparen wir uns für einen späteren Zeitpunkt auf. Denn die Hitze von 30 Grad, die sich durch die Luftfeuchtigkeit wie 40 Grad und mehr anfühlt, verdirbt uns die Lust auf einen Rucksack-Urlaub.

Der nächste Stopp auf dem Weg zur malaiischen Grenze ist Pak Meng Beach, eine herrliche Bucht ca. 35 km von der Stadt Trang entfernt und Teil des Chao Mai Marine National Park. Ein wirklich traumhafter Strand. Wir sammeln Muscheln und haben unseren Spaß mit den Millionen und Abermillionen von winzigen Krebsen, die sich hier tummeln und sich bei der kleinsten Bewegung im Sand verbuddeln. Und weil es gar so schön ist, bleiben wir gleich noch bis zum nächsten Tag. Bevor wir das Land endgültig verlassen, geht es - wie kann es anders sein - noch ein letztes Mal in einen Nationalpark, den Tale Ban, vor allem weil wir nicht spät abends über die Grenze wollen und weil wir einen „sicheren" Übernachtungsplatz haben möchten. Es gibt eine Warnung vom Auswärtigen Amt, dass man die unter Notstandrecht stehenden Provinzen im Süden Thailands (Narathiwat, Yala und Pattani sowie die in der Nachbarschaft liegende Provinz Songhkla), in denen wir uns gerade befinden, aufgrund anhaltender terroristischer Anschläge dringend meiden soll. Es bestehe Lebensgefahr! Wir halten uns am Rand des Gebietes auf, aber ich bin doch etwas verunsichert, obwohl wir uns nie in Gefahr fühlen. Uns ist erzählt worden, dass es in den zuerst genannten Gebieten wirklich gefährlich sein kann und dass es schon vorgekommen ist, dass auf jemanden geschossen wurde, weil er Kleidung in camouflage (Tarnfarbe, typischer Bundeswehrstil) trug. Und das tut in Thailand jeder zweite Urlauber. Andererseits haben uns Vreni und Ueli, die radelnden Schweizer erzählt, dass sie gar nichts davon wussten und genau durch diese Regionen geradelt sind. Sie sind zwar von der Polizei eskortiert worden, haben sich aber nie bedroht gefühlt. Auf der Reise hat man oft Situationen, die schwer einzuschätzen sind. Die einen sagen, es sei gefährlich, die anderen, es sei unbedenklich. Die Wahrheit liegt wahrscheinlich wie so oft irgendwo dazwischen. Für uns ist unser Bauchgefühl entscheidend, das ist allerdings auch nicht immer ganz einfach, da Jürgen und ich diesbezüglich sehr unterschiedliche Bäuche haben. Doch wir finden (fast) immer eine Lösung, mit der wir beide unseren Frieden haben.

Die Nacht im Tale Ban ist auf jeden Fall eine gute Entscheidung. Wir sind nachts alleine, wenn man von den vielen Makaken, die sich über die Mülleimer hermachen, mal absieht. Ein märchenhafter Seerosenteich, nur ein paar Schritte vom Bus entfernt, und heute ausnahmsweise mal kein Regen. Übrigens mit ein Grund, warum wir schon sehr gespannt auf unser nächstes Reiseland sind. Mitten im Herzen Südostasiens gelegen, variiert das Klima in Malaysia von Region zu Region. Im Allgemeinen ist das Tiefland wärmer, die Temperaturen sollen zwischen 21°C bis 32°C liegen. In den Bergen ist es kühler, die Temperaturen fallen bis auf 16°C. Die meisten Niederschläge fallen während der Regenzeit von Oktober bis März. Für uns heißt das, die perfekte Jahreszeit! Es ist Ende Juni, wir dürfen drei Monate im Land bleiben und wenn der große Regen kommt, sind wir schon auf dem Weg nach Down Under. In diesem Sinne: auf nach Malaysia!

MALAYSIA

Als wir an der Grenze ankommen, sind wir geschockt. Die Durchfahrt ist überdacht, das könnte knapp werden. Bisher hatten wir mit der Höhe unseres Bullis noch keine Probleme, doch das könnte sich jetzt ändern. Mit dem Maßband in der Hand steigt Jürgen aus dem Bus und checkt die Tatsachen. „Verdammt, das ist zu niedrig, da kommen wir niemals durch." Aber hier fahren doch auch LKWs und die kommen auch irgendwie auf die andere Seite? Wir fragen einen Grenzbeamten, ob es noch einen anderen Weg über die Grenze gibt. Er grinst und zeigt uns den Weg: Wir müssen nur hinter einem Gebäude herum fahren und schon sind wir drüben. Das 90 Tage-Visum und den Stempel fürs Carnet bekommen wir anstandslos. So einfach ist es noch nie gewesen. Und überhaupt scheint hier alles etwas moderner zu sein. Oder kommt uns das nur so vor, weil wir den Anblick inzwischen schon gewohnt sind? Vieles ist für uns mittlerweile „normal", einfache Bretterbuden am Straßenrand, in denen verschiedenste Waren angeboten werden, sind für uns so selbstverständlich geworden wie zu Hause in Deutschland die großen Supermärkte. Doch irgendetwas ist hier anders. Auch die Fahrzeuge sind moderner und die Straßen sauberer. Das bilden wir uns nicht ein, oder?

Die Grenzdurchfahrt nach Malaysia ist zu niedrig

Die Zahir-Moschee

In der Stadt Kuala Perlis informieren wir uns, ob es möglich ist, mit unserem Fahrzeug auf die Pulau Langkawi, eine vorgelagerte Insel, zu kommen. Eine Autofähre gibt es nicht, die einzige Möglichkeit wäre, den Orangetrotter auf ein Frachtschiff zu verladen. Dafür müssten wir den Schlüssel einem Mitarbeiter der Gesellschaft überlassen, der dann unseren Bus - mit unserem kompletten Hausstand - auf das Schiff fährt und wieder runter. Das kommt für uns nicht in Frage und wir fahren weiter nach Alor Setar. Die Hauptstadt von Kedah ist das Handels- und Geschäftszentrum Nordwest-Malaysias. Auf der Suche nach einem Übernachtungsplatz stoßen wir auf einen großen Parkplatz, der zur Zahir-Moschee gehört, wohl eine der schönsten orientalischen Moscheen im Land. Sie wurde im maurischen Stil nach dem Vorbild einer Moschee auf Nord-Sumatra errichtet. Hier fühlen wir uns wohl und bleiben. Ein Fehler, wie sich herausstellen soll! Die jungen Menschen in dieser Stadt haben anscheinend nichts anders zu tun, als sich die Nacht um die Ohren zu schlagen und unseren Bus zu inspizieren. Schlaf finden wir nicht. Als ob die Hitze - es ist immer noch unglaublich heiß - nicht schon reichen würde, kommt es die ganze Nacht über erneut zu Störungen der neugierigen Jugendlichen. Wir sind froh, als wir am Morgen weiterfahren können.

Nächste Station ist Georgetown, die Hauptstadt der Insel Penang und des gleichnamigen Bundesstaates. Sie liegt an der nordöstlichen Spitze der Insel und hat ca. 200.000 Einwohner. Überwiegend Chinesen, wie übrigens sehr oft in Malaysia. Über die 13,5 km lange Brücke, eine der längsten Asiens, erreichen wir die im Jahr 1786 von Händlern der britischen Ostindien-Kompanie gegründete Stadt. Von König George III. erhielt Georgetown seinen Namen. Obwohl die Stadt wirklich schön ist, fühlen wir uns nicht richtig wohl, darum ziehen wir es vor, uns den Botanischen Garten anzusehen. Eine gute Idee! Hier können wir uns die Blatt- und Stabheuschrecken aus nächster Nähe ansehen. Wenn man nicht weiß, dass sich ein Tier dieser Spezies in einem Busch oder Baum aufhält, wird man es auch nicht entdecken. Diese Tarnkünstler sind kaum von den natürlichen Blättern oder Zweigen zu unterscheiden. Überall in den Tropen halten sie sich auf, schaffen es, sich derart in das Blatt- und Astgeflecht der Pflanzen zu integrieren, dass man sie dort kaum findet. Wir sind schwer beeindruckt von diesen faszinierenden Geschöpfen und nehmen uns vor, in Zukunft noch besser gerade auch auf die kleinen Wunder der Natur zu achten.

Es ist schwer, auf der Insel einen schönen, ungestörten Platz zum Bleiben zu finden. Für diese Nacht stehen wir auf dem Parkplatz vor einem Hotel. Bevor

Oben das Blatt, unten die perfekt getarnte Heuschrecke

wir uns schlafen legen, gehen wir noch in den benachbarten Foodcourt. Die gibt es besonders in Malaysia so gut wie in jedem Einkaufszentrum. Die unterschiedlichsten kulinarischen Angebote sind hier auf engstem Raum zu finden, national und international. In der Mitte der Shoppingmall sind einige Leute damit beschäftigt, eine Großleinwand aufzustellen. Wir befinden uns in der Fußballweltmeisterschaft. Diese ist bisher allerdings unbemerkt an uns vorüber gegangen. Doch heute spielt Deutschland gegen England, das könnte eine interessante Sache sein, sich dieses Spiel in einer ehemals britischen Kolonie anzusehen.

Wir beschließen, an dem Spektakel teilzunehmen. Und wirklich, die Stimmung ist super. Ca. 250 Leute, hauptsächlich Einheimische, aber auch ein paar Engländer und andere Ausländer sind da, die Sympathien sind ungefähr fünfzig zu fünfzig verteilt. Die anwesenden Fußballfans schaffen es sogar, mich, die ich wirklich gar nichts für diesen Sport übrig habe, mit ihrer Begeisterung anzustecken. Dass sich so viele Nicht-Deutsche über die Tore unserer Mannschaft freuen, überrascht mich. Na ja, es waren ja auch einige davon.

Die Deutschen sind also weiter und Jürgen und ich sind jetzt so heiß, dass wir auch das nächste Spiel nicht verpassen wollen. Jetzt haben wir noch einen Punkt mehr auf der Kriterienliste für den nächsten Übernachtungsplatz.

Leider finden wir auf der Insel keinen geeigneten Platz für einen längeren Aufenthalt. Das und die Hitze veranlassen uns zur Weiterfahrt und wir finden, was wir suchen.

Kennt ihr Almeria?

Nein, wir sind nicht in Spanien! Aber an die unendlichen mit Folien bedeckten Gewächshäuser Almerias muss ich sofort denken, als wir das Hochplateau der Cameron Highlands auf ca. 1.500 Metern erreichen.

Wir sind in Malaysia und freuen uns auf das kühle Klima, das der Hochebene den Ruf als Obstgarten Malaysias und beliebtes Naherholungsgebiet beschert hat. Selten über 25°C am Tag und herrliche 12 - 15°C in der Nacht. Endlich mal wieder schweißfrei schlafen! Ein Klima, in dem Obst und Gemüse wächst und gedeiht wie nirgendwo anders in Malaysia. Der absolute Hit sind Erdbeeren (2,50 €/200 g). Erntezeit: ganzjährig. Und Tee! Also wird dem umliegenden Dschungel jeder Zentimeter abgetrotzt, oft illegal und mit verheerenden Folgen.

Sind die steilen Hänge erst einmal abgeholzt und nicht ausreichend gesichert, rutschen sie spätestens beim nächsten Monsun ab.

Um den Ertrag auf den wenigen verfügbaren Flächen zu steigern, wurde nicht nur eine Unmenge an unansehnlichen Foliengewächshäusern errichtet, sondern auch massiv die Chemiekeule geschwungen. Singapur lehnte zuerst den Import der Cameron-Produkte ab. Unter dem Druck der Billiganbieter aus den Nachbarländern findet allmählich ein Umdenken Richtung Bio-Qualität statt.

Das erzählt uns Ramasamj, ein ehrenamtlicher Mitarbeiter von REACH (Regional Environmental Awareness of Cameron Highlands) und VW-Oldtimer Fan.

Aber es gibt natürlich auch die noch unberührten Flecken mit herrlichen Dschungeltrecks und tollen Aussichtspunkten. Das Ganze geschmückt mit ein paar wenigen englischen Kolonialbauten. Alles eine Frage, wie man den Kamerafokus ausrichtet.

Und noch was für Land Rover-Freaks: Die Camerons haben wohl das höchste Aufkommen an Land Rover Jeeps und wahrscheinlich auch das marodeste weltweit. Speziell gekennzeichnet dürfen die bis zu 50 Jahre alten „Ackergäule" die Cameron Highlands nicht verlassen. Besser so! Man spricht von ca. 10.000 Land Rovers auf ca. 35.000 Einwohner.

Im Innenhof des Fathers Guesthouse können wir mit unserem Bulli stehen, die Duschen mit benutzen, und direkt vor dem Bus bekommen wir das köstlichste Frühstück serviert. Und es gibt einen Fernsehraum!
Wir vertreiben uns die Zeit mit lesen, machen hin und wieder einen Bummel über den Markt und genießen die feilgebotenen Köstlichkeiten. Oder kochen selbst, zum Beispiel mal wieder Kässpatzen. Der Käse war nicht leicht aufzutreiben, aber nach vielen Versuchen in den umliegenden Geschäften, bin ich fündig geworden. Und Jürgen hat es noch nicht verlernt, für diese Allgäuer Spezialität ist er auch auf der Reise zuständig. Sie schmecken köstlich und sind eine angenehme Abwechslung zu gebratenen Nudeln und Reisgerichten. Der Hausherr schleicht neugierig um unser Essen, wir geben ihm eine Kostprobe. „It ist o.k., but too much cheese."
Es ist wieder so weit. Fußball steht auf dem Plan. Ein Franzose und wir richten uns gemütlich in dem winzigen Fernsehzimmer ein. Diesmal ist die Stimmung nicht so ausgelassen, doch das Ergebnis spricht für uns. Deutschland ist weiter und es gilt nun auch für das nächste Spiel eine Möglichkeit zu finden, unser Team anzufeuern.

Ein bisschen wehmütig verlassen wir die Cameron Highlands, das angenehme Klima hat es uns sehr angetan. Doch das nächste Highlight erwartet uns bereits. Der Taman Negara ist mit seinem 130 Millionen Jahre alten tropischen Dschungel ein Nationalpark und das älteste Waldgebiet der Erde. Unter dem Einfluss von Eiszeiten, Klimaschwankungen oder Veränderungen des Meeresspiegels haben sich viele Teile der Welt verändert, aber auf der malaiischen Halbinsel sind die Verhältnisse relativ stabil geblieben und die Tier- und Pflanzenwelt konnte sich ohne größere Störungen entwickeln und fortbestehen. Die Halbinsel, in deren Zentrum der Park liegt, beherbergt sehr alte und daher besonders artenreiche Tropenwälder. So lesen wir in unserem Reiseführer.

Die Anfahrt über Kuala Tahan führt uns durch endlose Palmenhaine, deren Anblick zwar schön ist, aber auch eine bedenkliche Seite hat. Diese Plantagen werden zur Gewinnung von Palmöl angelegt. Wir versuchen uns vorzustellen, wie es hier vor der Rodung ausgesehen haben muss. Und bei dieser Vorstellung treibt es uns fast die Tränen in die Augen. So vielversprechend sich das auch liest, so ernüchternd ist die Realität. Ohne Zweifel ist dieser Nationalpark immer noch sehr beeindruckend. Auf unserer Trekkingtour durch den Dschungel entdecken wir wunderschöne Baumriesen, dicke Lianen und Luftwurzeln hängen mystisch über den Pfad. Tiere jedoch bekommen wir hier kaum zu sehen. Der Vorteil: Es gibt gut angelegte und ausgeschilderte Wege, der Wald ist alt und wunderschön. Hier verläuft man sich nicht so leicht, wie das zum Beispiel in Thailand der Fall war, aber das „Leben", die Geräusche des Dschungels, die vermissen wir hier. Wir hören kaum Vögel, sehen keinen Schmetterling, keine Kriech- und Krabbeltiere. Das ist ein bisschen enttäuschend. Das ist der Nachteil von „ausgebauten" Wanderwegen, die es jedem ermöglichen, sich auf eigene Faust auf Entdeckungstour zu begeben. Nichts desto trotz machen wir uns noch zu dem bekannten Canopy Walkway auf, zweifellos eine Attraktion und ein Muss für alle, die schwindelfrei sind. In einer Höhe von 20 bis 45 Metern spaziert man über schwankende Hängebrücken, die Ritzen zwischen den Holzsprossen ermöglichen den Blick in die Tiefen der grünen Hölle. Genau das Richtige für mich. So ganz schwindelfrei bin ich nämlich nicht und Hängebrücken waren noch nie mein Fall, aber wenn ich schon mal da bin…

Angeblich soll das Seil- und Brückensystem insgesamt über 500 m lang sein und aus neun bis zu 70 m langen Hängebrücken und acht Plattformen bestehen. Langsam, mit zittrigen Beinen taste ich mich sehr zur Belustigung von Jürgen und einiger anderer Schritt für Schritt über die wackelige Konstruktion. Als ob ich nicht schon genug schwitzen würde, kommt jetzt auch noch der Angstschweiß hinzu. Ich hab mich darauf gefreut, den Vögeln etwas näher zu kommen, doch ich hab weder die Muße noch das Glück irgendwelche Tiere zu erspähen. Überraschend schnell hab ich die ganze Strecke hinter mir gelassen. Und auch Jürgen ist überrascht, wie schnell wir den halben Kilometer geschafft haben. Zurück am Eingang des Hochweges fragen wir noch einmal nach. Die Ranger erklären uns, dass es schon länger keine 500 Meter mehr sind, die Instandhaltung sei zu kostenintensiv. Ich jedenfalls bin nicht böse darüber, im Gegenteil, als wir die alten, inzwischen gesperrten Hängebrücken sehen, sind wir dankbar, dass sie in Malaysia so ein hohes Sicherheitsempfinden haben. Da wir quasi um die Hälfte des Weges gebracht wurden, bieten uns die freundlichen Herren an, den Canopy Walk noch einmal gehen zu können. Wir lehnen dankend ab und machen uns auf den Rückweg.

Heute steht das nächste Spiel an. In der Eingangshalle eines Hotels in der Nähe unseres Stellplatzes bietet sich die Gelegenheit zu einer Fußballnacht. In Malaysia ist der Anpfiff um halb drei Uhr nachts. Diesmal schauen wir zu viert. Jürgen, ich, der Nachtwächter und ein Spanier. Diesmal vollbringen die Deutschen nicht gerade eine Glanzleistung und fliegen aus dem Rennen.

Es zieht uns wieder ans Meer, auf der Fahrt dorthin kommen wir zufällig an einem Park mit unzähligen Höhlen vorbei. Unter einem großen Felsvorsprung stellen wir den Bus ab. Wir stehen quasi mitten in einer Höhle. Wir rüsten uns mit Trekkingschuhen, Wasser und Taschenlampe aus und begeben uns auf eine Erkundung der Unterwelt. Teilweise sind die Höhlen sehr gut ausgebaut, mit gepflasterten Wegen und Geländern, doch da gerade nichts los ist, wird am Licht gespart. Gut, dass wir unsere Taschenlampen dabei haben. Eine steile Treppe führt uns in die schwarze Tiefe. Ein paar Schritte von den Stufen entfernt, wird es mir ganz mulmig, es ist mir definitiv zu finster. „Jürgen, ich geh zurück, mir ist das zu unheimlich." Sehr enttäuscht - er liebt solche Abenteuer - dass ich nicht mit ihm gehen will, verschwindet er ohne mich in der Dunkelheit. Ich steige wieder aus dem Loch und bin froh, wieder Tageslicht zu sehen. Die Minuten, bis Jürgen wieder bei mir ist,

Malayische Ausblicke

erscheinen mir unendlich. Mir ist es unbegreiflich, wie man sich so lange dort unten aufhalten kann, aber ich weiß schon, für viele Menschen ist das das Größte. Und ich, ich bin und bleib halt ein Angsthase.

Jürgen erzählt mir später, dass er irgendwann in der Höhle seine Lampe ausgemacht hat, er wollte wissen, wie es sich anfühlt, komplett von der Dunkelheit verschluckt zu werden, und er gibt zu, dass dies auch für ihn sehr unheimlich war. Irgendwie, als ob noch etwas, noch jemand da gewesen wäre. Wie gruselig!

Zur nächsten Höhle geht es nicht hinunter, sondern hinauf, sie ist sehr weitläufig und wird von Tageslicht durchflutet, das ist ganz nach meinem Geschmack. Noch eine andere möchte Jürgen sich anschauen, ich ziehe es vor, unter einem Baum auf ihn zu warten. Um mich herum summt es, ständig fliegt mir etwas um den Kopf. Und das, was ist das? Auf einem Moped kommt ein junger Mann auf mich zu gefahren. Wir plaudern ein bisschen und er zeigt mir ein großes Bienennest, das hoch oben in einer Baumkrone hängt. „They are very dangerous and the stings are very painful. You have to be careful!" Das ist also das Summen, das ich schon die ganze Zeit höre. Ich höre nur Stiche und gefährlich... Meine Gedanken sind sofort bei Jürgen und ich wünsche mir, dass er bald zurückkommt und wir von hier verschwinden können. Seit der Geschichte in Thailand gehe ich allen stechenden Insekten lieber aus dem Weg. Noch einmal möchte ich nicht solche Angst um Jürgen haben müssen.

Und da kommt er auch schon aus dem Dickicht, ich zeig ihm das Nest und wir schlendern gemütlich den schönen Weg zurück zum Bulli, fahren weiter dem Meer entgegen.

Gipfeltreffen

Über eine Woche stehen wir nun schon in Cherating an der Ostküste Malaysias. Wir genießen unsere Nachbarschaft, Ulla und Peter, seit fast vier Jahren unterwegs, sowie Sylvi und Wilm, seit knapp einem Jahr „on the road". Es gibt viel zu erzählen, Filme und Bücher werden getauscht und Informationen für die weitere Reise gesammelt... Und es wird richtig geschlemmt.

Sylvi lädt uns zu ihrem Geburtstag feudal zu selbst zubereitetem Fisch ein.

Mr. Deen, der Chef vom Intan Restaurant, vor dem wir alle mit unseren Gefährten stehen, bringt uns eines Abends ein reichhaltiges Barbecue für sechs Personen - for free! Gemeinsam setzen wir uns an den reich gedeckten Tisch und lassen uns Fisch, Hühnchen, Tintenfisch, Reis und Nudeln schmecken.

Ja, es geht uns mal wieder richtig gut! Zu allem Überfluss kommen auch noch das Meer, der Strand und die Hängematte hinzu. Allerdings hängt diese nicht unter Palmen, das ist viel zu gefährlich. Ich habe erst irgendwo gelesen, dass mehr Menschen von einer Kokosnuss erschlagen als von Haien getötet werden.

Der ständige Wind vom Meer lässt uns die Hitze gut ertragen, und so haben wir mal wieder einen Platz zum Verarbeiten des bisher Erlebten und planen die neuen Abenteuer. Langweilig wird es uns auch hier nicht. Wir beobachten die Einheimischen beim „verhüllten" Baden - wir sind in einem zum Großteil muslimisch geprägten Land - oder fahren in die nahe gelegene Stadt. In der Konditorei staunen wir über die Fingerfertigkeit der malaiischen Frauen beim Verzieren der farbenprächtigen Kuchen, sitzen gemeinsam ums Lagerfeuer und plaudern über Gott und die Welt.

Was die Deutschen am meisten vermissen

Seit der Türkei hören wir jetzt schon dieses Gejammer! Und bis hierher, nach Malaysia, ständig wieder. Alle deutschen Traveller, Weltenbummler, Kurzurlauber und Auswanderer sind sich einig.

Es ist das gute deutsche, schnittfeste, dunkle, vollwertige und krumige Schwarzbrot, das sie am meisten vermissen. Ich selber - eher der Weißbrot-Typ - hatte da bisher weniger Probleme. Aber auch da vermisse ich das Knuspern und Spritzen der Brösel beim Reinbeißen.

Nun kommen wir nach Cherating. Und hoppla, was ist denn hier los? Deutsche Overlander. Zwei Fahrzeuge. Mit Sylvi und Wilm hatten wir bereits E-Mail-Kontakt. Ulla und Peter treffen wir das erste Mal. Ja, und Ulla backt gelegentlich Brot, und was für eins! Unsere Speichelspuren in den Mundwinkeln sind kaum zu übersehen, und so entschließt sich Ulla, dem Leiden ein Ende zu setzen. Am folgenden Morgen überreicht sie uns einen lecker duftenden Laib, frisch aus ihrem Brotbackofen. Wir sind aufgeregt und ganz gut vorbereitet. Wir haben Butter, Kaffee, Schinkenwurst, etwas Käse und Marmelade. Dazu noch ein 5-Minuten-Ei. Ist das ein Fest! Zufrieden lehnen wir uns zurück und genießen das Völlegefühl in unseren Mägen, das noch stundenlang anhält. Danke Ulla!

Apropos vermissen: Silvy & Wilm ziehen heute weiter in die entgegengesetzte Richtung, bis sie irgendwann dann doch in Australien aufschlagen. Danke für die schönen Tage! Ich denke, man sieht sich!

Zum Glück haben wir noch mehr nette Nachbarn.

Es sind sehr schöne Tage mit unseren Overlander-Kollegen. Wilm und Silvy treffen wir unterwegs leider kein zweites Mal, doch in Kontakt sind wir bis heute. Sie sind über Afrika zurück nach Deutschland gefahren, dort haben sie auch unseren Freund Lutz aus der Türkei getroffen, der sie nach den „Orangetrottern" gefragt hat. Wie klein die Welt doch ist. Und übrigens haben sich die beiden den besten Tag für ihre Abreise ausgesucht. In der folgenden Nacht gibt es einen Sturm, der ein paar Bäume zum Umfallen bringt, einer davon liegt quer über dem Platz, an dem die beiden noch die Nacht zuvor in ihrem Auto geschlafen haben. Auch Ulla und Peter fahren wir leider nicht mehr über den Weg, aber auch mit ihnen stehen wir immer noch in Verbindung. Sie haben inzwischen eine kleine Bungalowanlage an einem Strand in Kambodscha eröffnet. Und unser Besuch dort ist schon so gut wie gebucht. Nach fast drei Wochen relaxen, macht sich schon wieder Unruhe breit. Wir wollen weiter. Die Visa für Australien haben wir inzwischen bereits beantragt, dafür mussten wir unsere Finanzen offen legen und jetzt warten wir, ob die Aussis uns haben wollen. Erst dann können wir die Verschiffung für unseren Orangetrotter klar machen. So kompliziert ist die Einreise bisher noch für kein Land gewesen. Was aber auch daran liegt, dass wir die Aufenthaltserlaubnis für ein Jahr beantragt haben.

Um uns die Zeit des Wartens zu verkürzen und auch zu versüßen, planen wir einen Kurztrip nach Pulau Perhentian, Jürgen möchte endlich wieder einmal tauchen. Die Insel soll dafür perfekt sein. Zwei dschungelbewachsene Felsen heben sich etwa 25 km vor der Küste von Kuala Besut aus dem Meer, gesäumt von kleinen Sandstränden, manche recht einsam, andere mit kleinen Hütten unter Kokospalmen. Doch ein Geheimtipp ist sie nicht mehr. Die Insel wimmelt nur so von Urlaubern aller Schichten, die mit kleinen Booten zweimal täglich gebracht und abgeholt werden. Und trotzdem hat sie sich noch etwas von ihrem Robinsoncharme bewahrt. Zwei Nächte verbringen wir hier und Jürgen hat schöne Unterwassererlebnisse. Nichts Spektakuläres, aber abwechslungsreiche, entspannte Tauchgänge. Für ihn eine seltene Freude, denn dieses kostspielige Hobby belastet die Reisekasse und muss daher auf ein Minimum reduziert werden. Ursprünglich war unser Abenteuer Weltreise auf ein Jahr ausgelegt, durch eben diese Einschränkungen haben wir es geschafft, dass wir sie noch um einige Monate verlängern können. Es ist nicht so, dass wir uns den Trip vom Mund absparen, ganz im Gegenteil, da würde noch mehr gehen. Aber dafür lieben wir beide viel zu sehr auch das westliche Essen. Wir gehen viel in die einheimischen Restaurants, nutzen die tollen Angebote am Straßenrand, in Malaysia oft in Form von reichhaltigen Buffets. Dort können zwei Personen für weniger als drei Euro gut und lecker satt werden. Doch immer nur Reis, das ist nicht unser Ding. Wir gönnen uns öfter, vielleicht zu oft, auch mal Pizza und Pasta. Und natürlich kochen wir auch selbst. Wenn es allerdings etwas Europäisches sein soll, hat das auch hier seinen Preis. Wir haben Langzeitreisende getroffen, die ihr Konsumverhalten auf ein Minimum beschränken, um möglichst lange unterwegs zu sein. Das ist etwas, das wir beide nicht so gut können, wir wollen leben und nicht auf jeden Cent gucken. Wenn uns ein Eis oder ein Bier anmacht, kaufen wir es uns. Dafür sparen wir bei anderen Dingen. Zum Beispiel verzichten wir so gut wie möglich auf alles, was unverhältnismäßig viel Eintritt kostet, oder auf geführte Touren, alles, was extrem touristisch ist. Souvenirs sind auch so ein Thema, da sind wir sehr sparsam, was zwangsläufig leicht fällt, da wir keinen

Platz zum Aufbewahren haben. Wenn man kein Einkommen mehr hat und weiß, dass man mit dem, was man hat, auskommen muss, und sieht, wie es immer weniger wird, sind viele materielle Dinge nicht mehr wichtig. So auch Klamotten, man trägt sowieso meist dasselbe und waschen lassen kann man die Sachen überall für wenig Geld. Auch so etwas, was ich vor der Reise gar nicht wusste. In jedem noch so kleinen Dorf gibt es eine Laundry, Wäschereien, denen man einen Sack Schmutzwäsche bringt, den man oft noch am selben Tag wieder abholen kann. Und das auch noch zu sehr günstigen Preisen, zumindest hier in Asien. Das ist zum Beispiel so ein Luxus, den wir uns leisten, wir lassen waschen.

Und auch nach den Inseltagen kommt Jürgen noch voll auf seine Kosten.

Tarantel und Verwandte

In den Fraser´s Hills treffen wir Loksim. Der sympathische Malaie kennt den lokalen Dschungel und seine Bewohner bestens. Und endlich habe ich jemanden gefunden, der mir zeigt, wo meine Lieblinge, Tarantel und Verwandte, zu finden sind. Viel wichtiger: Er weiß, wie man die Tiere aus deren Behausung lockt, ohne sie zu sehr zu stressen. Wir finden viele schöne Taranteln, bis zu 10 cm im Durchmesser.
Viel schwerer zu finden sind Falltürspinnen. Normalerweise verrät Loksim niemandem, wo diese faszinierenden Raubspinnen aus der Familie der Vogelspinnen zu finden sind. Die Schwarzmarktpreise sind hoch. Perfekt funktioniert die Falltür. Treibt sich Beute vor ihrer Haustür herum, schießt die Spinne pfeilschnell hinter der Tür hervor, packt absolut zielsicher zu. Genauso schnell verschwindet sie wieder in ihrem Bau, und ich wundere mich, wie geschickt und schnell sie die Tür von außen öffnet. Ich liebe es! Die Fachwelt diskutiert noch über die Giftigkeit der Falltürspinne, über die auch sonst noch sehr wenig bekannt ist. Aber das habe ich ja schmerzvoll gelernt: Anfassen verboten oder wie wir Schwaben sagen: „It aalanga!"

Ganz erspart bleiben uns Jürgens speziellen Freunde auch in Fraser´s Hill nicht. Früh morgens machen wir uns mit dem Bus auf den Weg zu einem Vogelbeobachtungsplatz. Noch einen kleinen Hügel runter und wir haben ihn erreicht. Den Motor stellen wir ab, kochen uns noch schnell eine Tasse Kaffee, um uns dann ganz gemütlich auf den Beobachtungsposten zu legen. Doch viel passiert nicht. Ein paar kleinere Exemplare und das war es auch schon. Enttäuscht beschließen wir, noch ein Stück weiter zu fahren und noch ein anderes Plätzchen auszuprobieren. Wir steigen ein, wollen losfahren, doch Jürgen bekommt keinen Gang mehr rein. Na schön, war ja schon länger nichts mehr am Auto. Jürgen krabbelt unter den Wagen und sucht nach dem Problem. Inzwischen sind wir nicht mehr alleine, eine einzelne Biene hat sich zu uns gesellt. Ein richtig aufdringliches Ding. Entweder kreist sie mir summend um den Kopf oder sie sitzt bei Jürgen, der mit kurzen Hosen und Flipflops bekleidet unterm Auto liegt. Immer wieder krabbelt sie in Richtung seiner Hosenbeinöffnung, was ihn und mich ziemlich aus der Fassung bringt. Immer wieder kommt er unter dem Fahrzeug hervor und versucht, das Mist-stück loszuwerden. Notgedrungen zieht er lange Hosen und geschlossene Schuhe an. Wieder unterm Auto, sind es inzwischen zwei Bienen. Ich versu-che, sie mit diversen Ablenkungsmanövern, vom schwingenden Handtuch bis zum Insektenspray, irgendwie von Jürgen wegzulocken. Teilweise gelingt es mir, dann umkreisen sie mich, ich springe davon, sie machen mich total verrückt, krabbeln ins Ohr und in die Nase. Ich springe und schreie, drehe

Taranteln, es gibt sie tatsächlich!

mich im Kreis. Jürgen hält sich den Bauch vor Lachen. Bis sie wieder um ihn fliegen. Er kann nicht bei der Arbeit bleiben. Wir werden fast wahnsinnig. Seit wir wissen, wie allergisch Jürgen auf Bienenstiche reagiert, ist das echt kein Spaß mehr. Es dauert eine Ewigkeit, bis Jürgen das Problem behoben hat und wir endlich von dort wegkommen. Hätte uns während der Zeit jemand beobachtet, wäre ich aller Wahrscheinlichkeit nach im Irrenhaus gelandet und nie wieder herausgekommen.

In diese Bergregion haben sich früher die Plantagenverwalter und Kolonialbeamten mit ihren Familien zurückgezogen, wenn es ihnen in den feuchten, Malaria verseuchten Dschungelniederungen zu heiß wurde. Sie haben sich hier ein kleines englisches Paradies geschaffen, dessen Vorzüge wir ebenfalls genießen, denn auch das Wetter ist englisch, oft neblig und mit kurzen Regenschauern. Die Nächte sind kühl und erfrischend, die Tage angenehm warm. Nur Bambus und Baumfarn erinnern uns beim Spaziergang durch die dichten Wälder daran, dass wir uns mitten in Asien aufhalten. Ein Einheimischer erzählt uns, dass vor ein paar Monaten ein Tiger mit seinen Jungen gemütlich die Straße entlang gelaufen ist. Gut, dass wir unseren Spaziergang schon hinter uns gebracht haben. Sehr angenehm überrascht sind wir von der Vielzahl der Vögel, die uns dann doch noch begegnen, und auch die Affen, die über die Hochspannungsleitungen laufen, sorgen für Unterhaltung. Eine gute Woche verweilen wir in dem angenehmen Klima, bevor es wieder in die heißeren Niederungen geht. Wir haben einen wichtigen Termin in Kuala Lumpur.

Tuberkulosetest und an der „Straße von Malacca"

In Malaysia treffen wir mehr Overlander als irgendwo sonst auf unserer Reise. Das liegt daran, dass viele von Indien oder den arabischen Ländern hierher verschiffen. In Kuala Lumpur sind dies die Schweizer Carmen und Martin sowie der Franzose Marc. Wir sind stolz, dass wir es bisher ohne Verschiffung geschafft haben, nicht viele fahren bis Malaysia komplett auf dem Landweg. Einheimische fragen uns oft ungläubig: „Gibt es eine Straße von Deutschland hierher?" Wir wundern uns ja selbst, wie „einfach" es war! Das ändert sich allerdings gerade.

Petronas Twintowers in Kuala Lumpur

Freitags haben wir einen Termin im Gleneagels Hospital, um uns auf Tuberkulose untersuchen zu lassen. Eine Forderung der australischen Behörden. Es überrascht uns, dass schon die Visabeschaffung für unser nächstes Reiseziel so aufwendig ist. Nachdem wir auch unsere finanziellen Mittel offen gelegt haben, werden uns nach langem Bangen endlich die Visa genehmigt.

Bevor wir uns jetzt darum kümmern, dass auch unser Orangetrotter einreisen darf - was etwas schwieriger werden könnte - besuchen wir noch Malakka. Schon Mitte des 15. Jahrhunderts war „Malacca" eines der bedeutendsten Handelszentren der damaligen Welt. Eine bunte, quirlige Stadt, in der Händler und Seeleute aus aller Herren Länder die Straßen bevölkerten. Geprägt von Portugiesen und Holländern und einem wahrlich auch heute noch multikulturellen Treiben und einer Sprachenvielfalt, wie wir sie nur aus Malaysia kennen. Englisch, Malaiisch, Indisch, Portugiesisch und Chinesisch sind hier Umgangssprachen.

In Malakkas Chinatown erleben wir ein China, das wir so von unserem Abstecher durch das richtige China nicht kennen. Das bestätigt uns Teo, ein chinesischer Arzt, der uns seine geliebte Stadt zeigt. Hier gab es keine Kulturrevolution und die alten Traditionen werden noch gelebt. Die typisch chinesischen Häuser, von der Front eher unscheinbar, entpuppen sich in ihrem Inneren mit den sonnendurchfluteten Höfen, uralten Böden, prachtvollen Holztreppen und Geländern als wahre Schmuckstücke.

Auf dem „Roten Platz" beobachten wir die phantasievoll geschmückten Trishaws, Fahrradrikschas, die mit laut dröhnender Musik und wild blinkenden Lichtern die Touristen durch die engen Straßen chauffieren.

Jürgen und ich kaufen noch Australien-taugliche Sonnenbrillen. Meine ist mir in den Cameron Highlands von einer Windböe vom Kopf gerissen und vom dichten Dschungel verschlungen worden. Jürgens Brille liegt irgendwo in China in einem Goldfischteich. Jetzt sind wir gerüstet für Australien und machen uns an den Papierkram und das Aufpolieren unseres Reisegefährt(en) für die Verschiffung. Die Quarantäne-Bestimmungen sind extrem hart.

SINGAPUR

Wir haben ihn weggeben müssen - eine Liebeserklärung

Jetzt müssen wir ohne ihn auskommen, fast ganze zwei Wochen lang! Das wird eine harte Zeit, bis wir uns hoffentlich in Australien unversehrt wiedersehen können. Das hat mich zu einer Liebeserklärung inspiriert:

Ganz schön ausgepowert von den Ereignissen der letzten Woche, liege ich auf meinem harten Hotelbett, das sich viel mehr wie ein Brett anfühlt. Ein seltsames Gefühl, ohne unseren Orangetrotter zu sein. Die letzten Tage haben wir ihn auf Hochglanz poliert, den Unterboden komplett gereinigt, jede Ritze mit der Zahnbürste „ausgepopelt", eine harte Arbeit. Laut den australischen Zollbestimmungen darf kein Klümpchen Erde und kein Staubfussel mehr an und im Fahrzeug sein. Es soll vermieden werden, dass Samenkörner, Insekten oder anderes ins Land eingeschleppt werden, was das ohnehin schon gebeutelte Ökosystem in Australien belasten würde.

Gestern haben wir unseren treuen Gefährten dann im Hafen von Singapur abgeliefert. Zum Abschied haben wir ihn nicht mal mehr selbst fahren dürfen. In Singapur ist das für Camper nicht erlaubt. Man muss sich bei der AAS (Automobil Association Singapur) melden. Dort wird dann alles Formelle erledigt und ein Fahrer beauftragt, das „mobile home" durch diese verrückte Stadt zu schleppen. Dafür dürfen wir dann auch noch 150 € bezahlen.

Der Abschied fällt uns unerwartet schwer. Er macht uns bewusst, wie sehr dieser VW-Bus ein Teil unseres Teams und wie wichtig er für uns und unsere Art zu reisen ist. Immer wieder stellen wir fest, dass ein Backpackerleben nichts für uns wäre. All das Gepäck mitschleppen, ständig auf der Suche, wie man von einem Ort zum nächsten kommt und wo man die Nacht verbringt. Unser Bulli ermöglicht es uns, mit der Freiheit und Unabhängigkeit zu reisen, die wir beide so sehr lieben. Dieser Abschied auf Zeit zeigt uns, wie dankbar wir unserem Orangetrotter sind. Und das schon nach einem Tag ohne ihn!

All die wunderbaren „Erfahrungen" und Begegnungen hätte es ohne ihn nicht gegeben. Vielleicht anders, ja, aber eben nicht so. Er ist es, der diese Reise so besonders macht!

Vielen Dank Orangetrotter! Wir vermissen dich! Gute Überfahrt und bis bald in Australien…

Beeindruckend - aber auch befremdlich

Futurama - Stadtstaat der Gegensätze

Wir können uns das Leben in Singapur ohne unseren Orangetrotter nicht leisten. Für eine fensterlose Abstellkammer mit Stockbett bezahlt man 25 € pro Person. Ein Mehrbettzimmer bekommt man ab 20 € pro Person. Also quartieren wir uns in Johor Bharu, der Stadt vor der Grenze, ein und müssen, um unsere Orangetrotter-Verschiffung zu organisieren oder einen Stadtbummel zu machen, jedes Mal in einem langwierigen Prozedere die Landesgrenze passieren. Und das machen täglich Tausende, am Wochenende Zehntausende von Menschen, für die Singapur zu teuer zum Leben, aber eben besser zum Geld verdienen ist.

Und dann tauchst du ein in eine Mega-Shopping-Business-Futurama-Metropole, die ihres Gleichen sucht. Mir fehlen echt die Worte, um das zu beschreiben. Wer kauft das alles? Luxus an jeder Ecke, Mega-Shopping-Malls, die scheinbar aus der Zukunft kommen. Wirklich alles ist hier für Geld zu haben. Und so ziemlich alles muss importiert werden. Dieser Staat ist gerade mal 697 km² groß. 100 km² wurden dabei durch Landaufschüttungen gewonnen. Bis 2030 soll er 800 km² erreichen. Ca. 4,8 Mio. Menschen leben dort. Was die Städteplaner hier die letzten 20 Jahre aus Boden und Meer gestampft haben, ist einfach unglaublich.

Im Zentrum könnte man wirklich vom Boden essen. In den Außenbezirken soll es teilweise verheerend schmuddelig zugehen, erzählt uns ein Malaie, der Jahrzehnte in Singapur gearbeitet hat. Wie funktioniert so ein Staat? Ein Rätsel. An den strikten Gesetzen und Regelungen lässt sich erkennen, dass die Moderne oft nur Fassade ist. Teilweise mittelalterliche Bestrafungsmethoden zeugen davon, wie weit die Köpfe wirklich sind. Oder ist das die Zukunft? Nur ein paar Beispiele:

- *für Personenansammlungen von mehr als drei Personen, die über Politik, Religion oder innere Angelegenheiten reden wollen, muss eine staatliche Lizenz erworben werden,*
- *der Verkauf von Kaugummi war von 1992 bis Mai 2004 absolut verboten. Mittlerweile ist der Verkauf von Kaugummi zwar gestattet, jedoch weiterhin stark eingeschränkt. Der Käufer muss ein Arztrezept und seinen Personalausweis vorzeigen,*
- *Geld- und Sozialarbeitsstrafen (z.B. mit einer neonleuchtenden Weste und der Aufschrift „Order for corrective work" den Strand säubern) werden gegen Personen verhängt, die Müll (auch Zigarettenkippen) achtlos auf die Straße werfen. Würde Sarrazin sicher gefallen…*
- *der Transport der Durian-Stinkfrucht in öffentlichen Verkehrsmitteln ist verboten. Die Menschen lieben diese Frucht, deshalb kommt es selten zu Strafen. (Find ich eigentlich super, ich kriege diesen Gestank nicht mehr aus der Nase.)*
- *„Lügerei" wird wie Betrug geahndet, mit hohen Geldstrafen (100 - 5.000 €) und Prügel mit dem Rohrstock, drei bis acht Schläge,*
- *Sexuelle Praktiken, die von der Regierung als „unnatürlich" angesehen werden, sind illegal. Dazu zählt Anal- und Oralverkehr sowie jede Form von homosexuellem Sex,*
- *in Singapur werden weltweit die meisten Todesstrafen (und zwar überdurchschnittlich) verhängt. Hauptsächlich wegen Drogenbesitzes und Drogenhandels. Selbst bei Besitz von geringen Mengen Cannabis kann die Todesstrafe drohen, auch Ausländern.*

Also nicht unbedingt ein Staat für Freiheitsliebende. Man muss ihn ja nicht unbedingt verstehen, um ihn zu genießen. Meine anfängliche Abneigung gegen diese Überentwicklung hat sich inzwischen etwas gelegt. Denn Singapur bietet viel, nur für mich manchmal zu viel. Es weckt Begehrlichkeiten für Dinge, die aus meiner Sicht für ein erfülltes Leben nicht unbedingt nötig sind. Trotzdem könnte ich mich hier nur schwer enthalten. Ich freue mich umso mehr auf die endlose, menschenleere Natur West-Australiens.

Acht Tage ist unser Orangetrotter auf hoher See von Singapur nach Darwin in Australien unterwegs. Da die Übernachtungspreise in Johor Bharu wesentlich günstiger sind als in Singapur und quasi umsonst im Vergleich zu den Preisen in Australien, fliegen wir erst kurz vor der geplanten Ankunft des Schiffes auf den roten Kontinent. Bis dahin vertreiben wir uns die Zeit damit, durch die Stadt zu bummeln, Berichte für die Homepage zu schreiben, zu lesen und nette Gespräche mit einem Engländer und einem Malaien zu führen, der lange in Singapur gelebt und gearbeitet hat. So vergehen die paar Tage bis zum Abflug schnell und wir freuen uns auf den Kontinentwechsel.

Die letzten Tage haben wir es kaum noch erwarten können, endlich in den Flieger nach Australien zu steigen. Umso mehr überraschen mich die Gefühle, die mich auf unserem Weg zum Flughafen überkommen. Abschiedsschmerz überfällt mich in einer Heftigkeit, dass ich zuerst gar nicht recht weiß, was ich damit anfangen soll. Ich gehe ein wenig in mich, lasse im Schnelldurchlauf die Länder der letzten Monate vor meinem inneren Auge vorbeiziehen und bekomme ganz wässrige Augen. Wie sehr mir - und ich weiß, dass es bei Jürgen genauso ist - Asien und seine Bewohner ans Herz gewachsen und zur Gewohnheit geworden sind! Ganz bewusst beobachte ich noch einmal die an uns vorbei laufenden Menschen. Junge Frauen mit und ohne Kopftuch, Familien mit ihren Kindern, die hier übrigens wie ich finde selten quengeln oder streiten. Junge coole und lässige Männer und alte Menschen, gezeichnet vom harten Leben in Asien. Aggressivität und Hektik erlebt man hier selten. Alles läuft ruhiger ab. Easy going - so lässt es sich wohl am ehesten beschreiben. Diese Lebenseinstellung, so faszinierend und nachahmenswert sie ist, so nervenaufreibend kann sie auch sein. Wie oft mussten wir uns beherrschen, wenn etwas eine Ewigkeit dauerte, bis es erledigt wurde oder die einfachsten Zusammenhänge nicht verstanden wurden. Kombinationsgabe ist nicht gerade eine Stärke der Asiaten. Asien, so vielseitig wie das Leben selbst. Was für wunderbare Erlebnisse wir auf diesem Kontinent hatten, so unterschiedliche und liebenswerte Menschen durften wir hier treffen. Danke, Asien! Dank den Menschen, die hier leben. Fast ein ganzes Jahr waren wir hier zu Hause. Diese Zeit war und ist eine unbeschreibliche Bereicherung in unserem Leben.

AUSTRALIEN

Wir sitzen im Flieger nach Darwin. Das allererste Mal auf unserer Reise haben wir ein Flugzeug bestiegen. Nach Australien, ein Land, das immer schon eine große Faszination auf mich ausgeübt hat. Seit vielen Jahren verspüre ich den starken Drang, dorthin zu reisen. Aus Geld- und Zeitgründen habe ich es jedoch nie in Angriff genommen. Und als Jürgen mit der Idee „Weltreise" daher kam, dachte ich: „Au ja, wir fahren nach Australien". Das bisschen Wasser zwischen den Landmassen, das schaffen wir auch irgendwie. Wofür gibt es schließlich Fähren? Dass es nicht ganz so einfach sein würde und vor allem nicht so günstig wie eine Fährüberfahrt nach Korsika oder Sardinien, darüber habe ich damals noch nicht nachgedacht. Einzig der Gedanke, auf dem Landweg dorthin zu fahren, löste ein Kribbeln in meinem Bauch aus, das ich nicht beschreiben kann. In unserem Wohnzimmer hing damals eine große Weltkarte. Von dem Tag an, als klar war, dass wir uns auf dieses Abenteuer einlassen, galt mein erster und mein letzter Blick des Tages dieser Karte. So unglaublich weit, so unüberwindbar, wie mir die zurückzulegende Strecke damals vorkam, so simpel und reell wirkt es heute. Und die vergangenen Monate bestätigen den oft gedankenlos dahin gesagten Satz: „Der Weg ist das Ziel." Das Ziel Australien liegt vor uns, der Weg dorthin bereits hinter uns. Doch „Ziel erreicht" ist nicht gleich „Weg zu Ende", sondern ganz im Gegenteil: neue Ziele - neuer Weg. Das Motto unseres Lebens schlechthin.

Viele haben uns abgeraten, nach so langer Zeit in Asien ausgerechnet hierher zu fahren. „Warum fahrt ihr nicht zurück nach Deutschland – über Afrika oder noch nach Südamerika oder Neuseeland? Wieso nicht noch über Indonesien?", haben wir immer wieder gehört. Tja, nicht, dass wir das nicht auch gerne alles noch mitgenommen hätten, aber wie schon erwähnt, man hat immer mehr Orte nicht gesehen, als man gesehen hat. Und ganz nebenbei gibt es da auch noch einen anderen, nicht ganz zu vernachlässigenden Punkt: das Geld. Dann wurde natürlich argumentiert: „Mit dem, was ihr da drüben braucht, könnt ihr überall anders doppelt so lange bleiben." Was ja auch stimmt. Aber wir wollten nach Australien. Und das ist letztendlich das, was zählt. Für uns ist klar, die Möglichkeit Down Under mit unserem eigenen Fahrzeug für viele Monate zu bereisen ohne wieder pünktlich an einem Arbeitsplatz erscheinen zu müssen, werden wir die nächsten 20 Jahre nicht mehr haben. Und was allein der Flug von Deutschland aus kostet… Wir haben jetzt die allerbesten Voraussetzungen, um dieses Land in aller Ruhe, ohne Zeitdruck zu er-fahren - und zwar mit unserem heiß geliebten Orange-trotter. Etwas Besseres können wir uns zu diesem Zeitpunkt nicht vorstellen. Und nicht zuletzt war es auch unser erklärtes Ziel, bis hierher zu kommen. Und dass wir das schaffen, daran haben nicht viele geglaubt. Doch dazu sage ich nur „We did it!"

Um 4:30 Uhr nachts landen wir am Flughafen in Darwin. Beim Aussteigen aus der Maschine schlägt uns eine so schwül-heiße Luft entgegen, dass ich am liebsten sofort zurück in den Flieger möchte. Ich dachte, das hätten wir überstanden, habe mich auf angenehmeres Klima gefreut, aber das war wohl nix. Im schnuckelig kleinen Flughafen warten wir auf die Abfertigung. Von den hohen Sicherheits- bzw. Quarantänekontrollen bei der Einreise haben wir schon haarsträubende Geschichten gehört. Beim kleinsten bisschen Erde am Schuh, kann es schon Probleme geben. Wir kommen überraschend rei-bungslos durch die Passkontrolle. Beim Zoll fragen sie uns, ob wir etwas zu verzollen haben. Ich zeige ihnen diverse Medikamente, eine Liste, in der sie mit ihrem Anwendungsgebiet und Wirkstoff aufgeführt sind, sowie ein Schreiben des Arztes, dass die mitgeführten Arzneien nur für unseren per-sönlichen Bedarf sind. Die Zollbeamtin ist zufrieden und winkt uns durch, weiter zur Gepäckausgabe. Das wird nicht einmal geöffnet und wir können es direkt an uns nehmen. Na, das lief ja super. Draußen vor der Halle wartet bereits ein Bus, der uns zu unserer gebuchten Unterkunft bringt. So weit ist alles prima, einchecken können wir in der Baramundi Lodge allerdings erst ab 13:00 Uhr. Da wir noch nicht einmal sechs Uhr haben, nervt uns die lange Warterei, wir sind müde und wollen ein Bett.

Wir lassen unser Gepäck vor Ort und erkunden schon mal, wo wir gelandet sind. Unterwegs treffen wir einen älteren Herrn, der uns von einem Früh-stücksbuffet im Casino erzählt. Genau das, was wir jetzt brauchen. 22 Austra-lische Dollar soll es kosten, ca. 17 Euro. Für deutsche Verhältnisse ist das o.k., wenn man allerdings gerade aus Malaysia kommt, ist das Wucher. Doch daran müssen wir uns jetzt wieder gewöhnen. Wir gönnen es uns trotzdem und es ist ein Hochgenuss. Frische Semmeln, richtiges Brot, Wurst, Käse, Lachs, Marmelade, Honig, Milch, Obst, Butter, einfach alles, was dazugehört. Wir schlemmen ausgiebig und können es nicht fassen, wie sehr wir richtig gute Wurst vermisst haben.

Auf dem Rückweg zur Lodge entdecken wir in den Bäumen einen Schwarm Loris, knallbunte Vögel. Überhaupt ist jedes tierische Geräusch, das wir hören, total spannend. Sobald wir etwas piepsen, rascheln oder scharren hören, bleiben wir stehen und suchen den Verursacher. Jeder Vogel sieht hier anders aus. Wir sind im richtigen Land, es gibt viel zu entdecken.

Zurück in der Lodge, legen wir uns noch an den kleinen Pool und freuen uns, als Sandy, die Chefin, uns frühzeitig den Schlüssel zu unserer Unterkunft überreicht. Ein geräumiges Zimmer mit zwei großen Betten und zu unserer Überraschung auch eine Küchenzeile. Die Duschen und Toiletten sind auf dem Gang. Und das Wichtigste: Wir haben eine gut funktionierende Klimaanlage. Die ist unbezahlbar, die hohe Luftfeuchtigkeit macht uns extrem zu schaffen.

Zwei Tage später… Heute soll das Schiff aus Singapur ankommen. Ein Anruf bei der Reederei - und die Enttäuschung ist groß, als sie uns mitteilen, dass es sich verspätet. Die Herrschaften weisen uns darauf hin, dass wir uns gleich um den Termin für die Quarantäne kümmern sollen. Das machen wir dann auch sofort und erleben die nächste Enttäuschung. Einen Termin gibt es nicht vor nächster Woche Dienstag. Das heißt auf gut deutsch, wir müssen noch länger warten, und das wiederum heißt richtig viel Kohle abdrücken. Geplant waren zwei bezahlte Übernachtungen, eine Nacht kostet 47 Euro, und jetzt werden daraus acht oder noch mehr. Wenn der Orangetrotter nicht durch die Quarantäne kommt, die Beamten irgendetwas zu beanstanden haben, es zu einer Nachreinigung kommen sollte, dann sind da schnell noch ein paar Tage vorbei. Und die Nachreinigung kostet auch richtig viel Geld. Na, das könnte ein kurzer Australienaufenthalt werden. Ich sehe schon, wie uns die Dollars wie Sand durch die Hände rieseln.

Australien - zwangsläufig tödlich?

Heute ist der gefürchtete Quarantäne-Check. Wir denken mit Schrecken an die Geschichte eines Engländers, der vier Monate auf sein Fahrzeug warten musste und um etliche hundert Dollar erleichtert wurde bis die Behörde grünes Licht gab. Erstes Hindernis: Wir dürfen das Hafengelände nur mit geschlossenen Schuhen betreten. Doch die sind im Orangetrotter. Also leihen wir in unserem Guesthouse von unseren Vermietern zwei Paar. Zweites Hindernis: Unser Verschiffer hat unseren Autoschlüssel mit seinem Schiff zurück nach Singapur geschickt. Aus meinem Geheimfach, das jetzt nicht mehr geheim ist, fummle ich den Ersatzschlüsselbund.

Der AIQS-Beamte (das ist der Typ, der die Quarantäne-Abnahme macht) ist jung, locker und doch etwas schüchtern, gutes Zeichen?
Lebensmittel: o.k.
Innenraum: o.k.
Unterboden: o.k.
Nach nicht einmal einer halben Stunde bekommen wir ein dickes Lob, für unser „astrein" geputztes Auto (hat ja auch nur fünf Tage gedauert…). Bisher kennen wir noch keinen Fall, bei dem der Check auf Anhieb bestanden wurde. Wir warten auf den Schlüsselkurier und nach etwas Papierkram sitzen wir endlich breit grinsend in unserem Orangetrotter, um gleich mal wieder auf der falschen Straßenseite das Hafengelände zu verlassen. Komisch, eigentlich müsste ich es doch gewohnt sein. Die letzten sieben Monate war ich doch nur links unterwegs.

Australien? Für uns erst mal das Land mit den überfüllten Regalen voll der Dinge, die wir so vermisst haben. Wie kleine Kinder stehen wir vor den vielfältig gefüllten Wurst- und Käsetheken. In der Bäckerei bekunde ich der Verkäuferin, wie toll es ist, nach so langer Zeit wieder richtiges Brot zu sehen. Sie schaut mich entgeistert an, und ich überlege nur kurz, ob ich ihr die ganze Story erzählen soll. Nein, zurück zur Wursttheke!

Und sonst? Der größte Inselstaat, die größte Insel, gleichzeitig Kontinent, der rote Kontinent! Das Land mit den unzähligen Verbots- und Warnschildern, verbunden mit den höchsten Geldstrafen. Auch der giftigste und vielleicht tödlichste Kontinent. Es gibt hier mehr Lebewesen, die einen umbringen können, als irgendwo sonst auf der Welt. Die zehn giftigsten Schlangen leben hier. Fünf der tierischen Bewohner - die Trichterspinne, die Würfelqualle, der Blauringkraker, der Steinfisch und eine bestimmte Zeckenart - sind tödlich für den Menschen. Mit Salzwasserkrokodilen ist überall am Strand um Darwin und bis 100 Kilometer tief ins Landesinnere zu rechnen. Die starken Strömungen an den Stränden sind berühmt und berüchtigt. Also kurzum, das Albtraum-Land schlechthin für Helga. Und dennoch, sie liebt es jeden Tag mehr!

Doppelt schade: Australien ist auch berühmt für seine grandiosen Strände, das schönste Meer, das sauberste Wasser. Das können wir jetzt schon bestätigen. Aber Baden ist kaum irgendwo möglich oder setzt zumindest eine ausgesprochen leichtsinnige, suizidgefährdete Natur voraus.

Es gab immer wieder Zeitgenossen, die uns von Australien abgeraten haben: „Langweilig nach Asien, öde, unspektakulär, kulturlos, teuer" waren die Argu-

mente. *Jungs, wo habt ihr hingeschaut? Und teuer ist gar kein Ausdruck, es ist schweineteuer, zumindest im Vergleich zu Asien. Nichts gibt's hier umsonst! Kultur hatten wir genug in Asien. Innerhalb der letzten Tage „on the road" haben wir dafür schon einiges andere entdecken können. Vom Wallaby, Kakadus und Vögeln in allen Farben, Flughunden, Krokodilen, atemberaubenden Wasserfällen, haushohen Termitenbauten, kitschigsten Sonnenuntergängen, grandiosen Landschaften bis zu den obligatorischen Kängurus. Darwin selbst ist nur so groß wie eine Kleinstadt mit Menschen, die uns begegnen, als wären wir mit ihnen aufgewachsen.*

Wir sind uns sicher, Australien hat uns einiges zu bieten. Ganz besonders freuen wir uns auf die Erfahrung mit dem Nichts, dem Outback! Vielleicht können wir dann die Größe dieses Landes besser begreifen und wie unwirtlich es über unglaublich weite Gebiete ist oder was die Menschen dazu bewegt, ausgerechnet dort zu leben. Die nächsten Tage rollen wir über 1.000 Kilometer „Nichts" Richtung Uluru (Ayers Rock), dem Wahrzeichen Australiens schlechthin. Und dann ist da noch das Thema mit den Ureinwohnern. Wer es damit abtut, dass die Aborigines nur volltrunken in den städtischen Parks rumhängen, wird der Sache sicher nicht gerecht.

Oh ja, Wunderschönes haben wir schon sehen dürfen, im Litchfield- und Kakadu-Nationalpark werden unsere Erwartungen mehr als erfüllt. Die laut kreischenden weißen und schwarzen Kakadus sind allgegenwärtig, unser erstes Känguru bringt uns total aus dem Häuschen und die gigantischen Wasserfälle rauben uns den Atem. Hin und wieder sind auch welche dabei, in deren Becken das Baden erlaubt ist, doch ein komisches Gefühl schwimmt immer mit, zumindest bei mir.

Der Kakadu-Nationalpark liegt ca. 170 Kilometer östlich von Darwin im Northern Territory. Der Park gilt aufgrund seiner einzigartigen Tier- und Pflanzenwelt als einer der schönsten in Australien. Er liegt in der Alligator River Region, umfasst ein Gebiet von über 19.000 Quadratkilometern und erstreckt sich fast 200 Kilometer von Nord nach Süd und über 100 Kilometer von Ost nach West. Wegen seiner herausragenden natürlichen und kulturellen Werte, wurde er in die Liste der UNESCO als Weltnatur- und -kulturerbe aufgenommen. Im Park befindet sich eine der schönsten und umfangreichsten Sammlungen an Felsmalereien. Diese können wir unter anderem in Ubirr bestaunen. Von einem riesigen Felsen aus bietet sich uns ein gigantischer Ausblick über den Park.

Ubirr im Kakadu Nationalpark

Eine großartige Landschaft, von den wild-rauen Sandsteinklippen des Hochplateaus über die weitläufigen Waldgebiete bis hin zu den ausgedehnten Feuchtgebieten. Eine Kulturlandschaft, geprägt von den spirituellen Vorfahren der Ureinwohner. Die Landschaft selbst lehrte die Menschen, die hier lebten, wie sie leben und das Land pflegen sollten. Der Park wird jetzt von seinen traditionellen Eigentümern, den Aborigines, und den Mitarbeitern von „Parks Australia" gemeinschaftlich verwaltet. Sie streben an, die Interessen der traditionellen Eigentümer zu schützen und das Kulturerbe des Parks zu bewahren. Das Arnhemland, ein Siedlungsgebiet der Aborigines, das ungefähr so groß wie Portugal ist, grenzt an den Kakadu Nationalpark. In diesem Gebiet leben nur noch knapp 20.000 Menschen. Das Land wird vom Northern Land Council verwaltet und ist sehr spärlich besiedelt. Seit die australische Regierung sie 1976 als Eigentümer des Landes anerkannte, leben hier wieder Aborigines. Besucher benötigen eine spezielle Erlaubnis der Aborigines, um dieses Land zu betreten. Bis auf einen kleinen Teil ist das Gebiet für Touristen praktisch komplett gesperrt.
Wir stehen am East Alligator River, Cahills Crossing, die Grenze zu besagtem Arnhemland. Über den breiten Fluss führt eine geteerte Straße, die im Moment komplett überflutet ist. Aber was wollen die ganzen Menschen hier?

Bestimmt 50 Naturbegeisterte stehen hier und schauen gebannt in die braunen, vorüber fließenden Wassermassen. Jetzt sehen wir es auch, zuerst nur zwei große runde, nebeneinander liegende Augen, die an der Wasseroberfläche zu erkennen sind. Dann, bei genauerem Hinsehen, erkennen wir das ganze Ausmaß des bestimmt drei Meter langen Salzwasserkrokodils. Und es ist nicht nur eins, wir zählen acht davon. Sie lauern den flussabwärts treibenden Fischen auf. Blitzschnell und kraftvoll schnellt das Maul eines Krokodils nach rechts und schon hat es eine ordentliche Mahlzeit zwischen seinen scharfen, gefährlich blitzenden Zähnen.

Auf der anderen Seite des Flusses stehen mehrere Fahrzeuge. Sie müssen, um das Aborigine-Gebiet wieder zu verlassen, durch diesen von Krokodilen nur so wimmelnden Fluss. Es gibt keinen anderen Weg. Zwei Autos drehen um und fahren wieder weg. Doch ein Jeep setzt zur Überquerung an. Ich kann gar nicht hinsehen. Das Wasser ist inzwischen zwar etwas zurück gegangen, so dass man die Straße darunter erkennen kann, aber sie ist nach wie vor überflutet. Und quer über ihr hat es sich eines der Saltis, wie die Australier die Salzwasserkrokodile nennen, bequem gemacht. Das hält den verrückten Geländewagenfahrer aber nicht ab. Er fährt tatsächlich, ganz langsam, langsamer als Schrittgeschwindigkeit, auf die tödlich lauernde und sichtlich

Natur pur erwartet uns in den Nationalparks Australiens

hungrige Gefahr zu. Kurz bevor er droht, über es hinweg zu rollen, schwimmt das Krokodil ganz gemächlich zur Seite und sieht dem Eindringling hinterher. Noch einmal bleibt das Auto fast stehen. Was ist los? Ist der Motor abgestorben? Meine Nerven, ich hab schweißnasse Hände, vergesse zu atmen. Der Fahrer dagegen sieht sehr entspannt aus, gibt noch einmal Gas und ist schon am Ufer angekommen. Ich entspanne mich gerade wieder etwas, als Jürgen mir zuruft: „Ich hol jetzt den Bus, fahr da rüber und du filmst es, o.k.?" Mir wird schlecht. „Das ist nicht dein Ernst, oder?" Er schaut mich überrascht an: „Wieso, da ist nichts dabei, das geht, das schafft der Bulli locker." Ich flippe aus, als ich merke, dass er keinen Spaß macht „Das kannst du vergessen, ich lass dich da nicht rüber fahren. Und filmen tu ich das schon gar nicht. Da kann ich ja gleich deinen Selbstmord filmen."

Armer Jürgen, jeden Spaß versau ich ihm. Und zugegeben, wir hätten ganz bestimmt noch einige spannende Erlebnisse mehr, wenn ich nicht immer so extrem vorsichtig und ängstlich wäre. So will er auch ins Arnhemland. Das Permit, also die Genehmigung, die man dafür braucht, würden wir wahrscheinlich problemlos bekommen, aber mir ist es zu unsicher. Die Straßen dort sind nicht geteert. Wenn es zu regnen beginnt - und das kann so kurz vor der Regenzeit jeden Tag passieren - haben wir mit dem Bus unter Umständen richtig Probleme. Irgendwie kann ich ihn schon verstehen, gerade in Australien ist das Fahren von derben Pisten etwas, was den Reiz und das Besondere ausmacht. Die normal geteerten, breiten Straßen kann jeder fahren, das ist wirklich keine große Sache. Doch für solche Abenteuer hat er mit unserem zweiradgetriebenen VW-Bus nicht nur das falsche Fahrzeug, sondern - was wohl in diesem Fall schwerer wiegt - auch noch die absolut verkehrte Reisepartnerin. An dieser Stelle möchte ich mich bei Jürgen entschuldigen für all den Spaß, den er wegen mir nicht haben konnte. Und das meine ich ernst! Es gibt einiges, das ich im Nachhinein ganz gern getan hätte. Wie den Besuch im Arnhemland. Vielleicht hätten wir dort die Einblicke in das Leben der Aborigines bekommen, die uns nun versagt geblieben sind. Es ist sehr schwer, sich über die Situation und die Verhältnisse diesbezüglich ein Bild zu machen. Vieles erscheint widersprüchlich. Oft haben wir den Eindruck, dass die Kultur der Ureinwohner nur zur Vermarktung und als Touristenattraktion genutzt wird. Ein Gefühl, das wir während unseres ganzen Aufenthalts nie los werden.

Bevor wir diesen prächtigen Nationalpark verlassen, fahren wir, nachdem uns aufgrund der bereits erwähnten Straßenverhältnisse, der Ausstattung unseres Fahrzeuges und natürlich wegen mir auch die Zufahrt zu den berühmten Jim Jim-Wasserfällen verwehrt bleibt, wenigstens noch nach Yellow Water zum Aussichtspunkt der Gunlom Falls. Die Straße dorthin ist ebenfalls ungeteert, sie beginnt recht harmlos, doch mit jedem Kilometer wird sie schlimmer. Eine harte Wellblechpiste, über viele, viele Kilometer werden wir und der Inhalt unserer Schränke ordentlich durchgerüttelt. Wie ich das hasse!

So kommt Jürgen wenigstens noch ein bisschen in den Genuss von Offroad, doch auch er ist ziemlich angenervt von dem Geholper.

Wir erreichen den Wasserfall, kämpfen uns zu Fuß in der sengenden Hitze den steilen Weg hoch zum Aussichtspunkt und werden angemessen für all die Unannehmlichkeiten belohnt. Ein herrlicher Ausblick und - was noch viel besser ist - zwei große Seen, die vom Wasserfall mit glasklarem Wasser gespeist werden und eingebettet in eine zauberhafte Landschaft vor uns liegen - ideal für die dringend notwendige Abkühlung.

Auf der Weiterfahrt treffen wir eine seltene Spezies. Einen zwanzigjährigen Franzosen, einen richtigen Backpacker. Das ist doch nichts Besonderes? Mag schon sein, nur der, den wir hier treffen, der ist wirklich speziell.

Es ist bereits dunkel, als wie aus dem Nichts der junge, schwer bepackte, etwas zerlumpt daherkommende Kerl neben unserem Bus auftaucht. Wo kommt der jetzt her? „Könnt ihr mich Richtung Darwin mitnehmen?", will er wissen. „Sorry, wir fahren in die andere Richtung." Während Jürgen und er sich bereits angeregt unterhalten, überlege ich mir, wo der Franzose heute Nacht wohl schlafen wird. Wir stehen neben einer kaum befahrenen Straße, ich kann mir nicht vorstellen, dass er heute noch eine Mitfahrgelegenheit finden wird. Ich hänge noch meinen Gedanken nach, als ich ihn bereits im nahe gelegenen Busch verschwinden sehe. Fragend sehe ich Jürgen an: „Wo will der denn jetzt noch hin?" Jürgen grinst mich an: „Na, der stellt dort drüben jetzt sein Zelt auf." Wir laden ihn zum Essen ein, es gibt Omelette mit Gemüse, Schinken und Käse. Zuerst lehnt er ab, doch als Jürgen und ich zu essen beginnen, bekommt er doch noch Appetit und greift ebenfalls zu. Wir lauschen gespannt seinen Erzählungen, die vom Jagen mit den Aborigines über das Zubereiten einer Long neck turtle (einer Schildkröte mit sehr langem Hals) bis zu nicht ganz legalen Spartipps beim Wäsche waschen und

der Lebensmittelbeschaffung gehen. Und noch einen wichtigen Tipp hat er
für uns: „Niemals länger als drei Tage an der selben Stelle in der Nähe eines
Flusses übernachten, denn so lange beobachten einen die Krokodile, bevor
sie eventuell angreifen." Eine Weisheit, die er ebenfalls von den Ureinwohnern mit auf seinen Weg bekommen hat. Für ihn, da er so gut wie immer
in seinem Zelt übernachtet, ein Hinweis, der ihm das Leben retten könnte.
Dieser kurzweilige Abend beweist es wieder einmal: Es gibt sie noch, die
wahren Abenteurer. Wir sind schwer beeindruckt.

Auf unserem Weg zum Ayers Rock, dem großen roten Felsen, den wohl jeder
kennt, sogar diejenigen, die nicht wissen, wo Australien liegt, haben auch
wir eine Begegnung mit einer Ureinwohnerin. Auf einem Parkplatz - wir
füllen gerade unser Frischwasser auf - kommt ein weißer PKW, hält und eine
gewichtige schwarze Lady kommt auf uns zu. Schwer atmend, mit unver-
kennbaren Alkoholausdünstungen, setzt sie sich auf die Bank neben uns. In
schwer verständlichem Englisch spricht sie uns an. Wir verstehen überhaupt
nicht, was die Frau von uns will. Sie faselt etwas von einem Topf oder einer
Flasche, etwas, wo sie Wasser reinfüllen kann. Doch alles, was wir ihr zeigen,
eine leere Plastikflasche z.B., lehnt sie Kopf schüttelnd ab. „Do you have a
knife?" Ach so, sie will ein Messer. Das hätten wir natürlich schon. „What
kind of knife, what do you want to do with it?"
„I want to kill a kangaroo." Ja, klar, das hätten wir uns ja auch gleich denken
können. Wir helfen ja gerne. Ich gehe in den Bus, hole eines unserer schärf-
sten Messer, ein Weihnachts-Werbegeschenk einer Metzgerei, ein wirklich
gutes Teil. Ich reiche es der Aborigine-Frau, die nimmt es, nickt kurz mit
dem Kopf, bedankt sich nuschelnd, steigt in den Wagen und weg ist sie. Und
mit ihr das Messer, auf Nimmerwiedersehen. Wir sind so perplex über diese
Unverfrorenheit, dass wir laut losprusten und schallend lachen. Wir wollten
ja unsere eigenen Erfahrungen mit den Ureinwohnern machen. Auch wenn
ich mir diese Zusammenkunft aufgrund meiner romantischen Einschätzung
diesem Volk gegenüber ganz anders vorgestellt habe.
Dieses Verhalten sei jedoch typisch, wird uns immer wieder erklärt. Die Aborigines kennen kein „Dein" und „Mein", alles gehört allen. Wenn ich etwas
brauche, bekomme ich es. So gehen sie auch mit ihren Autos um, wenn eines
kaputt geht, lassen sie es am Straßenrand stehen und kaufen sich ein neues.
Geld haben sie, jeder bekommt als Entschädigung für das Leid und Unrecht,

das ihnen über Jahrzehnte angetan wurde, monatlich einen gewissen Betrag. Eine Problemlösung, die nicht sehr hilfreich ist. Nicht nur, dass diesen Menschen Geld absolut unwichtig ist und sie damit auch nicht umzugehen wissen, sondern es schürt auch noch Neid und Hass bei denen, die diese Zuwendung nicht bekommen. Dies ist nur ein Beispiel dafür, wie ratlos die Australier vor diesem wirklich großen Problem des Zusammenlebens mit den eigentlichen Besitzern dieses Landes stehen.

Für uns geht es immer weiter dem großen Monolith Uluru entgegen. Jeden Tag sinkt das Thermometer ein paar Grad, tagsüber haben wir um die 30 Grad und ca. 100 km vor Alice Springs haben wir nachts sogar einmal nur 10 Grad, fast schon wieder zu kalt. Aber herrlich zum Schlafen.

Auf der Suche nach dem „Nichts"

„The track", wie sie von den Australiern genannt wird, die Verbindung der Nord- mit der Südküste. Von Darwin nach Adelaide auf 3006 km. Uns soll diese schnurgerade, nicht enden wollende Straße durch dürres, staubiges, rotes Outback zum Uluru–Kata Tjuta–Nationalpark bringen.
Seelisch und moralisch stellen wir uns auf die tagelange und öde Fahrt ein. Wir freuen uns auf das viel beschriebene Nichts. Doch dieses Nichts will sich einfach nicht einstellen. Je länger wir Richtung Süden fahren und je tiefer wir in die Wüste vordringen, umso grüner wird es. Wir wundern uns, wie man diese liebliche Landschaft als „Nichts" empfinden kann. Es blüht in allen Farben. Rote, blaue, weiße, gelbe, orangefarbene Blumen und Sträucher, Schwärme von hellgrünen Wellensittichen und allerlei Getier, das versucht, die Straße lebend zu überqueren. Nicht selten ohne Erfolg.
So abwechslungsreich haben wir uns diese endlosen Kilometer nicht vorgestellt. Es bleibt die Frage, wo die Leute hingesehen haben, die diese Gegend als trostlos, karg und lebensfeindlich darstellen.
Und wo ist die rote Wüste geblieben, auf die wir uns so gefreut haben? Wir verstehen die Welt nicht mehr. Bis uns endlich zwei australische Ladys aufklären, dass dies ganz und gar nicht der Normalzustand ist. Die letzten Wochen hat es hier, im Herzen Australiens, so viel geregnet, wie es die letzten 50 Jahre nicht mehr der Fall war. Die Folge ist diese Farbexplosion. Wir haben das

außergewöhnliche Glück, Pflanzen entdecken zu können, die zum ersten Mal seit Jahrzehnten wieder das Licht der Welt erblicken und die nur hier zu finden sind. Die Botaniker sind aus dem Häuschen.

Alle paar hundert Kilometer kommen wir an einem der Roadhouses vorbei. Mit ihren skurrilen Einrichtungs- und Dekorationsgegenständen immer wieder eine witzige Abwechslung. Vom BH über Schildmützen hinterlassen hier die Durchreisenden alles, was man sich nicht vorstellen kann. Auch wir hinterlassen unsere Visitenkarte. Ein weißes T-Shirt, auf das Jürgen unseren Orangetrotter malt, und natürlich den Hinweis auf unsere Homepage.

Roadtrains, die Jürgens ganze Aufmerksamkeit fordern, rauschen an uns vorüber. Die Druckwelle die sie vor sich her schieben, fühlt sich an wie eine Betonwand, die es mit dem Orangetrotter zu durchbrechen gilt. Über 50 Meter lang, bis zu vier Anhänger, beladen mit Autos, Sprit, Öl oder 120 lebenden Rindern. Unglaublich, was diese Truckfahrer hier alles von Süd nach Nord bringen.

Auch Jorge, ein Spanier, der mit seinem alten 2CV, also einer „Ente", seit über zwei Jahren unterwegs ist, sorgt für Abwechslung. Er begrüßt uns mit den Worten: „Wollte nur mal kurz Hallo sagen, hab Euer Fahrzeug schon in Kambodscha stehen sehen." Wir trinken gemütlich Kaffee zusammen und tauschen unsere Reiseerlebnisse aus, sind überrascht, wie unterschiedlich die Erfahrungen doch sein können. Er hat ein komplett anderes Thailand erlebt als wir. Er empfand die Menschen aggressiv und unfreundlich. In Bangkok musste er einen ganzen Monat warten, bis er sein Auto aus dem Hafen bekommen hat, aus reiner Willkür.
Während ich ganz fasziniert den Geschichten von Jorge zuhöre, ertappe ich mich bei dem Gedanken: „Wow, was der alles erlebt hat, wo der schon überall war. Das ist ja der Wahnsinn! Halt stopp mal, Helga, überlege mal, was machst du eigentlich seit über einem Jahr, hm?" Und dann werde ich aus meinen Gedanken gerissen, denn gerade erzählt er uns von unserem alten Freund Lutz aus der Türkei, den er in Syrien getroffen hat. Unglaublich!

So erreichen wir nach überraschend kurzweiligen Fahrtagen unser Ziel. Für uns nicht nur irgendein Ziel, nein, mit diesem Bild in unseren Köpfen sind wir vor fast 15 Monaten in Memmingen losgefahren. Wir haben unsere Vision erfüllt!

Noch viel mehr, als dieser allen bekannte Monolith haben uns die Olgas in ihren Bann gezogen. Auf einer dreistündigen Wanderung haben wir uns von ihnen verzaubern lassen. „Viele Köpfe", wie diese Felsen auch genannt werden, erscheinen hinter jeder Wegbiegung in anderem Licht. Der Weg führt uns durch ein märchenhaftes Tal, das „Valley of the Winds". Wir haben das „Nichts" erwartet und haben ein Wunder der Natur erlebt. Die australische Wüste lebt!

Als wir nach der Wanderung um die Olgas am Bus zu Mittag essen, spricht uns ein junges Pärchen im vertrauten Allgäuer Dialekt an: „Ihr kommat aber it wirklich vo Memminga mit dem alta Auto, oder?" Die Beiden verbringen ihren Jahresurlaub hier und wohnen in Deutschland nur ein paar Kilometer von unserer Heimatstadt entfernt, kennen Leute, die wir kennen, und sind so überrascht wie wir, wie klein die Welt ist. Aber Jürgen und ich kennen das ja bereits von unserem nepalesischen Freund, der gar nicht weit entfernt von dort, wo die beiden sprachlosen Urlauber wohnen, gearbeitet hat.

Unglaublich - Vision erfüllt!

Ich könnte noch viele solcher Geschichten über Begegnungen erzählen, manche werde ich noch erwähnen, doch gerade hier in Australien ist das eine sich immer wiederholende Sache.

So schön es ist, andere Reisende, auch deutschsprachige, zu treffen: Wenn es nichts Besonders mehr ist, weil man jeden Tag einem oder gleich mehreren davon begegnet, ist es manchmal auch zu viel des Guten. Und wir mit unserem deutschen Kennzeichen werden natürlich auch wirklich von jedem Landsmann angesprochen. Und nicht nur von denen.

Ja, ja, ich weiß schon, wir wollten das so! Ich will mich auch nicht beklagen, aber manchmal ist es wirklich nervig, wenn sich viele für einen interessieren und man kaum noch für sich sein kann.

Von Katherine bis zum Ayers Rock sind es 1.571 km gewesen, die gilt es nun auf exakt der gleichen Strecke, bis auf einen kleinen Schlenker am Kings Canyon vorbei, zurück zu fahren.

Das Gute daran: Wir wissen, an welchem Roadhouse oder in welcher Stadt der Sprit am günstigsten ist und das schwankt nicht unwesentlich. Auch Gelegenheit für eine Dusche haben wir in den Roadhouses, nur umsonst gibt es das nicht. Hier draußen im Outback ist Wasser ein besonders kostbares Gut. Wie in ganz Australien kommt es vor allem hier immer wieder zu Wasserknappheit und es wird gemunkelt, dass es nicht mehr lange dauert, bis das zu einem richtig großen Problem werden könnte. Teilweise gibt es schon Vorschriften, wie viel Liter Wasser am Tag in jedem Haushalt verbraucht werden dürfen, und wer mehr verbraucht, muss mit hohen Strafen rechnen.

Bei einem Zwischenstopp in Alice Springs treffen wir die Schweizer Ulla und Karl, die ebenfalls mit ihrem eigenen Fahrzeug bis nach Australien gefahren sind. Und zwei Deutsche, die gerade die Great Central Road, über 1.000 km Schotter- und Sandpiste quer durch die Victoria Wüste, zurückgelegt haben. Etwas, worum Jürgen die beiden sehr beneidet, wie gerne wäre er Straßen wie diese gefahren. Eine Strecke, die richtiger Planung und guter Vorbereitung bedarf, es gibt kaum Tankmöglichkeiten und mit Verpflegung und Wasser sieht es ebenfalls schlecht aus. Handyempfang Fehlanzeige. Und man kommt an Kommunen der Aborigines vorbei, die weitab der Zivilisation leben. Durch die Berichterstattung von Tanja und Michael bekommen wir wenigstens einen Eindruck davon, was wir versäumen, aber auch was uns erspart

bleibt. Alle zusammen verbringen wir einen schönen Abend und ein gemüt-
liches, ausgedehntes Frühstück mit Gesprächen über Gott und die Welt.
Reisen verbindet, daran gibt es keinen Zweifel. Begleitet wird dieses Treffen
von den immer wieder über uns hinweg fliegenden Wellensittichen, die hier
allgegenwärtig sind.

Zurück in Katherine füllen wir unseren Lebensmittelvorrat auf. So ganz
haben wir uns noch nicht an das Überangebot in den Supermärkten gewöhnt
und auch nicht an die Bier- und Zigarettenpreise. Eine Packung Zigaretten,
die günstigste, kostet knapp 15 A$, und das Bier ist wesentlich teurer als in
Deutschland, sogar die deutsche Billigmarke Oettinger kostet hier ein Mehr-
faches. Gut gerüstet geht es auf zur nächsten 1.800 km langen Etappe bis nach
Broome an der Westküste.

Begleitet von viel Regen verlassen wir nach knapp 500 km das Northern Territory und erreichen Western Australia. Wir passieren eine Grenze, an der
wir unsere restlichen Kartoffeln und Zwiebeln abgeben müssen. Sonst haben
wir kein Obst und Gemüse mehr an Bord, da wir wussten, dass wir es spätestens jetzt wegwerfen müssten. Die harten Quarantänebestimmungen gibt es
im ganzen Land, an manchen Gebietsgrenzen mehr an anderen weniger. Es
geht darum, Schädlinge wie Fruchtfliegen und andere Krankheitsüberträger
an der Ausbreitung zu hindern. Wenn man darum weiß, kein Problem. Wer
allerdings unvorbereitet an einen Kontrollposten kommt, muss im schlimmsten Fall seine Vorräte entsorgen oder verschenken. Manchmal sehr zur
Freude anderer Reisender, die die Grenze in entgegenkommender Richtung
bereits hinter sich gebracht haben. Auch wir bekommen einmal jede Menge
Obst und Gemüse geschenkt, als ein Unwissender gerade eben noch einen
großen Einkauf gemacht hat.

Immer öfter fahren wir an Boabbäumen, auch Flaschen- oder Affenbrot-
bäume genannt, vorüber. Sie sind typisch für diese Gegend. Mit ihren dicken,
flaschenförmigen Stämmen erinnern sie an afrikanische Landschaften.
Oberhalb von Wyndham, der ältesten und zugleich nördlichsten Stadt der
Kimberley-Region, liegt auf dem 380 m hohen Mount Bastion der Five River
Lookout, von wo aus man einen schönen Blick auf die Hafenstadt und die
fünf hier zusammenfließenden Flüsse Pentecost-, King-, Durack-, Forrest-
und Ord-River hat.

Jürgen entwickelt sich zum echten Aussi

Die Entfernungen, die wir hier zurücklegen müssen, sind Wahnsinn. Ganz langsam bekommen wir eine Vorstellung der Ausmaße dieses Kontinents. Mal schnell zum Kaffee trinken zu Freunden in eine andere Stadt ist hier quasi unmöglich. Zumindest, wenn man nicht gerade Urlaub hat und sich ein paar Tage Zeit lassen kann.

Nach uns ewig erscheinenden weiteren 700 Kilometern erreichen wir den Geikie George Nationalpark bei Fitzroy Crossing, der zu einer Wanderung einlädt. Eine angenehme Abwechslung auf der langen Fahrt.

Knapp 400 km später haben wir Broome erreicht. Die kleine Küstenstadt liegt am Indischen Ozean und hat einen der weltbekanntesten Strände zu bieten. Der Cable Beach, mit ca. 22 km von der Sonne verwöhntem weißen Sand und türkisfarbenem Wasser, ist der ideale Ort, um schwimmen zu gehen. Wir stürzen uns in die erfrischenden Fluten und plantschen zusammen mit einigen anderen Badegästen im herrlichen Meer. Wir stellen fest, dass das Badevergnügen eher verhalten ist, nicht zu vergleichen mit den sonst so ausgelassenen spielenden und weit draußen schwimmenden Menschen. Die allgegenwärtigen Gefahren, wie Unterströmungen, Quallen und Haie, bremsen anscheinend nicht nur uns etwas aus.

Jürgen findet eine Alternative, wie er das Meer, das er so liebt, zusätzlich genießen kann. Er kauft sich seine erste Angelroute und beginnt mit zaghaften Versuchen, Erfahrungen in Australiens Volkssport Nr. 1 zu sammeln. Ungefähr gleichzusetzen mit Surfen, Barbecue und Bier trinken. Bis auf das Surfen hat Jürgen hier schon das Fortgeschrittenen-Stadium erreicht. Ja, zugegeben, beim Barbecue halte ich auch ganz gut mit. Zu schön ist es, an den überall an Stränden und Parks zur Verfügung stehenden Gas- oder Elektrobarbecues, deren Nutzung für jeden immer und überall kostenlos ist, sein Essen zu brutzeln. Eine super Sache!

Während Jürgen beim Angeln ist, beobachte ich Schildkröten und sammle Holz für das Lagerfeuer, mit dessen Hilfe wir uns die Moskitos einigermaßen vom Leib halten können. Außerdem hoffe ich, dass er keinen Fisch mitbringt, da ich keine Ahnung habe, was ich mit dem anstellen soll.

Auf der Weiterfahrt kommt uns ein Roadtrain entgegen und es passiert, wovor hier jeder Angst hat, ein Stein wird in unsere Windschutzscheibe geschleudert, ein lauter Schlag und wir haben eine bleibende Erinnerung. Zum Glück ist das Loch in der Scheibe nicht sehr groß und der Sprung nur klein. Trotzdem müssen wir das so schnell wie möglich reparieren lassen, bevor es weiter springt und wir eine neue Scheibe brauchen.

In Port Hedland finden wir eine Werkstatt, die den Schaden in Ordnung bringt. Und beim anschließenden Stopp an der Tankstelle werden wir von Ella angesprochen, einer Deutschen, die schon seit vielen Jahren hier lebt. Sie lädt uns zu sich nach Hause ein. Mit ihr und ihrem Mann haben wir eine sehr schöne Zeit. Wir können unsere Wäsche waschen und erfahren viel über die Minen und die harten Bedingungen, denen die Arbeiter ausgesetzt sind.

Über den Karijini-Nationalpark mit seinen spektakulären Schluchten fahren wir weiter bis Exmouth. Auf der langen Zufahrt zur Stadt entdecken wir zu unserer Rechten etwas Großes im Wasser. Wir fahren eine Schotterstraße zum Meer hinunter und können einige Wale beim Springen und Toben beobachten. Ein herrliches Erlebnis! Unweit der Riesen lassen sich Pelikane von den Wellen schaukeln. Wie schön, hier sind wir richtig! Und kurz bevor wir die Stadt erreichen, springt ein Emu vor uns über die Straße, ein Vogel ungefähr so groß wie ein Strauß. Er hat ein graues Federkleid und kann nicht fliegen, aber laufen oder besser gesagt rennen. Er erreicht Spitzengeschwindigkeiten von bis zu 50 km/h. In diesem Moment wissen wir es noch nicht, doch sie, wie auch die Kängurus, werden wir die nächsten Tage und auch Wochen ständig um uns haben.

Der Grund, warum wir nach Exmouth fahren, ist der Ningaloo Marine Park, ein geschütztes Gebiet des mehr als 250 km langen Ningaloo Riffes. Das Riff ist vom Strand aus leicht zugänglich und liegt teilweise nur 100 Meter entfernt. Über 220 verschiedene Arten von Korallen wurden dort schon gesichtet. Die größten Fische der Welt, die Walhaie, sind jedes Jahr zu sehen. Auch andere Haie, riesige Manta-Rochen, Buckelwale, Schildkröten und über 500 andere Fischarten sind hier zu finden. Kurzum - ein Paradies für Schnorchler! Wir bleiben fast eine ganze Woche, genießen die Unterwasserwelt, den Strand, das Leben. Und eines der Highlights: Jürgen fängt seinen ersten Speisefisch. Kaum, dass er seine Angel ausgeworfen hat, zappelt ein ordentliches Exemplar von einem Travelly am Haken. Jürgen nimmt ihn gleich an Ort und Stelle aus und wir legen ihn in unser Gefrierfach im Bus, damit er bis zum Abendessen auch schön frisch bleibt. Als wir abends zurück zum Camp kommen, geht Jürgen zum Platzwart. Der ist ein erfahrener Fischer, von dem wir uns zeigen lassen, wie wir den Fisch filetieren müssen. Als Jake den Fisch nimmt und das Messer ansetzt, sagt er: „Wo hast Du den denn gefangen, der ist ja noch gefroren, warst Du im Supermarkt?" Schallendes Gelächter. Jürgen erzählt, wo er ihn gefangen hat, mit welchem Haken und welchem Köder und wie der Ablauf war. Wie ein Lauffeuer verbreitet sich die Nachricht von dem Fang und selbst Leute, die sich die Tage zuvor nicht für uns interessiert haben, kommen jetzt zu uns an den Bus, klopfen Jürgen auf die Schulter und sagen anerkennend: „Well done, Jürgen, well done!" Die alten Australier zücken ihre Fotoalben hervor und Jürgen darf sich - jetzt da er einer von ihnen ist - die Bilder der besten Fänge anschauen, eine große Ehre.

Vom Schaf bis zum Manta-Rochen - working on a farm

Fabrizio, der sympathische Italiener, gibt uns den Tipp, auf der Warroora-Station nach Arbeit zu fragen. Diese Station liegt irgendwo im „Nichts" zwischen Coral Bay und Carnavon und deckt 50 km Küstenstreifen des berühmten Ningaloo Marine Parks ab.
Station bedeutet Farm - große Farm! Warroora nutzt eine Fläche von 107.000 Hektar (ca. 50 x 50 x 40 km)! Darauf tummeln sich über 12.000 Schafe, etwa 800 Ziegen und ca. 600 Rinder. Eigentlich eine kleinere Station für australische Verhältnisse. In eine der größten dieser Art passt ganz Belgien rein.

Als wir eintreffen, liegt die Schafscher-Saison in den letzten Zügen. Jetzt ist die härteste Zeit des Jahres. Es macht richtig Spaß, dem neuseeländischen Scherer-Team bei seiner Arbeit zuzusehen. Der „Sheering-Stadel" wird beschallt. Zum lautstarken Rhythmus von AC/DC, Reggae und 80er-Jahre-Beats schleust ein Scherer täglich bis zu 250 Schafe durch seine flinken Hände. Bevor das Schaf merkt, was los ist, ist es schon splitternackt. Alles an Freunden und Verwandtschaft kommt zusammen, um zu helfen. Drei Wochen Blut, Schweiß und Staub. Marty und seine Familie nehmen uns herzlich auf und nach einem tollen Abendessen und einem kräftigen Frühstück beginnt unser erster Arbeitstag. Wir fahren weit raus zu den Trabs (Futterstellen), um die verbleibenden „wolligen" Schafe aufzusammeln, versehen die „Gescherten" mit Ohrclips, Schwänze werden gestutzt, wir verabreichen Medizin, treiben die Schafe mit den Motorrädern über viele Kilometer zurück auf ihre Weidegründe. Hier, bei der spärlichen Vegetation, braucht ein Schaf sehr viel Platz. Wir verladen die Wollballen (á 200 Kilo bzw. 20 Tonnen) auf den Truck, der auch gleich 70 mannshohe Heuballen mitbringt. Auch die werden von Hand verstaut. Nach drei Tagen kann ich mich kaum mehr rühren vor Muskelkater. Da kommt die erlösende Nachricht. Wir haben einen halben Tag frei, pflegen unsere Knochen, fahren mit Andy an die unberührte Küste und beobachten Hunderte von Turtles (Wasserschild-

Im „Sheering-Stadel"

Ein Thorny Devil - ist der nicht putzig?

*kröten) im seichten, türkisfarbenen Wasser. Die nächsten Tage wird es etwas
ruhiger. Das Scherer-Team ist bereits abgereist, und wir beginnen, alte Zäune
abzubauen. 10 Kilometer Zaun heißt 50 km rostigen, brüchigen Draht knipsen,
wickeln, Pfosten raus - mitten im Outback. Fatalster Fehler: kein Wasser mitzu-
nehmen. Man weiß nie, was passiert – Jeep läuft nicht mehr – Kreislaufkollaps
– Schlangen...*

*Nach Feierabend fröne ich meiner neuen Lieblingsbeschäftigung, dem Angeln.
Nicht rein zum Spaß, es wird nur gefangen, was unmittelbar verzehrt wird. Na
ja, oft hätten wir hungrig ins Bett müssen, aber Andy schlachtet noch schnell
drei Schafe und der nächste Lunch ist gesichert.*

*An einem anderen Abend werden wir von den Shooters eingeladen. Sie ver-
bringen ihre Urlaube damit, die Stations abzuklappern und alles zu schießen,
von dem sie glauben, dass es nicht hierher gehört. Katzen, Hunde, Füchse sind
wohl wirklich ein Problem, Kängurus gibt's mehr als genügend, auch klar, aber
hier habe ich schon eher den Eindruck, dass die Freude am Töten im Vorder-
grund steht. Aber es sind keine bösen Jungs, im Gegenteil! Na ja, that's Western
Australia.*

*Wir genießen den Einblick in das Leben der Menschen hier und zudem bes-
sert es unsere Reisekasse ordentlich auf. Wenn Kost und Logis frei sind, spart*

man sich hier richtig viele Dollars. Und wir haben einen guten Chef! Trotz der harten Umstände mit Herz und Verstand, voll zupackend, und es bereitet uns Vergnügen, mit ihm zu arbeiten und unsere Sache gut zu machen. Es geht also doch! Was immer wieder auffällt: Den typischen Statussymbolen wie protzigen Autos, Dresscode etc. misst man hier im Nordwesten nur wenig Bedeutung bei. Sympathisch und unkompliziert.

Natürlich fragen wir jeden, warum er sich diesen echt harten Alltag in dieser Einöde antut. Sie lieben es einfach! It's lifestyle! Die Freiheit, das Draußensein, das Bier danach, ab und zu fischen gehen, unabhängig zu sein. Living in the real Australia, Westaustralia, wie sie immer wieder betonen.

Übrigens: Warroora betreibt eine riesige Campsite, fast die ganze Küste entlang, mit absoluten Traumplätzen für günstiges Geld. In der richtigen Zeit kann man Wale beobachten, Schildkröten (bis zu 1,5 m) gibt's immer. Endlich habe ich auch einen Thorny Devil gefunden. Die faulste Echse der Welt! Faszinierende Kreatur. Wenn sie nicht vor einem Ameisenloch sitzt und frisst, liegt sie die meiste Zeit des Tages absolut regungslos herum. Schönes Leben!

Ich gönne mir einen richtig tollen Tauchtrip vor Coral Bay, und zwischendurch schwimme ich mit den unglaublich eleganten Manta-Rochen. Ich hab sie lange

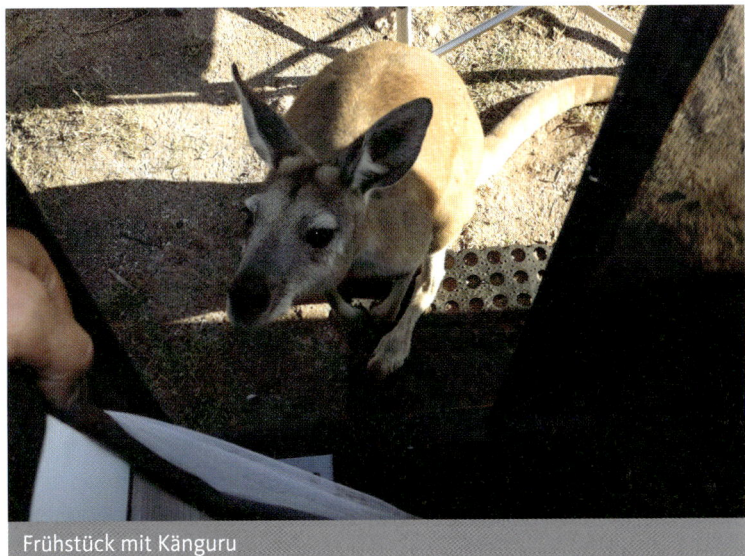

Frühstück mit Känguru

betrachtet, aber ich kann immer noch nicht glauben, dass es solche Tiere wirklich gibt. Diese Bilder werden sich hoffentlich für ewig in mein Gedächtnis brennen!

Alles bereitet sich jetzt hier auf den Sommerurlaub über Weihnachten vor... Klingt das nicht eigenartig?

Blick hinter die Kulissen

Schön ist es hier, ich kann es kaum beschreiben. Das Schönste in Down Under: Jedes Tier ist eine Überraschung, außer den Fliegen und Ameisen sieht hier alles anders aus als zu Hause. Und das Beste für mich: Ich muss nicht einmal ins Meer, um eine Idee davon zu bekommen, was sich dort alles tummelt. Buckelwale, Blaupunktrochen, Delphine und viele, viele Meeresschildkröten… Und sogar einen kleinen Schwarzspitzen-Riffhai kann ich ganz bequem vom Strand aus beobachten.

Und dann sind da noch die allgegenwärtigen Kängurus, vom kleinen grauen bis zum großen roten. Die einen unglaublich scheu, die anderen neugierig und kontaktfreudig. Eins will sogar in unseren Orangetrotter einsteigen…

Und Schafe, Schafe gibt es wirklich viele, und wenn mir jemand erzählt hätte, dass ich, ausgerechnet ich, Schafe zusammen treibe und ihnen anschließend Medizin einspritze, dann hätte ich das bestimmt nicht geglaubt. Helga mit Schaf zwischen den Beinen, mit der linken Hand unter das Maul greifend, mit der rechten die Spritzvorrichtung in den Rachen des Tiers einführen und dann abdrücken, den Kopf ein bisschen anheben, damit auch nichts verloren geht. Anschließend noch mit einer blauen Flüssigkeit gegen die Parasiten besprühen und sie wieder in die Freiheit entlassen. Was für ein Erlebnis! Und die alten Zäune, alten rostigen Draht im trockenen, heißen Outback aufrollen. Fliegen krabbeln in die Nase, in die Ohren, in den Mund, zwei davon hab ich verschluckt. Schmecken nicht schlecht, aber der Gedanke, dass die im Magen weiter fliegen, ist gruselig. Und meine Hände, Bürohände, die sind solche Arbeit nicht gewohnt. Aber was soll ich sagen, es hat Spaß gemacht! Es ist gut, einen Blick hinter die Kulissen zu werfen, eine kleine Ahnung vom richtigen Australien zu bekommen.

Aber was heißt schon „richtiges Australien"? Das ist mir noch nicht klar. Gerade was die Ureinwohner angeht, ist es sehr schwierig, sich ein Bild zu machen. Vor meiner Ankunft auf dem roten Kontinent habe ich mich so auf die Kultur der Aborigines gefreut, hatte eine sehr romantische Vorstellung. Doch die Realität ist anders. Es scheint, als leben die Weißen und die Schwarzen in Parallelwelten. Nebeneinander her. In den Städten trifft man auf die von den Kommunen ausgestoßenen Aborigines, die wegen ihres unsozialen Verhaltens oder ausufernden Alkoholkonsums nicht mehr erwünscht sind. In den Städten trinken sie dann weiter und wissen nicht recht, was sie mit sich anfangen sollen. Sie sind haltlos, haben ihre Kultur verloren, verlernt, das zu leben, was sie Jahrtausende überleben ließ.

Den Weißen ist bewusst, dass viel Unrecht geschehen ist, Fehler gemacht wurden. Oft wird versucht, wieder gut zu machen, was nicht gut zu machen ist. Es scheint, als seien diese Menschen nicht für „unser" Leben gemacht, als wäre es ihnen unmöglich, sich anzupassen an Regeln und Verhaltensweisen, wie sie uns normal und richtig erscheinen. Doch wer weiß, vielleicht war das Leben, das ihre Vorfahren geführt haben, das Bessere, haben sie doch mit der Natur gelebt, ohne zerstörerische Spuren zu hinterlassen. Sie hatten Fähigkeiten und Wissen, das Vieles in unserer modernen Welt überflüssig machen würde. Für viele Menschen wäre das in unserer Zeit ein Segen, für andere der Untergang. Viele Fragen werden unbeantwortet bleiben und noch einige Lösungsversuche nötig sein. Ich wünsche allen Menschen, die diesen außergewöhnlichen Kontinent ihr Zuhause nennen, dass sie Wege finden, gemeinsam und harmonisch miteinander zu leben.

Während der Zeit auf der Farm habe ich Geburtstag, bereits den zweiten seit wir unterwegs sind. Ein Anlass für mich, zu reflektieren und meine Gefühle zur Reise und zur Heimkehr zu analysieren. Es hört sich komisch an, doch bisher hatte ich, hatten wir, nie wirklich Heimweh. Doch in letzter Zeit stellt sich bei mir etwas ein… Ich weiß nicht, ob man das Heimweh nennen soll. Heimweh hört sich so an, als ob man Schmerzen hätte, und das habe ich definitiv nicht. Doch ich denke öfter an zu Hause, und mit „zu Hause" meine ich vor allem meine Familie und ein paar Freunde. Wir stehen in Kontakt über E-Mail, ab und zu ein Telefonat… Doch sich mal wieder gegenüber zu sitzen, sich in den Arm zu nehmen und in die Augen zu schauen. Mit meinen eigenen Augen zu sehen, dass es ihnen gut geht. Mit einer Freundin einen Kaffee trinken zu gehen. Daran denke ich öfter. Und mal wieder in einem deutschen Buchladen zu schmökern, das wäre schön. Vielleicht kommen diese Gedanken, weil die Rückkehr nicht mehr allzu lange auf sich warten lässt. Ich bin froh darüber, dass ich mich darauf freuen kann, zurück nach Deutschland zu gehen. Manchmal, zu Beginn der Reise, gab es die Befürchtung oder mehr eine Ahnung, dass wir vielleicht gar nicht mehr zurück wollen. Deshalb bin ich dankbar, dass es so nicht gekommen ist. Wir stehen vor der Entscheidung, von Australien heim zu fliegen oder über andere Länder z.B. Oman, Saudi Arabien oder Afrika zurückzufahren. Und wenn ich ehrlich bin: Ich habe - Stand heute - keine Lust mehr, mich noch einmal auf eine komplett andere Kultur einzustellen. Ich denke, mein Kopf und mein Herz sind so übervoll von Eindrücken, dass ich nicht mehr offen genug bin für mehr. Was den neuen Ländern, deren Menschen und auch mir und Jürgen gegenüber nicht fair wäre. Doch dies ist nur eine Momentaufnahme und vielleicht auch schon zu weit vorausgedacht. Noch sind wir hier und der weitere Weg liegt noch ungewiss vor uns.

Eine sehr schöne Erfahrung ist die Zeit auf der Schaf-Farm. Auch wenn ich nach den ersten beiden Tagen vom Abbauen der Zäune eine so starke Sehnenscheidenentzündung habe, dass ich denke, ich kann am nächsten Tag nicht weiter machen. Doch nach der ersten halben Stunde Zähne zusammen beißen geht's dann überraschenderweise ganz gut. Und so ist es jeden Tag. Deshalb bin ich froh, als wir den kompletten Zaun entfernt haben und wieder auf der Straße unterwegs Richtung Perth sind. Dort haben wir eine Verabredung mit Gina und Kurt, die wir im Kakadu-Nationalpark kennen gelernt und die uns zu sich eingeladen haben.

Noch viel Schönes gibt es auf dem Weg dorthin zu entdecken. Wie den Shell Beach. Er gehört mit zu den beliebtesten Attraktionen im Westen. Der einmalige Strand liegt 30 Kilometer südlich der Ortschaft Denham an der Shark Bay, er säumt die Halbinsel L'Haridon Bight und besteht aus einer rund fünf Meter hohen Schicht aus winzigen weißen Herzmuscheln. Diese leben in Massen an der Küste der Umgebung und ihre Schalen werden von den Wellen angeschwemmt. Sie haben sich am Shell Beach über Hunderte von Jahren angesammelt und aufgetürmt. Während die Muscheln direkt am Ufer noch lose aufeinander liegen, hat sich an den landeinwärts liegenden Strandabschnitten eine feste Schicht aus Muscheln gebildet, die von ihrer

Konsistenz her an Gestein erinnert. In der Region wurde das weiße Muschel-gestein früher traditionell als Baumaterial verwendet.

Oder Monkey Mia, ein anderer Strand einige Kilometer weiter, an dem jeden Tag wilde Delphine zu sehen sind. Zweimal am Tag werden die Tiere gefüttert. Kritisch stehen wir solchen Attraktionen gegenüber, doch wir sind neugierig und sehen uns das Ganze aus der Nähe an. Und wir können sagen, sie machen ihre Sache gut. Respektvoll und verantwortungsbewusst gehen die Trainerinnen mit den Tieren um. Freiwillig kommen die Delphine aus dem offenen Meer angeschwommen. Heute sind acht von den putzigen Kerlchen da und wir haben besonderes Glück, dass auch ein Junges unter ihnen ist. Aus diesem Grund ist es nicht erlaubt, ins Wasser zu gehen und die Tiere zu streicheln. Besser so! Es ist eine nette Sache, aber zu viele Menschen. Viel lieber mögen wir es, wenn wir an einem einsamen Strand stehen oder eine Wanderung machen und dabei zufällig eine Herde Delphine im Meer entdecken, was wir schon öfters erleben durften. Das fühlt sich viel besser und echter an. Aber nicht jeder hat so viel Zeit wie wir und da ist Monkey Mia eine gute Gelegenheit, sich diese faszinierenden Meeresbewohner aus nächster Nähe ansehen zu können.

Nicht langsam, sondern fast schlagartig verändert sich die Landschaft. Die karge Gegend, die rote Erde mit den niederen Büschen, die uns auf Tausenden von Kilometern begleitet hat, wird abgelöst von immer mehr hohen, richtigen Bäumen. Riesige Weizenfelder, so weit das Auge reicht. Fast wie bei uns, nur alles viel, viel weitläufiger. Nur die hölzernen Windräder und Wassertürme erinnern noch daran, wo wir sind; oder die unglaublich großen Sanddünen, die immer wieder bizarr am Horizont hinter den sattgrünen Feldern auftauchen. Goldgelb, beige oder schneeweiß, Kängurus, die davor umherhüpfen. O.k., es ist doch nicht wie bei uns…
Wie haben wir uns auf eine Veränderung der Landschaft gefreut nach diesen endlosen Kilometern durch dürres Buschland. Und doch fehlt uns das Outback und seine raue Atmosphäre bereits nach wenigen Tagen. Es gibt nur noch Sandstrände, keine raue, felsige Küste mehr, sehr zum Leidwesen des Anglers Jürgen.
Da kommt uns die Pinnacles-Desert im Nambung Nationalpark gerade recht. In dem riesigen Gebiet ragen Tausende von Kalksteinsäulen aus dem gelben Sand empor. Von ganz klein bis zu mehreren Metern hoch stehen sie da und

Strandleben in Perth

bilden einen sehr eigentümlichen Anblick. Je nach Sonnenstand verändert sich das Farb- und Schattenspiel der imposanten Gebilde. Ein wunderschönes Naturerlebnis, das wir nie vergessen werden.

Und noch ein Nationalpark, der Yanchep, liegt auf dem Weg. Dort sehen wir zum ersten Mal Koalas. Aber in einem Gehege, das ist noch nicht das, was wir wollen, das können wir besser.

Wir erreichen Perth und sind baff. Der von Luxusvillen gesäumte Stadtstrand erstreckt sich über zig Kilometer und wir haben das Gefühl, die ganze Stadt ist hier versammelt. Es wird gejoggt, geradelt, gesurft, geschwommen, gerudert, geschnorchelt, getobt, voll das Leben. Hier scheint keiner Angst vor Haien, Quallen oder Sonstigem zu haben.

Es ist schon Abend, als wir feststellen, dass in der Stadt überall Campen verboten ist. Kein Fleckchen, an dem nicht ein Verbotsschild steht. Auf der Suche nach einem Platz für die Nacht fahren wir immer die Küste entlang, bis wir auf einmal in Fremantle stehen. Dort finden wir einen großen Parkplatz, an dem 24 Stunden Halten erlaubt ist. Wir haben eine ruhige Nacht, bis sich um sechs Uhr morgens der Platz wieder füllt und die ganzen Wassersportler, vom Baby bis zum Greis, zum Wasser strömen. Hier scheint jeder den Tag mit einem Besuch am Strand zu beginnen. Das gefällt uns. Wir genießen das Strand- und Stadtleben, organisieren die Weiterversicherung für unseren Orangetrotter - die letzte galt nur für ein Vierteljahr - treffen uns mit Gina und Kurt, die uns herzlich aufnehmen und uns ihre spannende Geschichte erzählen, wie sie vor einigen Jahren nach Australien ausgewandert sind. Und dann ist da noch dieses Einkaufserlebnis der besonderen Art. Zufällig entdecken wir eine deutsche Metzgerei am Straßenrand, der wir natürlich nicht widerstehen können. Beim Betreten des Geschäfts umhüllt uns ein fast vergessener Geruch, es riecht nach Geräuchertem, wie es halt in einer richtigen Metzgerei zu riechen hat. Uns gehen die Augen über, das Wasser läuft uns im Mund zusammen. Wir kaufen Weißwürste, Fleischsalat, Wienerwürste, Aufschnitt und einen gescheiten Leberkäs. Wir unterhalten uns mit der Verkäuferin, man spricht Deutsch, sie erzählt, dass dieser Laden seit vielen Jahrzehnten von Auswanderern geführt wird. Quasi jeder Nicht-Aborigine ist hier ein Auswanderer bzw. Einwanderer. Es ist bemerkenswert, wie das multikulturelle Miteinander hier funktioniert. Mal abgesehen von dem schon öfter angesprochenen Problem mit den Ureinwohnern. Von unseren Landsleuten über alle anderen europäischen Länder, Amerikaner, Asiaten, darunter sehr viele Chinesen, Araber, Inder, alle leben und arbeiten sie hier in - wie es scheint - harmonischem Miteinander.

Etwas außergewöhnlich ist das Klima: Tagsüber haben wir oft nur 20 Grad und nachts zwischen 10 und 16 Grad. Uns macht das nichts, wir finden es ganz angenehm und den Aussis scheint es genauso zu gehen. Geschwommen wird trotzdem.

Die Stadt macht etwas mit uns, die joggenden, schlanken, schönen Menschen, die Business-People in der Innenstadt, jeder springt irgendetwas hinterher. Befremdlich und doch sehr vertraut kommt uns das vor. Die letzten Monate saßen wir im Outback vor unserem Bus, hatten nur Natur und manchmal noch ein paar andere Reisende um uns und haben gedacht: „Was braucht man mehr zum Leben, wir haben alles und davon jede Menge." Wir waren glücklich. Und hier in der Stadt merken wir, wie sich alte wohlbekannte Gedanken wieder Platz verschaffen. Begehrlichkeiten werden geweckt. Existenzängste wollen sich breit machen. Reizüberflutung in den Shoppingcentern und Schaufenstern. Jeder will irgendetwas verkaufen. Wir sind wieder angekommen in der Welt des Materialismus.

So abwechslungsreich es in der Stadt auch ist, wir wollen weiter, immer die Küste entlang. Wie dicht besiedelt es auf einmal ist. Erst jetzt wird uns so richtig bewusst, wie einsam und menschenleer die letzten Wochen und Monate waren. Wir haben nichts vermisst. Tagelang kamen wir durch keine größeren Ortschaften, hatten kein Problem damit, nur alle paar Tage an einem Supermarkt vorbeizukommen. Es war schön! Schöner? Irgendwie schon, komplett anders eben.

Über Busselton geht es nach Margret River, eine bekannte Weinregion. Dort treffen wir Lyn und Greg, die vor zwei Jahren mit ihrem Jeep in London gestartet und ebenfalls auf dem Landweg bis nach Australien gekommen sind und sich nun hier niederlassen wollen. Es ist leider nur eine kurze Begegnung, doch es soll nicht die letzte sein.

Der Busselton Jetty, mit über zwei Kilometern der längste Australiens. Beliebt zum Tauchen, Schnorcheln und Angeln. Leider wegen Bauarbeiten gesperrt. Den wollte ich eigentlich komplett umschnorcheln, aber auch der Bereich von 150 Metern ringsherum ist unter Auflage von hohen Strafen gesperrt.

Duplizität der Ereignisse: Wir werden von Olga und Hugo eingeladen, vor ihrem Haus zu nächtigen. Die zwei Deutschstämmigen machten in den 70ern eine ähnliche Reise in ihrem VW-Bus. Bald nach der Rückkehr nach Germany entschlossen sie sich, eine Obst-Farm in Australien zu betreiben. Die Farm ist inzwischen verkauft und sie genießen die „Früchte" ihrer Arbeit.

Und dann erreichen wir endlich den Walpole-Nornalup-Nationalpark, in dem sich auch der bekannte Tree Top Walk befindet, ein 600 m langer Steg, der vom Boden immer weiter hinauf in die Baumwipfel ansteigt. Am höchsten Punkt steht man 40 m über dem Waldboden eines herrlichen Waldgebietes.

Valley of the Giants: Mit die höchsten Bäume Australiens, lange genutzt als Feuerwachturm. Auf den höchsten muss ich rauf. Die eingeschlagenen Sprossen sind nur daumendick, der Blick (und Fall) nach unten frei. Auf 75 Metern dann ein massives Plateau und eine herrliche Aussicht, die sich aber leider nicht mit dem Fotoapparat einfangen lässt.

Im selben Tal die durch Feuer ausgehöhlten Giganten. Ein Foto zeigt, wie ein alter VW-Bulli, Typ I, komplett in solch einem Exemplar geparkt wurde. Da kann man sich ungefähr ein Bild machen, wie riesig diese Feuerlöcher sind.

Wirklich sehr beeindruckend, sich zwischen den Giganten dieser uralten Wälder aufzuhalten. Wir verbringen eine Nacht im fast unheimlich stillen Wald. Außer uns ist niemand hier, wir erleben eine zauberhafte Stimmung und schlafen wie die Babys.

Am nächsten Tag finden wir endlich mal wieder einen Platz, an dem wir uns für ein paar Tage stressfrei niederlassen können. Cosy Corner, ein schattiger Platz, hinter einer Düne versteckt, direkt am Meer. Und das Beste: Hier darf man bis zu sieben Tage kostenfrei stehen. Eine Seltenheit hier im Aussi-Land. Nicht nur wir genießen diesen heißbegehrten Platz, wir sind in Gesellschaft vieler Traveller. Jeder ist dankbar, einige Tage und vor allem Nächte relaxt stehen bleiben zu können. So schön Australien ist, die allgegenwärtigen Campingverbotsschilder haben echtes Stresspotential. Sie geben einem, oder zumindest mir, immer und überall das Gefühl, gehetzt und unerwünscht zu sein. „Hier kannst du aber nicht bleiben, das könnte teuer werden. Fahr lieber weiter." Und so fährt man Hunderte, Tausende von Kilometern immer auf der Suche nach Plätzen, die einem eine Nacht mit gutem Gewissen ermöglichen. Es gibt natürlich Campingplätze, doch die sind sehr teuer und würden die Reisekosten unverhältnismäßig in die Höhe treiben. Sehr hilfreich ist hier „Camps Australia Wide", ein dickes Ringbuch, das alle Übernachtungsmöglichkeiten für kleines Geld, bestenfalls sogar umsonst, aufführt. Ohne diesen Führer wären wir sicher noch um einiges genervter gewesen, was die tägliche Suche nach einer passenden Schlafgelegenheit betrifft. Am Cosy Corner treffen wir das Londoner Pärchen wieder, wir verbringen lustige, entspannte Abende miteinander und verabreden uns für Weihnachten.

Einer unter Vielen

Immer wieder kreuzen sich unsere Wege mit anderen Reisenden, die wir schon vor Wochen irgendwo in Australien getroffen haben. So ein großes Land, so lange Distanzen, die es zurückzulegen gilt, um ans nächste Ziel zu kommen, und doch begegnet man oft den gleichen Menschen. Überhaupt hat man manchmal das Gefühl, ganz Australien besteht nur aus Leuten, die mit ihren Wohnmobilen in der Gegend herumfahren. Vielleicht ist das der Grund, warum es sich hier so anders anfühlt. Der Zauber, unser Zauber, etwas Besonderes zu tun, verliert an Glanz. So sehr wir die Erlebnisse der letzten Monate hier genossen haben, so sehr vermissen wir langsam die Abwechslung.

Wir vermissen die Andersartigkeit der Menschen, fremdartige Kulturen, das Abenteuer. Uns fehlt das gute, günstige Essen. Darüber unterhalten wir uns auch mit anderen Travellern und sind froh, dass es nicht nur uns so geht. Vor allem, wenn man zuvor in Asien, Afrika oder Südamerika unterwegs war. Diese Unterhaltungen sind wichtig, denn manchmal bekommt man etwas Angst, dass man abgestumpft sein könnte, die Schönheit der Natur nicht mehr aufnehmen kann. Für uns gehört eben mehr dazu, es ist spannender, wenn der Gegenüber nicht englisch oder deutsch spricht, man die Straßenschilder nicht lesen kann, eine Speisekarte anschaut, keine Ahnung hat, was man bestellt hat, und es trotzdem ausprobiert, weil es bezahlbar ist. Man mit dem Auto stehen bleiben kann, wo man will, wie lange man will, ohne sich unerwünscht oder illegal zu fühlen. Wenn man selbst für die anderen auch fremdartig ist. Das macht die Sache so viel aufregender. Trotz allem ist diese Zeit jetzt sehr wertvoll für uns, denn wir erkennen, was für uns den Reiz der Reise ausmacht. Wir reflektieren und immer öfter kommen uns nun auch Gedanken zum Wiedereintritt ins „normale" Leben. Das ist eine ganz schöne Gefühlsachterbahn. Eines wissen wir sicher: Die Rückkehr, der Neustart wird ein Abenteuer der besonderen Art, die größte Herausforderung! Doch noch ist es nicht so weit. Einige Zeit lassen wir uns noch treiben, folgen dem Ruf der Freiheit und Unabhängigkeit.

Bevor wir uns zu Weihnachten mit Lyn und Greg treffen werden, müssen noch einige Kilometer zurückgelegt werden. In der reizenden Stadt Albany decken wir uns in der relaxten Markthalle mit Proviant ein und machen den „kleinen" Umweg von ca. 300 km, um uns den beeindruckenden Wave Rock anzusehen. Schon interessant, wie locker man sich hier für so einen Umweg entscheidet. Wenn ich in Deutschland hundert Kilometer zurücklegen muss, um irgendwohin zu kommen, überlege ich wesentlich länger, ob sich das lohnt. Es sind einfach andere Dimensionen.

Am 23.12. lässt uns unser Laptop im Stich. Es rührt sich nichts mehr. Ausgerechnet jetzt! Es müssten viele E-Mails geschrieben werden und ein Bericht ist auch längst überfällig. Ein Computer-Experte muss her. In Esperance finden wir einen jungen, pfiffigen, sehr engagierten Freak. Jason schafft es zum Glück innerhalb weniger Tage, den PC wieder zum Laufen zu bringen.

Im Cape Le Grand-Nationalpark, gibt es einige sehr beliebte Campsites. Eine davon ist der Lucky Bay Campground, er ist nicht ganz billig, wir bezahlen 17 € pro Nacht. Doch es ist Weihnachten und wir machen uns die paar Nächte inklusive heißer Dusche selbst zum Geschenk. Und was soll ich sagen, beim Anblick dieser Bucht verschlägt es uns seit langer Zeit wieder richtig die Sprache. Schneeweißer Sand, so fein wie Mehl, kristallklares Wasser in einem Türkis, das einem den Atem raubt, und die zahmen Kängurus, die faul am Strand sitzen und liegen, setzen dem Ganzen noch die Krone auf. Was für ein paradiesischer Ort! Und als ob es des Guten nicht schon genug wäre, haben wir einige richtig nette Nachbarn. Weihnachten wird hier erst am 25. Dezember gefeiert. Am Vorabend werden die Wohnwagen und Zelte mit kitschigen Lichterketten, Rentieren, Weihnachtsmännern auf Schlitten und was sonst noch alles zu diesem Fest gehört, dekoriert. Sehr befremdlich, immerhin ist es auf der Südhalbkugel Hochsommer. Am Weihnachtsmorgen sind alle schon früh auf den Beinen, mit roten Mützen auf ihren Köpfen verteilen die Aussis kleine Geschenke untereinander. Auch wir werden beschenkt, eine kleine Duftseife und ein Schokoladen-Weihnachtsmann und von Lyn und Greg ein kleiner Buddha, der ab sofort auf einem Ehrenplatz in unserem Orangetrotter steht.

Während Jürgen fleißig am Angeln ist, lasse ich mir von Lyn, die gelernte Friseuse ist, endlich mal wieder einen ordentlichen Haarschnitt verpassen.

Nach diesen erholsamen Tagen fahren wir gut gelaunt dem neuen Jahr entgegen.

50.000 km, ein neues Jahr und Anderes...

Vor uns liegt die längste schnurgerade Strecke Australiens: Wir vertreiben uns die 146,6 fast baumlosen Kilometer mit Gedächtnis-Training.

Hier im Nullarbor startet auch der längste Golfkurs der Welt: 18 Loch auf 1.365 Kilometern. Was haben die hier für Golf-Caddys? Ferrari, Porsche?

Die Südküste wartet immer wieder mit ihren gigantischen Steilküsten auf.

Das Neue Jahr hat für uns prächtig begonnen. Am Neujahrstag erreichen wir die Venus Bay in South Australia. Am Cliff beißen die Fische wie lange nicht mehr. Zum Greifen nah spielen die Delphine in den gewaltigen Wellen und Helga ist darüber ganz aus dem Häuschen. Ohne Kamera im Gepäck können wir ungestört genießen und der Laptop funktioniert wieder... So kann's weitergehen!

Und es gibt noch etwas zu feiern: Wir haben die 50.000 km-Marke gebrochen. Die meisten zeigen sich überrascht: Ja, genau, es ist gar nicht so fern, wie man glaubt. Fast jeder Außendienstler fährt das Zwei- bis Dreifache im Jahr.

Jetzt nur nicht einschlafen

Wir sehen uns ein Prachtexemplar von Weiß-Hai an. Er wurde in den 90ern vor Streaky Bay geangelt, ja geangelt! Fünfeinhalb Meter lang, 1500 Kilogramm schwer. Man sagt, der Größte, der je geangelt wurde. Auch ein Grund, warum man hier gerne in eingezäunten Bereichen badet. Endlich kann Helga mal ein sicheres Vollbad nehmen.
An der Küste und den vorgelagerten Inseln des Südens gibt es zahlreiche See-Löwen-Kolonien. Sie zu beobachten macht tierisch viel Spaß.
In diesen Tagen haben wir tägliche Schwankungen der Tages-Höchsttemperatur von min. 20°C bis zu max. 48°C.
Jetzt geht's in Richtung der australischen Metropolen. Zuerst Adelaide, dann Melbourne und dann... mal sehen, wo das Geld noch hinreicht.

Adelaide lassen wir schnell hinter uns. Wir fahren wunderschöne Passstra-ßen durch das pittoreske Barossa Valley, kommen vorbei an Mount Schank und Mount Gambier, längst nicht mehr aktive Vulkane und kaum noch als solche zu erkennen. Jedoch wird das Landschaftsbild sehr von ihnen geprägt. Ein beeindruckender See, in einem Kobaldblau, das nicht zu beschreiben ist, sprachlos stehen wir vor dem Blue Lake und umwandern ihn. Es folgt die spektakuläre Great Ocean Road mit ihren zahlreichen Aussichtspunkten. Ein Highlight sind zweifelsohne die bizarren Felsformationen der zwölf Apostel, wenn sie auch schon lange nicht mehr komplett sind. Auch die vielen anderen gigantischen Felsformationen entlang dieser weltbekannten Straße stehen ihnen in Nichts nach. Und wir haben einigermaßen Glück mit dem Wetter, der Osten Australiens wird in diesen Tagen und Wochen schwer gebeutelt von heftigen Unwettern. Jeden Tag gibt es Horrormeldungen in den Medien über neue Flutwellen und Todesopfer. Hier bei uns im Süden, in Victoria um genauer zu sein, merken wir nur wenig davon. Außer dass immer mehr Regen fällt und Teilstrecken der Great Ocean Road aufgrund von Erdrutschen einige Tage gesperrt bleiben. Für uns kein Problem, wir haben Zeit und sitzen es aus, bis wir sie passieren können. Wir treffen Hannes und Marina, zu viert verbringen wir einen feucht-fröhlichen Abend - in doppelter Hinsicht - und verkürzen uns so die Zeit bis zur Weiterfahrt. Wir machen einen Ausflug zum Leuchtturm am Cape Otway und freuen uns wie kleine Kinder über die Koalabären, die wir auf dem Weg dorthin überall in den Eukalyptusbäumen beobachten können. Das muss man Australien lassen, wenn in einem Gebiet das Vorkommen einer bestimmten Tierart angepriesen wird, dann kann man diese auch mit 99%iger Sicherheit entdecken. Am nächsten Tag ist die Straßensperre aufgehoben und wir können in Melbourne einfahren. Dort wartet einer unserer treuesten Fans auf uns. Schon vor Beginn der Reise, stand Jürgen mit Tanja in Verbindung. Sie hat uns lange vor der Abfahrt schon auf einen Kaffee zu sich eingeladen. Sie staunt nicht schlecht, als wir nun tatsächlich mit unserem Orangetrotter vor ihrer Tür stehen. Und wir staunen nicht schlecht, als wir ihr unser Gastgeschenk, eine Flasche Rotwein, überreichen wollen und sie uns mit Kopftuch begrüßt. Sie ist schon vor vielen Jahren zum Islam konvertiert. Das wussten wir nur noch nicht, und so stehen wir etwas peinlich berührt mit unserem Geschenk, das in diesem Fall total daneben ist, vor ihr. Doch Tanja nimmt uns den Fauxpas nicht übel. Sehr herzlich werden wir im Kreis ihrer Familie aufgenommen. Es ist seltsam und zugleich wunderschön, auf der ganzen Welt scheint es möglich zu sein, Menschen das erste Mal zu begegnen und das Gefühl zu haben, alte Freunde zu treffen. Im Moment ist es nur ein Kurzbesuch, doch wir kommen wieder. Es ist beschlossen: in wenigen Wochen werden wir unseren Bus von Melbourne aus zurück nach Deutschland verschiffen und Tanja hat uns angeboten, die Tage bis zu unserem Abflug und ohne unseren Orangetrotter mit ihrer Familie zu verbringen. Ein Glücksfall!

Unser nächstes Ziel ist Wilson Promontory, noch ein entzückender Nationalpark und eines der beliebtesten Ausflugsziele aller Australier. Dort gibt es einen Campingplatz, der jedes Jahr in den Schulferien bis auf den letzten Platz ausgebucht ist. Für diesen und noch einige andere der beliebtesten Plätze entscheidet jedes Jahr das Los, wer seinen Urlaub hier verbringen darf. Schon Monate im Voraus muss man sich für einen Platz anmelden, will man hier seine Ferien verbringen. Ob man zu den Glücklichen gehört, denen das dann gewährt wird, erfährt man erst kurz bevor es so weit ist. Da gerade Sommerferien sind, machen wir uns keine Hoffnung auf einen Stellplatz, doch den Park wollen wir uns auf jeden Fall ansehen. Als wir das Eingangstor passieren, fragt die Kassiererin, ob wir auch campen wollen. Wir sind überrascht: „Wir dachten es ist komplett ausgebucht." Sie lächelt uns an und meint: „Für internationale Gäste haben wir immer einige Plätze reserviert, jedoch dürfen sie nur zwei Nächte bleiben." Das lassen wir uns nicht zweimal sagen und entscheiden uns spontan hier zu bleiben. Eine Entscheidung. die wir nicht bereuen. Der Platz ist zwar wirklich übervoll, aber die Natur, ein herrlicher Strand, umgeben von kleineren Bergen, die man gut auf schönen Wanderwegen erkunden kann, und Tiere, die die Menschen gewohnt sind. Wir sind von Kakadus, roten und blauen Papageien, Wombats, Possums und Rehen umgeben und finden es einfach nur schön!

Weiter über den Gippsland und Princes Highway erreichen wir den Bundesstaat New South Wales und werden noch einmal von einer komplett anderen Landschaft und vor allem von einem sehr, sehr schönen Küstenstreifen überrascht. Ganz anders als alles, was wir die letzten Monate gesehen haben, liebliche Buchten, Brücken und Stege, die entlang des herrlichen Meeres gebaut wurden.

Der alte Mann und das Meer

Australier - ein Volk von Anglern. Unter ihnen gibt es eine große Zahl von Sportfischern, die von dem „Supercatch" träumen, dem Black Marlin. Wer kein eigenes Boot hat (eher wenige), bucht seinen Angeltrip mit Fanggarantie für Unmengen von Dollars, um sich diesen Traum zu erfüllen. Und dann gibt es noch die anderen: hoch ambitioniert, aber ohne Boot und dicke Brieftasche. Sollen die auf diesen Traum verzichten? Nein, es gibt ein paar wenige Plätze auf der Welt, an denen man sich mit diesem mächtigen, vor Kraft strotzenden

Raubfisch vom Ufer aus messen kann, fast ganz nach Hemingways packender Novelle. So sehen es zumindest die Rutenschwinger.

Wir fahren auf ein Kap in der Jevis-Bay, weitab von jeder Stadt. Es ist ein Nationalpark und Militärgelände, an 150 Tagen im Jahr für Schießübungen gesperrt. Am Ende des zwei Kilometer langen und steilen Wanderwegs treffen wir nichts ahnend zuerst einmal auf Kinderwagen. Mit Schlössern an Bäume und Pfosten gekettet. So ca. zehn an der Zahl. Großfamilien-Ausflug oder was? Ein Stück weiter führt eine fast senkrechte Stahltreppe das Kliff hinunter. Auf den schmalen Felsüberständen ein kleines Zelt. Um die Ecke, über der tosenden Brandung, stehen sie. Der Anblick ist wirklich kurios. Einige haben sich hier häuslich eingerichtet, Suppe kochend zwischen Unmengen von Angelequipment, Kinder-Schwimmbecken, Förderpumpen, Schläuchen und ersten Fängen. Kein Marlin, aber bis zu ein Meter lange Kingfische u.ä., was sich als lebender Köder für den big catch eignet. Das Prinzip: Man angelt sich vom kleinsten Köderfisch zum Großen, bis der geeignete für den Traumfang dran hängt. Beißt er dann, wird das Geschirr angelegt, der Angler mit Ketten und Gurten am Fels verankert. Der Kampf beginnt, oft Stunden lang, bis die Kraft schwindet und einer von beiden aufgibt. In den Pools werden die Köder gehalten, mit den Pumpen werden die Pools mit Meerwasser gefüllt. Manche verbringen hier Tage, Wochen, stecken jeden verfügbaren Cent in die Ausrüstung und opfern den Jahresurlaub, um Tag und Nacht ihrem Traum nachzustellen. Hier finden sich Jung und Alt. Heute ging noch nicht viel. Ein Marlin mit ca. 60 kg. Die wirklich interessanten Exemplare wiegen zwischen 150 und 300 kg, erzählt uns Greg, der für heute Schluss macht und sein schweres Equipment auf den Kinderwagen lädt. Sein „Größter" hatte ca. 120 kg, letztes Jahr an dieser Stelle gefangen. Die Rekordfische finden sich eher im offenen Meer und erreichen angeblich bis zu 800 kg. Schnell ist der Marlin auch, bis zu 110 km/h, majestätisch, wenn man ihn springen sieht. Als Speisefisch eher mäßig, sollte er eigentlich dort bleiben, wo er ist, aber irgendwie kann ich auch die Faszination nachempfinden, die bei diesen Fischern scheinbar den Ur-Jagdinstinkt weckt. Fairer Kampf? Keine Ahnung! Der Fisch jagt, um zu überleben, das Andere ist „nur" ein Hobby. Wie auch immer, um diesen wirklich abgefahrenen Platz mit seinen Freaks zu sehen, hat sich diese Wanderung allemal gelohnt.

Die letzten Kilometer vor der großen, weltberühmten Metropole führen durch den tief grünen und dicht bewachsenen Royal Nationalpark. Bis wir es tatsächlich bis nach Sydney geschafft haben.

Freiheitsgefühle in den Blue Mountains

Obdachlos

Wir rollen auf Sydney zu und schlagartig stellen sich die Gefühle ein, die wir eigentlich schon vor knapp sechs Monaten beim Besuch des Uluru (Ayers Rock) erwartet hatten. Wir haben es getan! Wir sind tatsächlich von Deutschland nach Australien getuckert. 100% sentimental, überglücklich, aber auch nachdenklich, was die Zukunft bringt! Was nicht heißt, dass die Reise zu Ende ist. Nein, wir haben lediglich den weitest entfernten Punkt (von West nach Ost gesehen) unserer Reise erreicht.

Steve Müller hat unseren Orangetrotter im ca. 4.000 km entfernten Perth entdeckt, uns aber nicht angetroffen. Er lädt uns über unser Gästebuch ein, wir sollen unbedingt vorbeischauen, wenn wir in Sydney sind. Die ganze Familie Müller ist seit Generationen VW-versaut. Die Eltern unterhalten mit den anderen Söhnen ein Verkaufshaus und Steve hat sich auf Restauration und Umbau von VW-Oldtimern spezialisiert. Bei dem Anblick seines Stadels, würde jeder VW-Fan feuchte Augen bekommen. Hier stehen grob geschätzt 60 Fahrzeuge zu den 30 bis 40, die verstreut um seine Werkstatt stehen. Von Karmann-Ghia, über Split-Window-Käfer und -Busse (einige aus den ersten Modell-Jahren) bis zum exotischen Typ 3 Cabrio-Umbau, alle unrestauriert. Sozusagen seine

Altersvorsorge. Wir genießen den Ausritt in einem der Split-Window-Busse bei voll geöffneten Frontscheiben und lassen uns die heiße Luft und den herrlichen Sound um die Ohren blasen. Steve organisiert auch die Felgen, die ich für die Container-Verladung des Orangetrotters brauche, direkt in Melbourne, für nen Appel und n Ei. Super, das läuft wieder!

Sydney macht Spaß, doch wir waren noch nie die Stadt-Freaks, deshalb zieht es uns bald zurück an die wundervolle Küste zwischen Sydney und Melbourne, die wir bei der Herfahrt entdeckt haben. Allerdings nicht ohne vorher noch den Blue Mountains einen Besuch abzustatten.

Und das ist ein wirklich unerwartetes Highlight. Imposante Felsenkliffe eingebettet in tiefgrünes, unberührtes Buschland. Die „Three Sisters", die bekannteste Felsformation, wird nachts von waghalsigen Kletterern heimgesucht. Sie besteigen die Wand nur im Scheinwerferlicht der gegenüberliegenden Aussichtsplattform. Und wenn nun jemand den Strom abdreht? Ich mach mir echt Sorgen um die zwei drahtigen Jungs, denen ich im Halbdunkel begegnet bin und die wir mehrere Stunden bei ihrer Aktion beobachten. Irgendwann gehen wir dann doch ins Bett. Aber wir sind wirklich erleichtert, als sie morgens um drei wohlbehalten an ihrem Fahrzeug auftauchen, das direkt neben uns parkt. Absolut „crazy"!

Zurück in Melbourne nehmen wir Tanjas Einladung an, die letzten australischen Tage bei ihr und ihrer bezaubernden Familie zu verbringen. Besser kann's nicht laufen. Wir genießen ihre große Gastfreundschaft und organisieren nebenbei die Verschiffung des Trotters. Und auch da läuft's perfekt. Solar-Module runter vom Dach, Stahlfelgen ohne Reifen drauf. Die Firma, die diesen Container gebaut hat, war großzügig! Er liegt von der Einfahrthöhe fast 5 cm über dem Normmaß. Sonst hätte es vielleicht doch noch Probleme gegeben. Verzurren, Klappe zu, ab jetzt sind wir obdachlos. Aber die Reise geht weiter!

LANGKAWI

Fast wie heimkommen

Wir haben Australien verlassen. Der Orangetrotter ist bereits auf hoher See in Richtung Deutschland unterwegs. Die letzten Tage in Melbourne wurden wir von Tanja aufgenommen. Das war das Beste, was uns „Obdachlosen" passieren konnte.

Wir hatten wunderschöne Tage mit ihr, Hadi, ihrem Mann, und ihren beiden Töchtern. Tanja ist schon vor vielen Jahren zum Islam konvertiert und vor fünf Jahren von Deutschland nach Australien ausgewandert. Das und die Erlebnisse unserer Reise haben für mehr als genug Gesprächsstoff gesorgt. Wie ich solch multikulturelle Zusammenkünfte liebe! Mehr denn je wünsche ich mir diese auch in mein künftiges Leben zu integrieren, es gibt nichts Inspirierenderes!

Bevor die beiden uns zum Flughafen bringen, gehen wir noch afrikanisch essen. Im Restaurant haben wir auch Marina und Hannes wieder getroffen, mit denen wir vor einiger Zeit einen feucht-fröhlichen Abend verbracht haben. Was für ein schöner Abschied vom roten Kontinent. Nach sechs Monaten Outback, unzähligen Nationalparks, Tausenden von schönen Stränden, vielen interessanten Begegnungen mit Zwei- und Vierbeinern und viele, viele „Bugs" (Austral-Dollar) ärmer, sind wir dankbar und stolz, so viel von diesem Land „erfahren" (21.000 km) zu haben.

Vor einigen Tagen sind wir auf Langkawi, einer Insel nordwestlich von Malaysia, angekommen. Hier überbrücken wir die „Orangetrotter-lose Zeit". Es ist unfassbar, ich weiß noch, wie ich mich letztes Jahr im August gefreut habe, nach fast einem Jahr in Asien, den Kontinent wechseln zu können. Und jetzt, zurück in Asien, fühlt es sich ein bisschen an wie „nach Hause" kommen. Es ist alles so herrlich unkompliziert, die Menschen sind ausgeglichen und gutgelaunt, das Essen ist (wieder) so lecker und der Geldbeutel freut sich auch. Jetzt wissen wir, was wir die letzten Monate vermisst haben. Asien ist einfach anders. Wir genießen es, mit dem Roller die Küstenstraße entlang zu fahren und die Insel zu erkunden. Der beste Ort, um unser Abenteuer langsam ausklingen zu lassen. Ja, das Ende ist absehbar und nicht mehr aufzuhalten, doch zuerst geben wir uns noch einmal Asien satt!

Ab in die Kiste

Getrennte Schlafzimmer...

...müssen es ja nicht gerade sein. *Aber nach 20 Monaten im VW Bus auf einer 1,5 x 1,9 m kleinen Matratze genießen wir in unserer Wohnung auf Langkawi eine ganz neue Art der Freiheit. Wir haben ein riesiges Schlafzimmer, jeder hat sein eigenes Bett und jedes davon ist fast doppelt so groß wie unsere Busschlafstätte. Die erste Nacht fühlen wir uns noch ein wenig verloren und nutzen nur einen kleinen Teil der Betten. Aber schon bald entfalten wir uns und denken mit Schrecken an unsere bevorstehenden Busnächte. Das wird wie neu kennen lernen, ein Drahtseilakt.*

Das Wetter ist gnädig hier auf Langkawi. Es stimmt uns freundlicherweise langsam auf Deutschland ein. Will heißen es regnet jeden Tag sehr viel, was uns nicht stört, denn es ist ja mindestens noch 35°C warm.

Langkawi selbst ist der zum Glück misslungene Versuch einer Mega-Touri-Insel. Wir kommen mit dem Flieger an und ich erschrecke über die Größe des Flughafens im Verhältnis zur Insel. Mir schwant Schlimmes. Um die Menschen auf die Insel zu locken, gibt es hier alles steuerfrei! Elektronik, Kaffee, Schokolade, Alkohol, Zigaretten. Um in diesen Genuss zu kommen, muss man sich aber mindestens 48 Stunden auf Langkawi aufhalten. Also wird's am Wochenende immer etwas voller. Aber lange nicht so schlimm wie befürchtet. Im Gegenteil, Langkawi behält auch dann seinen relaxten, friedlichen, ruhigen Charme. Auf unseren Roller-Erkundungstouren suchen wir überall nach etwas Untouristischem. Zwischen Kuah und Pedang-Chanei werden wir fündig. Kein Schild weist dieses ca. 2 km von der Hauptstraße gelegene Fischerdorf aus. Und tatsächlich, nichts deutet auf eine auch irgendwie geartete, touristische Nutzung hin. Die meisten der wackeligen Häuser stehen auf eben solch wackeligen Pfählen an der von Gezeiten umspülten Küste. Ein wunderschöner, teils aus rohen Palmstämmen gebauter Steg ragt weit ins tiefere Gewässer. Die Menschen freundlich, die Kinder neugierig. Wir sind überrascht, dass sich scheinbar kein Tourist für dieses Städtchen interessiert. Gut so! Wir kaufen etwas Gemüse bei einer Krämerin. Aber natürlich hat sich auch hier herumgesprochen, dass der Tourist etwas mehr bezahlen sollte. Hier führt das allerdings noch zu einer fünfminütigen Diskussion mit ihrem Mann - der extra vom Fernseher aufstehen muss - und ein paar Dorfbewohnern. Köstlich! Die Schattenseite: Hier, wo kein Tourist erwartet wird, geht man mit dem Müll noch um, wie man es lange gewohnt ist. Er wird ins Meer gekippt, egal ob organisch, Kunststoff, Baumate-

rial oder was sonst noch. Bei Ebbe sieht es nicht nur schrecklich aus, es stinkt auch fast unerträglich zum Himmel. Den Übergang vom Wasser zum Land kann man an manchen Stellen nicht wirklich erkennen. Er liegt unter Bergen von angeschwemmtem Müll.

Irgendwo essen wir richtig leckere Mee Goreng, ein Nudelgericht, auch hier ist Bestellen und Bezahlen wieder ein Abenteuer, wie wir es schon lange vermisst haben.

Wie sagte schon Hans Magnus Enzensberger: „Der Tourismus zerstört das, was er sucht, indem er es findet." Aber genau so oft hat er zumindest die Möglichkeit, Dinge zu verbessern! Alles hat seinen Preis.

Ich hab noch eine Couch in Hamburg

Nach dem vielen Regen der letzten Wochen auf Langkawi sind wir gut eingestimmt auf das feuchte Klima in Deutschland. Doch zuvor machen wir noch ein paar Tage stop-over in Bangkok. Als ich mich am Abflugtag aufmache, ein Taxi zu organisieren, wird mir noch einmal demonstriert, warum das Feeling auf Langkawi so gelassen ist: Ich spreche einen Taxifahrer an, frage nach dem Preis und ob er uns um zehn Uhr am Bungalow abholen kann. Alles klar, kein Problem! Um sicher zu gehen, zeige ich auf seine Uhr und uups... da ist schon 10 Uhr. Was? Dann müssen wir ja richtig Gas geben, wir haben noch nicht einmal gepackt. Ich frage ihn, ob er sicher ist, dass seine Uhr stimmt, er nickt selbstbewusst. Kann es sein, dass wir die ganzen letzten Wochen mit der falschen Zeit unterwegs waren? Ja, kann schon sein, Zeit war hier bisher nicht wichtig. Doch ich glaube es nicht wirklich und frage gegenüber im Restaurant nach, das Ziffernblatt dort zeigt 10.30 Uhr. Aha! Einige weitere Versuche bringen mich der halbwegs korrekten Zeit nicht näher, nur Wan, die Frau vom Laundry-Service, hat die gleiche Zeit wie ich, das sehe ich als Bestätigung. Dem Taxifahrer sage ich jetzt sicherheitshalber, dass er uns in einer halben Stunde abholen soll, das ist unverfänglicher.

Wie viel sagt dieses Beispiel über das Leben der Menschen auf dieser Insel aus? Wie werde ich das vermissen!

Kaum haben wir auf unserer Homepage verkündet, dass wir in Bangkok landen, hagelt es Mails und Facebook-Nachrichten. Marina und Hannes, die wir einige Male in Australien getroffen haben, sind mittlerweile auch in der

Stadt. Jana und Mario haben wir in Dogubayazit, vor der iranischen Grenze, und dann noch mal in Pokhara/Nepal getroffen. Auch sie sind gerade für einen Zwischenstopp in der thailändischen Metropole. Stephan und sein Vater Horst starteten kurz vor uns, auch mit einem VW-Bus, Richtung Iran. Stephan trafen wir dann in Pokhara wieder. Sein Vater war mit dem Camper bereits zurück in Deutschland. Und ratet mal, wo die beiden gerade ankommen? Richtig! Und dann sind da noch Jürgens Bruder und seine Frau, die beiden machen für ein paar Wochen Urlaub in Thailand, besorgen uns unser Hotelzimmer in der Stadt und nehmen uns in Empfang. In diesen Tagen werden viele Erlebnisse ausgetauscht und Zukunftspläne geschmiedet. So kommen wir schon hier in den Vorgeschmack der Wiedersehensfreude mit Familie und Freunden. Wenn wir abends durch die Khao-san-road laufen, ist es fast wie auf dem „Fischertagsvorabend" in Memmingen… man kennt sich.

Jetzt geht es weiter nach Hamburg, dort werden wir Bekanntschaft mit dem „Couchsurfing" machen. Ein Internetportal, auf dem weltweit kostenfreie Couchplätze zum Übernachten ausgetauscht werden. Eine tolle Möglichkeit, um Menschen kennen zu lernen, tiefere Einblicke in deren Kultur zu bekommen und obendrein unschlagbar günstig zu reisen. Viele erzählten uns davon, jetzt wird's Zeit, auch diese Erfahrung zu machen. Zurück in Deutschland fangen wir damit an. Wir sind gespannt, und ihr werdet es erfahren!

DEUTSCHLAND

Wir sind bereits in Hamburg couchsurfen bei Linde und warten auf unseren Orangetrotter. Es ist unkompliziert und sehr nett bei ihr, sie ist so gut zu uns. Ein Beweis dafür, dass herzliche Gastfreundschaft auch in Deutschland stattfindet. Und trotzdem vermissen wir unsere Unabhängigkeit im Bus. Heute sind wir an der Alster spazieren gegangen und uns ist wie auch schon in den letzten Tagen aufgefallen, wie seltsam es ist, wenn man alle Gespräche um einen herum wieder versteht. Die letzten Monate, wenn wir unter Leuten waren, waren wir immer ganz bei uns, unseren Gedanken. Wir haben nicht verstanden, was um uns herum gesprochen wurde, doch hier, zurück in Deutschland, bekommt man von jedem Gespräch Wort- und Satzfetzen mit, die sich in die eigenen Gedanken einmischen. Ich ertappe mich ständig dabei, wie ich schmunzeln muss, ich finde das so seltsam, so komisch. Wie wenn ich die Gedanken der Menschen hören würde, als ob ich etwas höre, was allen anderen verborgen bleibt, dabei ist es das Normalste der Welt. Ist das nicht spannend, dass einen die eigene Sprache nach zwanzig Monaten so überraschen kann?

Wie normal es ist, wieder bedenkenlos Leitungswasser zu trinken. Wie einfach es ist, nach dem Weg zu fragen oder ein Eis zu bestellen. Alles ist unkompliziert. Jeder versteht einen. Und wie ich mich freue, wenn Ausländer an mir vorbei laufen und sich in ihrer Sprache unterhalten.

Heimkehr

Wir sind tatsächlich zurück. Wo sind die letzten 20 Monate geblieben? Was haben wir die ganze Zeit getan? Wir haben uns die Welt etwas kleiner gemacht. Haben uns in Situationen gebracht, die wir uns nicht hätten träumen lassen. Waren in Ländern, die zu bereisen wir vor fünf Jahren nie in Betracht gezogen hätten. Haben Menschen getroffen, die gar nicht so anders sind wie du und ich. Haben Landschaften und Tiere gesehen, die uns sprachlos gemacht haben. Hatten Gerüche in unseren Nasen, die uns überwältigt haben, im Guten wie im Schlechten. Wir haben gelacht, geweint, diskutiert und geschwiegen, gestritten und geliebt...

Wir waren erfüllt von Freude und manchmal auch von Angst. Konfrontiert mit Leben und Sterben. Oft, so oft, haben wir eine Dankbarkeit empfunden, die nicht in Worte zu fassen ist. Ungewissheit, immer wieder. Haben erkannt, eine Lösung gibt es immer. Es gibt kein „es geht nicht mehr". Die Menschen, die wir getroffen haben, haben diese Reise zu dem gemacht, was sie war: ein Einblick, wenn auch ein kleiner, in die Wunder dieser Welt. Ein großes Abenteuer geht zu Ende und ein neues beginnt...

Wir verlassen Hamburg, sind glücklich unseren Orangetrotter wieder unbeschadet bei uns zu haben. Genießen es, endlich wieder „on the road" zu sein, einer bekannten Umgebung, lieben Menschen und einer ungewissen Zukunft entgegen. Uns erwartet das nächste Abenteuer dieser unglaublichen Reise: Heimkehr und Neustart in einem altbekannten und doch fremden Land.

Wir nähern uns langsam unserer Heimatstadt Memmingen. Was das für ein Gefühl ist? Hm, ein komisches. Am meisten überrascht uns, dass es sich anfühlt, als ob wir von einem zweiwöchigen Urlaub nach Hause kommen. Wir fahren am Ortsschild vorbei, und ein bisschen kreuz und quer durch die Stadt, mal sehen, ob sich hier was verändert hat.

Das Wiedersehen mit unseren Familien und Freunden ist sehr schön, vertraut, bekannt. Es ist etwas Besonderes, die Menschen, die einem am meisten am Herzen liegen, nach so langer Zeit wieder in die Arme schließen zu können und festzustellen, dass diese Beziehungen nicht unter der Entfernung gelitten haben. Nach den ersten Erzählungen machen wir uns auf den Weg zu unserer vorläufigen Bleibe. Zu unseren Freunden Nico und Karin, die uns bereits zu Beginn und während unserer Reise eine große Stütze waren. Sie haben für uns ein Plätzchen, wo wir mit unserem Orangetrotter stehen und noch ein bisschen an unserem Reiseleben festhalten können, damit der Wiedereintritt nicht ganz so plötzlich kommt. Sanftes Reingleiten in den deutschen Alltag, auf der Gänsewiese.

Die lieben Menschen, die warme Frühlingssonne und die erwachende Natur nehmen uns mit offenen Armen auf, und wir fühlen uns willkommen.

Was bleibt, ist ein Gefühlscocktail, den zu beschreiben ich im Moment nicht in der Lage bin. Es ist nicht wie „himmelhoch jauchzend" und „zu Tode betrübt". Nicht wie „auf Wolke sieben" und auch nicht wie „tief fallen und hart aufschlagen". Eher wie irgendetwas dazwischen, ein bisschen zwischen den Welten schwebend, wie gar nicht da sein, aber da sein sollen, und nicht sicher, ob da sein wollen. Ihr seht schon, es ist nicht möglich, es in Worte zu fassen. Was auch kommt, wie die nächsten Wochen auch verlaufen werden, wir sind offen und neugierig, bereit und bemüht, aus der bunten Farbpalette des Lebens das Bild zu malen, in dem wir uns am wohlsten fühlen.

Denn eines haben wir gelernt: Kümmere dich um dich und deinen Seelenfrieden. Schau, dass du zufrieden bist, genieße die kurzen wahren Glücksmomente, bleib bei dir, schade dabei keinem anderen. Übernimm die Verantwortung für dein Leben und sei dankbar. Und wenn dir deine Situation nicht mehr gefällt, dann verlasse sie. Wir haben unglaublich verschiedene Lebensmodelle kennengelernt, und alle funktionieren sie. Natürlich, sie haben ihren Preis. Und jeder muss selbst entscheiden, welchen er zu zahlen bereit ist.

Wie einen der Alltag einholt… Sobald man auf Ämtern gemeldet ist, kommt man aus dem deutschen Bürokratismus nicht mehr raus.
Ich war gerade eine Stunde spazieren, heute sitze ich das erste Mal seit unserer Rückkehr in einem tiefen, schwarzen Loch. Wo ist die Unbeschwertheit geblieben? Ich laufe an wunderschönen grellgelben Feldern vorbei, an grasenden Pferden, Spatzen flattern über den langen, sich im Wind wiegenden Grashalmen, und ich merke, dass ich genau für diese Wunder die letzten Wochen seit wir wieder in Deutschland sind kein Auge mehr hatte. Die letzten zwanzig Monate war jeder Vogel, jedes Tier, jede Wolke eine Gelegenheit, sich in Raum und Zeit zu verlieren. Warum funktioniert das auf einmal nicht mehr? Ich muss weinen beim Anblick des gelben Feldes, es trifft mich mitten ins Herz, der Vorhang fällt, ich spüre wieder eine tiefe Sehnsucht nach Freiheit und Unbeschwertheit, nach dem Leben, das hinter mir liegt. Doch ich will nicht verzweifeln, ich will bewusst versuchen, auch hier und heute und jeden künftigen Tag mir die Offenheit für die täglichen Wunder zu bewahren. Warum das in der Heimat so schwer fällt, ist mir nicht ganz klar. Die Mühlen haben wieder zu mahlen begonnen, ich spüre, wie sie mich zermahlen wollen, ganz langsam, in Zeitlupe sehe ich den schweren Mühlstein auf mich zukommen, es gibt kein Entrinnen. Vielleicht wache ich ja auf und es ist nur ein Traum…

Doch ich bin stärker! Ich will mich nicht mehr hineinziehen lassen in das sich schnell und permanent drehende Hamsterrad. Nicht nach all den erlebten

Erleuchtung?

Erfahrungen. Das Leben ist so voller Überraschungen und man bekommt so viel, wenn man sich nur traut, einmal etwas aufgibt, loslässt und ab und zu an seine Grenzen oder auch mal darüber hinaus geht.

So werden wir versuchen unser Leben zurück in Deutschland auch weiterhin zu entschleunigen, ab und an mal innezuhalten, um uns bewusst zu machen, dass nicht nur die letzten Monate ein großes Abenteuer waren, sondern dass das ganze Leben eine unglaubliche Reise ist.

„... und wo bleibt die Erleuchtung?"
Ich denke: „Irgendwo auf der Strecke!"
Und das ist auch gut so.
Letztendlich ist die Sehnsucht, nach was auch immer,
der Antrieb etwas anders zu machen als bisher.
Dabei kann man nur gewinnen...
... auch wenn man am Ende wieder vor einem Anfang steht.

Wir leben die Reise weiter und Neuigkeiten aus Nepal

In unmittelbarer Nähe unseres Stellplatzes steht ein Wat. Ein thailändisches Kloster, das Treffpunkt für eine kleine buddhistische Gemeinschaft in der Nähe von Augsburg ist.

Vor einigen Wochen war dort ein großes Fest zu Ehren Buddhas. Eine gute Gelegenheit für uns, um dort die ein oder andere Erinnerung aufzufrischen. Als wir ankommen, platzen wir mitten in eine festliche Zeremonie. Es ist der höchste Feiertag zu Ehren Buddhas für die Thailänder, erzählt uns die freundliche Brasilianerin, die regelmäßig diesen Tempel besucht. Im Haupt-tempel, einer ehemaligen Tennishalle, knien überwiegend Frauen, die Kerzen in Händen halten und beten. Auf zwei großen Monitoren wird die größte Prozession in der Nähe von Bangkok live übertragen. 100.000 Fackeln und Kerzen erhellen dort die Nacht. Bei uns ist es Nachmittag. Die Mönche tragen die üblichen orangefarbenen Kutten. Die Gäste sind fast ausnahms-los weiß gekleidet. Nur wir, mit unseren bunten T-Shirts und blauen Jeans, fallen wieder einmal ganz schön auf. Doch hier starrt uns niemand an, wir sind willkommen und werden herzlich aufgenommen und gleich mit einge-spannt bei der Prozession um das Wat. Danach geht es zurück zum Gebet ins Kloster. Der monotone Sprechgesang ruft Erinnerungen wach, wir fühlen uns zurückversetzt in die Zeit, als wir einige Tage vor dem Wat Thum Sua in Krabi/Thailand gestanden haben. Jürgen und ich sitzen inmitten der Thai-länderinnen, sehen uns an und ich sage: „Wir sind in Deutschland, ist dir das klar?" Etwas sentimental verlassen wir die Veranstaltung.

Anschließend müssen wir noch kurz zur Post, einen Brief aufgeben. Beim Verlassen der Filiale kommt mir ein dunkelhaariger Mann entgegen, der typisch pakistanische Klamotten trägt. Weite lange Hose, langes bis zu den Knien reichendes Hemd. Breit grinsend steige ich zu Jürgen ins Auto und sage: „Hier gefällt es mir, das ist ja fast wie auf der Reise. Morgengebet im thailändischen Wat und mittags Begegnung mit einem Belutschen."

Überhaupt freue ich mich seit wir zurück in Deutschland sind über jeden exotisch aussehenden Menschen. Sie entlocken mir regelmäßig ein Lächeln und Erinnerungen an die wunderbare Zeit, die wir erleben durften. Nicht nur diese Begegnungen in Deutschland machen uns das Wiedereinleben angenehm. Auch der Kontakt zu Leuten, die wir getroffen haben, die entwe-der schon länger wieder zurück sind oder eben noch unterwegs. Und nicht zuletzt der Schriftverkehr mit unserem Freund Sitaram aus Nepal. Noch immer halten wir Kontakt zu unserem Dschungelführer, dessen Töchtern Bhimu und Rita wir mit Hilfe der uns zur Verfügung gestellten Spenden und mit großzügiger Unterstützung unseres Sponsors GEFRO den Schulbesuch für vier Jahre sichern können.

Er hält uns regelmäßig auf dem Laufenden wie es ihm und seiner Familie geht. Sehr gefreut haben wir uns über seine letzte E-Mail, in der er uns mitgeteilt hat, dass beide Mädchen sehr gut in der Schule sind. Stolz berichtet er uns, dass Rita mit 97,9% Klassenbeste und Bhimu mit 94% die drittbeste ihrer Klasse ist. Für uns eine Bestätigung, dass das Geld hier gut angelegt ist.

Außerdem berichtet Sitaram von seiner Arbeit als Dschungelführer und ist glücklich, dass sich ihm und seinen Gästen im Park wieder öfter ein Tiger zeigt. Das ist sehr positiv für seine Familie und alle anderen Bewohner des kleinen Dorfs Thakurdwara. Es fördert und sichert den Tourismus und somit eine wichtige zusätzliche Einnahmequelle neben der harten Arbeit auf dem Feld.

Es gibt auch noch andere Ereignisse, die an den Reisealltag erinnern. So zum Beispiel die Rückfahrt von einem Besuch bei Reisekollegen, mit denen wir Tibet und China durchquert haben. Auf der Autobahn sehen wir dicke Rauchwolken im Rückspiegel, und fast wie damals in Tibet auf fast 4.000 m geht nichts mehr. Nur ist es diesmal nicht die Dieselpumpe. Wir haben einen ausgewachsenen Motorschaden, müssen abgeschleppt werden und bekommen beinahe einen Herzinfarkt, als uns ein Bulli-Spezialist einen Kostenvoranschlag macht. Unmittelbar nach der Reise 5.000 € abdrücken, das ist quasi unmöglich. Wie soll man etwas ausgeben, das man nicht mehr hat.

Den Orangetrotter ausrangieren? Geht auch nicht! Er hat uns durch dick und dünn begleitet, uns über Fünftausender-Pässe gebracht, war zwanzig Monate unser Zuhause und ist es immer noch. Er hat uns in Indien vor zu neugierigen Blicken, in Nepal und Thailand vor wilden Tieren geschützt, uns in Kambodscha die Erkundung von Angkor Wat zu einem unvergesslichen Erlebnis gemacht und uns letztendlich von Darwin über die komplette West- und Südküste bis nach Sydney gebracht. Die ganze Reise hätte ohne ihn nicht stattfinden können. Er ist Teil unseres Teams, wie Jürgen und ich. Und uns würden wir auch nicht ausrangieren, wenn wir nicht mehr könnten!

Wie ich es nicht anders kenne, nimmt Jürgen die Sache in Angriff. Er macht selbst, was er kann, baut den Motor aus, zerlegt ihn in seine Einzelteile, macht zuverlässige Partner ausfindig und versucht, es so günstig wie möglich, aber so professionell wie nötig wieder hinzubekommen. Und was soll ich sagen… der Orangetrotter, unser Heim, läuft wieder. Jetzt noch ein paar kosmetische Verbesserungen und einer gemeinsamen Zukunft steht nichts mehr im Wege…

Danksagung

Jürgen, ich danke dir, dass du die Idee „Weltreise" hattest und keinen Rückzieher gemacht hast, als ich „ja" gesagt habe - und als ich dann, nach dem Unfall, schon fast wieder resigniert hätte. Dass du diesen Traum, der ja gar keiner war, aber zu einem wurde, für uns Wirklichkeit werden hast lassen. Dafür, und nicht nur dafür liebe ich dich. Danke für deine Texte und Fotos, die so wichtig sind für dieses Buch. Und danke für deine Unterstützung und deinen Rückhalt in allen Lebenslagen. Danke unserem heiß geliebten Orangetrotter, ohne dich wäre diese Reise niemals das gewesen, was sie war. Mama und Pap´s, ihr habt mir immer das Gefühl von Geborgenheit, Liebe und Heimat gegeben, seid immer für mich da, habt mich unterstützt, selbst wenn ihr meine Entscheidungen nicht oder nicht mehr nachvollziehen konntet, dafür danke und liebe ich euch von Herzen. Karin und Nico, vielen Dank für eine ganz besondere Freundschaft. Ihr habt uns tatkräftig unterstützt vor, während und vor allem nach der Reise, habt uns im Kreis eurer Familie aufgenommen, als sei es das Normalste der Welt. Dafür können wir euch, sowie Edith und Erwin, gar nicht genug danken. Weicher kann man nicht „fallen". Anita und Emil, vielen Dank auch für eure treue Unterstützung. Thilo, mit deiner Hilfe konnten wir vielen Menschen auf unserem Weg etwas Gutes tun. Vielen Dank für dein Vertrauen. Jochen, danke für die tatkräftige Mithilfe bei der Erstellung unserer Homepage. Danke Georg, du hast uns wirklich sehr überrascht, du weißt schon womit. Vielen Dank, Hilde und Sepp für das Einlagern unserer Möbel. Und noch einmal Entschuldigung, dass aus dem geplanten Jahr, drei geworden sind. Sandra, Danke dass du dich als Erste durch meine Zeilen gekämpft hast. Ein großes Dankeschön allen, die wir getroffen, kennengelernt und mit denen wir Zeit verbracht haben. Unseren Geschwistern, Nichten und Neffen, all die Freunde und Bekannte, die uns auch nach der Reise wieder in ihrer Mitte aufgenommen haben, als seien wir nie weg gewesen. Danke allen, die schon die Multivision-Show zu unserer Reise gesehen haben und uns durch ihr tolles Feedback Mut gemacht haben, damit weiter zu machen. Die aktuellen Termine findet ihr unter www.orangetrotter.de.

Herzlichste Grüße
Helga Negele
Die Orangetrotter

Krempel & Putz | 0712

GEFRO

...macht glücklich!

Hat GEFRO Suppe auch bei Ihnen einen festen Platz im

Reisegepäck?

GEFRO Suppe und Universalgewürz

Sofort kalt und warm löslich ist die leckere Klare Brühe auch unterwegs eine wunderbare Basis für alle Eintöpfe und Einlagen.
Als Universalgewürz perfekt für den herzhaft-pikanten Geschmack bei allen würzigen Gerichten. Einfach 'mal ausprobieren!

Einfach bestellen und genießen!
Gratis-Tel. 0 800 / 95 95 100*
Gratis-Fax 0 800 / 95 95 111*
www.gefro.de

*) gebührenfrei aus dem Festnetz (€ 0,00 / Min.), abweichende Preise aus dem Mobilfunknetz

ALLES GUTE
AUS DEM ALLGÄU!
NATUR-GENUSS SEIT 1924

Entlang der Seidenstraße durch Asien

Auf den Spuren von Marco Polo begibt sich der Fotograf Marcus Hillerich auf die legendäre Seidenstraße. Entlang der historischen Handelsroute nimmt er die politische, religiöse und kulturelle Situation unter die Lupe und erfasst das heutige Leben im Sucher seiner Kamera.

Ein Jahr Auszeit und rein ins Abenteuer! Von Usbekistan und Kasachstan aus reist Marcus Hillerich mehr als 6.000 km durch Steppen, Wüsten und den Himalaya. Über China und Tibet gelangt er nach Burma und wird Zeuge des Umbruchs. Daraus entstanden ist ein packender Bericht über eine beeindruckende Reise voller Entdeckungen und ein Einblick in ein unerwartetes und unbekanntes Asien

Erhältlich im Buchhandel und auf www.traveldiary.de.